陕西共青团和青少年
工作调查研究
（2021—2022）

徐永胜　主编

陕西新华出版
陕西人民出版社

图书在版编目(CIP)数据

陕西共青团和青少年工作调查研究：2021—2022 / 徐永胜主编. — 西安：陕西人民出版社，2023.11
 ISBN 978-7-224-15161-9

Ⅰ.①陕… Ⅱ.①徐… Ⅲ.①青年工作—调查研究—陕西—2021-2022 Ⅳ.①D432.6

中国国家版本馆 CIP 数据核字(2023)第 220332 号

责任编辑：王　倩　张　现
封面设计：杨亚强

陕西共青团和青少年工作调查研究（2021—2022）
SHAANXI GONGQINGTUAN HE QINGSHAONIAN GONGZUO DIAOCHA YANJIU（2021—2022）

主　　编	徐永胜
出版发行	陕西人民出版社
	（西安市北大街 147 号　邮编：710003）
印　　刷	陕西金和印务有限公司
开　　本	787 毫米×1092 毫米　1/16
印　　张	14.25
字　　数	200 千字
版　　次	2023 年 11 月第 1 版
印　　次	2023 年 11 月第 1 次印刷
书　　号	ISBN 978-7-224-15161-9
定　　价	78.00 元

如有印装质量问题，请与本社联系调换。电话 029-87205094

《陕西共青团和青少年工作调查研究》编委会

- 主　　编　徐永胜
- 特约主编　郭建树
- 副 主 编　鲁　镇　解丹蕊　刘　洋　李　臻
  　　　　　赵大胜　陈　博　白　敏　王军民
- 执行主编　马东红　翟金荣
- 编　　辑　何中敏　王　西

序

共青团陕西省委书记、省青联主席　徐永胜

党的十八大以来,以习近平同志为核心的党中央高度重视调查研究工作,强调"调查研究是谋事之基、成事之道,没有调查就没有发言权,没有调查就没有决策权"。党有号召,团有行动。陕西共青团先后开展"七个搞清楚""走进青年、转变作风、改进工作""陕西青少年百分之一抽样调查"等专题调研,动员各级团组织围绕"为党育人"的职责使命,在当下纷繁复杂的现象中,发现问题、看透本质、把握规律;针对结构多元、思想多变的青年群体,常态化、分众化、精细化地了解青年所思所盼,动态把握青年工作新情况、新变化、新趋势;加强共青团自身建设,推动各级团干部践行党的群众路线、提升青年工作本领、锤炼从严从实作风。

为进一步加强调查研究工作的系统规划、纵向跟踪、守正创新,从2021年开始,陕西共青团以两年为一个周期,持续开展全省共青团和青少年工作调查研究。团省委根据实际工作中的重点难点问题,按照"集中发布、分类推进、三轮审核、强化运用"的思路,以各级团干部为主体,专家学者为补充,鼓励团干部和专家学者跨领域组成联合课题组开展调查研究,动员广大团员青年对改进和加强共青团工作贡献智慧。

《陕西共青团和青少年工作调查研究(2021—2022)》分为15个领域,共有125个课题组参与申报,58个课题通过专家评审立项。中期答辩评为优秀的课题可获得经费支持并纳入陕西省社科联"陕西省哲学社会科学重大理论与现实问题研究项目"。本书对优秀课题成果进行汇编,涉及共青团深化改革、青少年思想政治引领、青少年法治教育、青少年公益体系建设、团属阵地建设、团干部队伍建设等方面，为解决具体问题提供方式路径，为做好相关工作提供决策参考，为提升全省共青团工作的科学化、精细化、专业化水平奠定基础。

今后，陕西共青团将推动调查研究工作"两手抓"，一方面持续抓系统调研，针对事关党的青年工作全局、事关共青团事业发展、事关青年发展利益的基础性、战略性重点问题，集中开展调查研究；另一方面深入抓成果转化，扎实做好调查研究的"后半篇文章"，在进一步提升团的引领力、组织力、服务力上出实招、见实效，团结引领全省广大团员和青年在谱写陕西新篇、争做西部示范上挺膺担当、贡献力量。

目录

基于组织创新氛围与成员创新行为关系模型的高校创新型团学组织建设
　　路径研究与实践　　/ 001

背景·价值·实践·反思:高校青年工作有效性量化评价研究的四维审视　/ 024

行政化还是扁平化：共青团组织再造的逻辑分析与行动路向　/ 035

共青团和青年工作成效评价体系和评估路径研究　/ 049

国有企业共青团组织扁平化运作和制度设计研究　/ 070

宝鸡市村（社区）团支部书记队伍结构分析及对策建议　/ 088

全媒体时代高校共青团网络舆论引导路径研究　/ 096

陕西青少年教育基地在青少年思想引领中发挥主体功能的路径探析　/ 104

"第二课堂成绩单"制度下高校共青团服务大学生创新创业教育模式研究　/ 118

实施全童分批入队　增强少先队员光荣感策略探究　/ 146

陕西省青少年法治宣传教育模式创新、效果评价指数与监测体系建构研究　/ 158

陕西省中小学法治宣传教育模式研究　/ 170

陕西共青团大公益体系建设实践路径探索　/ 193

陕西共青团大公益工作体系构建路径研究　/ 206

基于组织创新氛围与成员创新行为关系模型的高校创新型团学组织建设路径研究与实践*

黄冠　谢霈　刘俊富　张红　许新芝

一、研究目的和意义

（一）理论层面

本文基于社会交换与组织支持理论，结合新时代高等教育综合改革和共青团工作具体要求，以团学组织创新氛围为起点，以团学组织成员（学生干部）为对象，构建组织创新氛围，即组织成员创新行为的统一研究框架，在此基础上，从成员心理感知视角引入组织支持感作为中介变量，揭开二者内在作用机制的"黑箱"，从而进一步深化高校共青团工作扁平化运作机制背景下高校班团组织建设理论研究深度，完善高校学生核心素养培育理论体系。

本文从管理学、传播学、教育学、教育经济学的交叉学科视角，关注组织氛围对组织成员创新行为的影响，有效拓展团学组织创新氛围与组织成员创新行为关系的理论研究体系、研究成果，对丰富创新人才培养及班团组织建设研究的理论与内容具有重要意义。

（二）实践层面

本文研究成果能有效加强和优化高校学生团学组织建设，优化学生组织工作机制，帮助高校建构合理有效的团学组织创新氛围体系，培育组织成员创新行为，为组织建设、管理和创新实践中成员创新行为与工作绩效的提升提供建议。

---

* 陕西省哲学社会科学重大理论与现实问题研究项目，项目编号2021HZ-877。

此外，本文研究成果能为高校和各级团组织制定组织建设、青年干部培养及选拔政策提供参考，推动高校营造团学组织创新氛围，从根本上提高学生的创新意愿、创新能力，从而催生创新成果。

二、理论基础与文献综述

（一）共青团工作扁平化

郑东（2019）认为共青团工作扁平化应关注基于"网络行为记录、海量行为数据分析、有效工作引导评价、精准行为引导效果反馈"的系统路径探究。本文认为，对共青团工作扁平化的评价应关注团的上级组织研究、统筹、协调等能力的提升路径与团基层组织工作能力与工作活力有效释放等方面。

（二）组织创新氛围

国内外学者从个体、集体、组织角度将创新氛围划分为心理、团队和组织创新氛围等（张海涛等，2014）。基于已有研究，本文将组织创新氛围界定为组织成员对影响个体进行创新行为的工作环境的知觉描述，这种环境倾向于向组织提供支持的创新环境。

（三）组织创新氛围的维度划分

组织创新氛围由多维度组合构成，良好的组织创新氛围需要来自多方面的支持。王宁等（2009）认为组织创新氛围由工作自主性、工作效率、资源供应等方面构成。本文将组织创新氛围的维度划分为同学支持、指导教师支持、资源供应、任务特征、组织理念五个层面。

（四）组织成员创新行为

Ambile（1996）认为创新是在组织中改变与导入新事物，成功执行创意。Tsai 等（1995）将创新行为划分为组织创新行为、团队创新行为、个体创新行为三个层次。本文认为组织成员创新行为是个人因素与组织因素交互作用的结果,组织成员的心理状态是影响组织成员创新行为最重要因素。

(五) 组织支持感

组织支持感的概念是在 Blau (1964) 和 Eisenberger (1986) 提出的"关于社会交换与组织支持理论"的基础上产生的。该理论强调"组织对组织成员的承诺",即当组织成员感受到组织的关心和重视时,他们更愿意留在组织内部,并以组织所期待的方式创造价值。由此,本文引入组织支持感作为中介变量,探索组织创新氛围与组织成员创新行为间的内部作用机制。

三、概念模型与研究假设

(一) 概念模型

基于社会交换理论的互惠原则和组织支持理论,本文认为,组织创新氛围不仅能够直接影响组织成员创新行为,也会通过组织支持感对组织成员创新行为产生影响。基于此,本文构建如图1所示的概念模型。

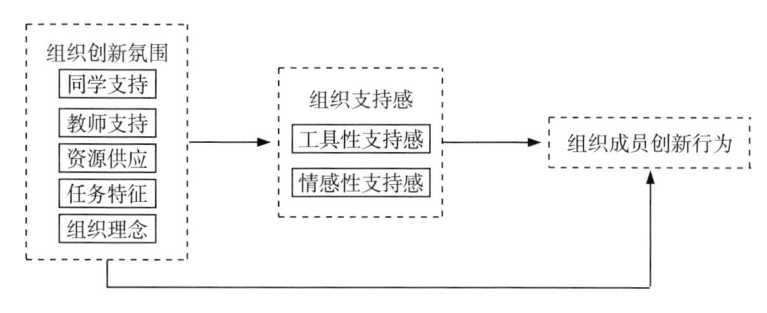

图1 概念模型

(二) 研究假设

1. 组织创新氛围与组织成员创新行为

学者们将组织创新氛围视为组织成员对所处环境的创新支持的知觉描述。基于这种观点,本研究提出如图2所示的研究假设。组织创新氛围浓厚时,个体感知到的自我效能更强,更愿意实施创新行为。而现有研究为上述观点提供了实证支持。据此,提出假设 H_1:

组织创新氛围对组织成员创新行为产生正向影响。

（1）同学支持与组织成员创新行为。同学支持，是指团学组织内处于相同岗位级别和能力水平的学生间相互提供的支持和援助。同学间的相互支持作为一种积极能量，不仅能提升组织成员的积极感知，同时，也能促进组织内部成员的资源流动与交换，提升成员的创新能力。据此，提出假设 H_{1a}：

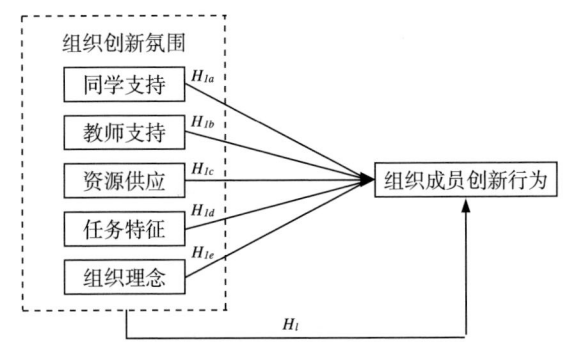

同学支持对组织成员创新行为产生正向影响。

（2）指导教师支持与组织成员创新行为。指导教师能引导组织成员制定合理目标，并给予其物质帮助和信心，推动组织成员执行创意构想。基于社会交换理论的互惠原则，指导教师支持所提供的物质层面的资源支持以及心理层面的精神支持可能成为组织成员创新绩效的关键因素。教师适当的指导支持不仅可以缓解组织成员的紧张心理与压力，还有助于激发组织成员的组织公民行为，提高组织成员的创新绩效。据此，提出假设 H_{1b}：

指导教师支持对组织成员创新行为产生正向影响。

（3）资源供应与组织成员创新行为。资源供应指组织成员在进行创新活动时，能够获得充足的时间、资金、材料等支持，这些物质资源是组织成员创造力发挥的关键前提。组织提供充足的资源一方面是对组织成员价值的认可，促进其创新行为；另一方面也会为组织成员实施创新行为提供物质基础，促进其主动性创新和创造性思考。据此，提出假设 H_{1c}：

资源供应充足对组织成员创新行为产生正向影响。

（4）任务特征与组织成员创新行为。任务特征，是组织成员有安排工作时间与工作方式的自主权。创新行为需要组织成员打破常规，寻求新方法、新思路，提高创新绩效。当组织成员对日常工作拥有高度自主和决定权时，不仅有助于其创造力的发挥，还能够在其自由选择工作方式的前提下，产生更有创意的成果。据此，提出假设 H_{1d}：

任务特征对组织成员创新行为产生正向影响。

（5）组织理念对组织成员创新行为的研究假设。组织理念是在组织内部传播的一种共有认知与制度。鼓励创新的组织理念能向组织成员传递积极信号，促使其主动地实施创新行为。具有创新导向理念的组织不仅能在心理层面帮助成员总结经验教训并不断尝试，也能通过物质性奖励帮助成员的创新构想在组织内部快速传播共享，最终提升组织的创新效能。据此，提出假设 H_{1e}：

积极的组织理念对组织成员创新行为产生正向影响。

2. 组织创新氛围与组织支持感

本研究主要探讨组织支持感在组织创新氛围和组织成员创新行为间的中介效应，因此，本研究提出组织创新氛围五个维度对组织支持感两个维度的研究假设（如图3所示）。

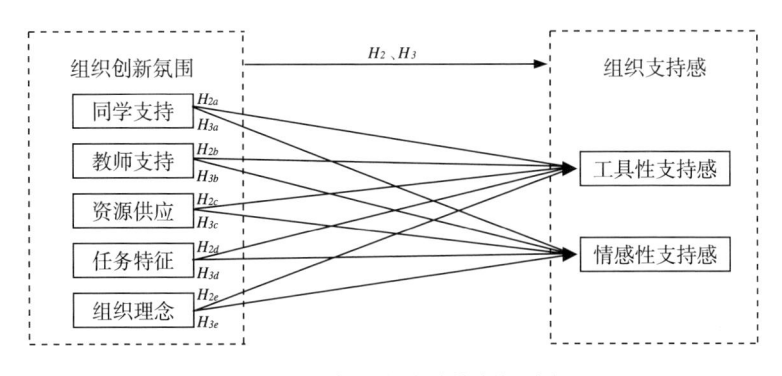

图3 组织创新氛围对组织支持感的研究假设

（1）组织创新氛围对工具性支持感的研究假设。良好的组织创新氛围能使组织成员以更低的成本获取更高质量的资源并用以创新。在这一过程中，组织成员间的互相帮助、教师的支持、资源供应、任务特征以及组织理念，作为积极信号均能使组织成员感知到组织对其提供的资源与物质帮助，从而提升其归属感，增强其工具性支持感知。据此，提出假设 H_2：

组织创新氛围对工具性支持感产生正向影响。

假设 H_{2a}：同学支持对工具性支持感产生正向影响。

假设 H_{2b}：指导教师支持对工具性支持感产生正向影响。

假设 H_{2c}：资源供应充足对工具性支持感产生正向影响。

假设 H_{2d}：任务特征对工具性支持感产生正向影响。

假设 H_{2e}：积极的组织理念对工具性支持感产生正向影响。

（2）组织创新氛围对情感性支持感的研究假设。另一方面，良好的创新氛围能使成员没有"后顾之忧"地大胆进行创新，来自同学、教师、组织等提供的鼓励能提高成员的创新自我效能感，使其以更积极的心态面对创新行为，提升其对组织的情感归属与认同。组织为组织成员营造良好的工作环境体现了组织对组织成员的理解、关心、重视、肯定以及贡献认同等，这些都显著提高了组织成员的组织支持感。据此，提出假设 H_3：

组织创新氛围对情感性支持感产生正向影响。

假设 H_{3a}：同学支持对情感性支持感产生正向影响。

假设 H_{3b}：指导教师支持对情感性支持感产生正向影响。

假设 H_{3c}：资源供应充足对情感性支持感产生正向影响。

假设 H_{3d}：任务特征对情感性支持感产生正向影响。

假设 H_{3e}：积极的组织理念对情感性支持感产生正向影响。

3. 组织支持感与组织成员创新行为

本文从物质（工具性）以及心理（情感性）两个层面关注组织支持感对个体创新行为的重要作用。工具性支持感是成员感受到组织对其创新的物质支持与帮助，情感性感知则使成员感受到组织对其的信任与鼓励。如图4所示。据此，提出假设 H_4：

组织支持感对组织成员创新行为产生正向影响。

假设 H_{4a}：工具性支持感对组织成员创新行为产生正向影响。

假设 H_{4b}：情感性支持感对组织成员创新行为产生正向影响。

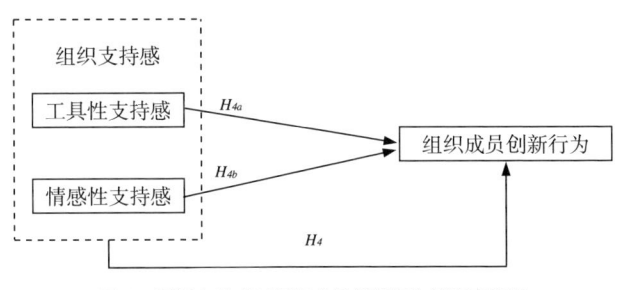

图 4　组织支持感对组织成员创新行为的研究假设

4. 组织支持感的中介作用

尽管相关研究表明，组织创新氛围有助于激发组织成员产生创新行为，但是关于二者间的作用机制却研究较少。因此，为了进一步探讨二者间的作用路径（如图 5 所示），本文将组织支持感作为中介变量引入二者的关系研究中，分析组织支持感所发挥的中介作用。

图 5　组织支持感在组织创新氛围与组织成员创新行为之间的中介作用假设

通过回顾文献发现，很多学者从社会认知理论的角度出发，将个体行为看作是环境与个体交互作用的产物。据此，提出假设 H_5：

组织支持感在组织创新氛围与组织成员创新行为之间起中介作用。

H_{5a}：工具性支持感在组织创新氛围与组织成员创新行为之间起中介作用。

H_{5b}：情感性支持感在组织创新氛围与组织成员创新行为之间起中介作用。

四、研究设计

本文首先在总结梳理国内外研究的基础上提出研究的主要内容；其次，对组织创新氛围、组织成员创新行为、组织支持感变量等概念进行界定，分析变量间的相互作用并提出假设；再次，运用 SPSS 17.0 与 AMOS 21.0 统计软件对问卷数据进行整理与分析；最后，根据分析结果得出研究结论。

（一）测量工具

如前所述，在基于已有研究，对相关研究变量进行概念界定后，借鉴国内外已有的成熟量表设计问卷，以确保问卷的质量与合理性。调查问卷包括被试者基本信息 10 个题项，组织创新氛围 20 个题项，组织支持感 10 个题项，组织成员创新氛围 6 个题项。本文所涉及的测量量表，均采用 7 分度李克特量表进行题项的计分。从"1"到"7"分别表示非常不符、不符合、基本不符、不确定、基本符合、符合、非常符合。

1. 组织创新氛围

考虑到量表跨文化背景使用的问题，问卷设计包含中英文文本，根据通用翻译编码语言进行中英文翻译。量表共包括"我的同学们在工作中相互支持和协助""我的同学们愿意分享工作方法和技术"等 20 个测量题项。

2. 组织支持感

问卷采用成熟量表测量组织支持感，具体包括"在工作中，组织会充分调动组织成员的积极性""组织为组织成员及其家人提供医疗和健康服务"等 10 个测量题项。

3. 组织成员创新行为

组织成员创新行为的测量量表主要包括"为了实现自己的构想或创意，我会想办法争取所需要的资源"等 6 个测量题项。

（二）调研设计

本调研的抽样方法采取分层多阶段 PPS 抽样方法。第一阶段抽取区域，第二阶段抽取学校，第三阶段抽取团学组织。最后阶段分别采用实地调研和发放电子邮件的方式对这些团学组织的组织成员进行调研，调研的对象既有班委会、团支部等基层团学组织干部，也包含校学生会、研究生会、校团委等高级别学生组织的成员和主席团干部等。

1. 实地调研

为了确保问卷的填写质量，借助学生暑期社会实践与大学生课外学术科技作品竞赛的时机实地调研，共发放 100 份问卷，剔除 3 份无效问卷，有效回收 97 份问卷。

2. 电子邮件

为了丰富样本来源，除了采用实地调研的方式之外，调研组以电子邮件的方式向调查对象共发放 140 份问卷，回收问卷 134 份，1 份问卷无效。

表 1　问卷发放方式与回收统计

发放方式	总计	回收	有效回收	有效回收率(%)
实地发放	100	100	97	97
电子邮件发放	140	134	133	95
合计	240	234	230	95.83

五、数据分析

（一）组织创新氛围与组织成员创新行为

由表 2 可知，组织创新氛围各维度变量多重共线性检验的容忍度均不小于 0.10，方差膨胀因子（VIF）均低于 10，说明该回归模型中自变量间不存在严重的共线性问题，可进行回归分析。

在同学支持、指导教师支持、任务特征、组织理念和组织成员创新行为的回归中，标准化 β 值分别为 0.214、0.201、0.232、0.249，P 值分别为 0.001、0.005、0.001、0.000 均小于 0.05。由此，假设 H_{1a}、H_{1b}、H_{1d}、H_{1e} 通过验证。而在资源供应和组织成员创新行为的回归中，标准化 β 值为 0.022，P 值为 0.751>0.05，由此。假设 H_{1c} 不成立。

表 2　组织创新氛围对组织成员创新行为的回归系数表 1

	非标准化系数		回归系数	t	P	共线性统计量	
	B	标准误差	β			容忍度	VIF
常量	0.959	0.216	—	4.447	0.000	—	—
TS	0.173	0.053	0.214	3.273	0.001	0.420	2.379
SS	0.172	0.061	0.201	2.814	0.005	0.353	2.837
OV	0.020	0.063	0.022	0.318	0.751	0.374	2.676
RS	0.221	0.064	0.232	3.427	0.001	0.391	2.557
TC	0.229	0.055	0.249	4.163	0.000	0.505	1.982

注：因变量为组织成员创新行为；"TS"表示组织创新氛围变量的"同学支持"维度，以此类推，"SS"表示"指导教师支持"，"OV"表示"资源供应"，"RS"表示"任务特征"，"TC"表示"组织理念"。

由表 3 可知，F 值为 66.396＞F（5,225）达到显著水平，调整后 R^2 为 0.588，组织支持感对组织成员创新行为的预测力达到了 58.8%，P 值为 0.000，DW 值为 1.949。

综上所述，假设 H_1 证明成立。

表 3　组织创新氛围对组织成员创新行为的回归系数表 2

R	R^2	调整后 R^2	标准误差	F	P	DW
0.773[a]	0.597	0.588	0.688508	66.396	0.000[a]	1.949

注：a 表示模型中的自变量：同学支持、指导教师支持、资源供应、任务特征、组织理念；因变量为组织成员创新行为。

（二）组织创新氛围与组织支持感

1. 组织创新氛围与工具性支持感

由表 4 可知，组织创新氛围各维度多重共线性检验的容忍度均不小于 0.10，方差膨胀因子均低于 10，说明该回归模型中自变量间不存在高度自相关关系，可进行回归分析。

在同学支持、指导教师支持、资源供应与工具性支持感的回归中，标准化β值分别为0.080、0.143、0.080，P值分别是0.264、0.068、0.289，均大于0.05，由此，假设H_{2a}、H_{2b}、H_{2c}不成立；在任务特征、组织理念与工具性支持感的回归中，标准化β值分别为0.222、0.325，显著性P值为0.003、0.000，均小于0.05，说明假设H_{2d}、H_{2e}获得验证。

表4 组织创新氛围对工具性支持感的回归系数表1

	非标准化系数		回归系数	t	P	共线性统计量	
	B	标准误差	β			容忍度	VIF
常量	1.188	0.231		5.136	0.000		
TS	0.063	0.057	0.080	1.119	0.264	0.420	2.379
SS	0.120	0.066	0.143	1.834	0.068	0.353	2.837
OV	0.072	0.067	0.080	1.062	0.289	0.374	2.676
RS	0.208	0.069	0.222	3.011	0.003	0.391	2.557
TC	0.295	0.059	0.325	4.994	0.000	0.505	1.982

注：因变量为组织支持感的工具性支持感维度；"TS"表示组织创新氛围变量的"同学支持"维度，以此类推，"SS"表示"指导教师支持"，"OV"表示"资源供应"，"RS"表示"任务特征"，"TC"表示"组织理念"。

由表5可知，F值为48.874>F（5,225）达到显著水平，调整后R^2为0.511，组织支持感对工具性支持感的预测力达到了51.1%，P值为0.000，DW值为1.901。

综上所述，假设H_2：组织创新氛围对工作支持感产生正向影响证明成立。

表5 组织创新氛围对工具性支持感的回归系数表2

R	R^2	调整后R^2	标准误差	F	P	DW
0.722[a]	0.522	0.511	0.738585	48.874	0.000[a]	1.901

注：a表示模型中的自变量：同学支持、指导教师支持、资源供应、任务特征、组织理念；因变量为组织支持感的工具性支持感维度。

2. 组织创新氛围与情感性支持感维度

由表 6 可知，组织创新氛围各维度多重共线性检验的容忍度均不小于 0.10，方差膨胀因子（VIF）均低于 10，说明该回归模型中自变量间不存在高度自相关关系，可进行回归分析。

在同学支持、指导教师支持、资源供应与情感性支持感的回归分析中，标准化 β 值分别为 0.021、0.150、-0.001，P 值分别是 0.792、0.085、0.987，均大于 0.05，说明假设 H_{3a}、H_{3b}、H_{3c} 不成立；在任务特征、组织理念和情感性支持感的回归中，标准化 β 值分别为 0.396、0.152，显著性 P 值为 0.000、0.037。均小于 0.05，说明假设 H_{3d}、H_{3e} 获得验证。

表 6 组织创新氛围对情感性支持感的回归系数表 3

	非标准化系数		回归系数	t	P	共线性统计量	
	B	标准误差	β			容忍度	VIF
常量	1.183	0.302		3.917	0.000		
TS	0.020	0.074	0.021	0.264	0.792	0.420	2.379
SS	0.148	0.086	0.150	1.728	0.085	0.353	2.837
OV	-0.001	0.088	-0.001	-0.016	0.987	0.374	2.676
RS	0.433	0.090	0.396	4.792	0.000	0.391	2.557
TC	0.162	0.077	0.152	2.096	0.037	0.505	1.982

注：因变量为组织支持感的情感性支持感维度；"TS"表示组织创新氛围变量的"同学支持"维度，以此类推，"SS"表示"指导教师支持"，"OV"表示"资源供应"，"RS"表示"任务特征"，"TC"表示"组织理念"。

由表 7 可知，F 值为 30.180＞F（5,225）达到显著水平，调整后 R^2 为 0.389，组织支持感对情感性支持感的预测力达到了 38.9%，P 值为 0.000，DW 值为 1.928。

由此可见，假设 H_3：组织创新氛围对情感性支持感产生正向影响证明成立。

表7 组织创新氛围对情感性支持感的回归系数表3

R	R^2	调整后R^2	标准误差	F	P	DW
0.634^a	0.403	0.389	0.964119	30.180	0.000^a	1.928

注：a表示模型中的自变量：同学支持、指导教师支持、资源供应、任务特征、组织理念；因变量为组织创新氛围的情感性支持感维度。

（三）组织支持感与组织成员创新行为

由表8可知，组织支持感各维度多重共线性检验的容忍度均不小于0.10，方差膨胀因子均低于10，说明该回归模型中各自变量间不存在高度自相关关系，可进行回归分析。

表8 组织支持感对组织成员创新行为的回归系数表4

	非标准化系数		回归系数	t	P	共线性统计量	
	B	标准误差	β			容忍度	VIF
常量	0.943	0.215		4.382	0.000		
WS	0.563	0.057	0.554	9.823	0.000	0.570	1.756
ES	0.243	0.049	0.279	4.949	0.000	0.570	1.756

注：因变量为组织成员创新行为；"WS"表示组织支持感变量的"工具性支持感"维度，"ES"表示"情感性支持感"。

在工具性支持感、情感性支持感与组织成员创新行为的回归中，标准化β值分别为0.554、0.279，显著性P值均小于0.05，说明假设H_{4a}、H_{4b}均获得验证。当组织向组织成员做出承诺时，组织成员能够积极地做出相应的反馈，这有助于他们创新能力的发挥，提高组织的创新绩效。

由表9可知，F值为$162.216>F(2,225)$达到显著水平，调整后R^2为0.585，组织支持感对组织成员创新行为的预测力达到了58.5%，P值为0.000，DW值为1.925。综上所述，假设H_4得到验证。

表 9　组织支持感对组织成员创新行为的回归系数表 4

R	R^2	调整后 R^2	标准误差	F	P	DW
0.767^a	0.588	0.585	0.691341	162.216	0.000^a	1.925

注：a 表示模型中自变量：工具性支持感维度、情感性支持感维度；因变量为组织成员创新行为。

（四）假设检验结果与讨论

本文前期提出的假设及验证情况概括为表 10。

表 10　研究假设的检验结果

假设编号	假设内容	检验结果
H_{1a}	同学支持对组织成员创新行为产生正向影响	证实
H_{1b}	指导教师支持对组织成员创新行为产生正向影响	证实
H_{1c}	资源供应对组织成员创新行为产生正向影响	未证实
H_{1d}	任务特征对组织成员创新行为产生正向影响	证实
H_{1e}	组织理念对组织成员创新行为产生正向影响	证实
H_{2a}	同学支持对工具性支持感产生正向影响	未证实
H_{2b}	指导教师支持对工具性支持感产生正向影响	未证实
H_{2c}	资源供应对工具性支持感产生正向影响	未证实
H_{2d}	任务特征对工具性支持感产生正向影响	证实
H_{2e}	组织理念对工具性支持感产生正向影响	证实
H_{3a}	同学支持对情感性支持感产生正向影响	未证实
H_{3b}	指导教师支持对情感性支持感产生正向影响	未证实
H_{3c}	资源供应对情感性支持感产生正向影响	未证实
H_{3d}	任务特征对情感性支持感产生正向影响	证实
H_{3e}	组织理念对情感性支持感产生正向影响	证实

续表

假设编号	假设内容	检验结果
H_{4a}	工具性支持感对组织成员创新行为产生正向影响	证实
H_{4b}	情感性支持感对组织成员创新行为产生正向影响	证实

六、结论与展望

（一）研究结论

通过实证分析与讨论，组织支持感的工具性支持感维度和情感性支持感维度，在组织创新氛围各维度与成员创新行为间的关系假设分别得到验证，具体为：

（1）在组织创新氛围中，同学支持、指导教师支持、任务特征、组织理念对组织成员创新行为产生显著的正向影响，该结论与提出的研究假设相符合。而资源供应维度对成员创新行为的影响却不显著，其假设未得到验证。

（2）组织创新氛围对组织支持感的工具性支持感维度存在着正效应，但只有任务特征和组织理念维度对工具性支持感有一定的正向作用，同学支持、指导教师支持、资源供应不起到正向作用。

（3）组织创新氛围对组织支持感的情感性支持感维度存在着正效应，但只有任务特征和组织理念维度对情感性支持感有一定的正向作用，同学支持、指导教师支持、资源供应不起到正向作用。

（4）组织支持感对成员创新行为有正向影响。

（5）组织支持感的工具性支持感维度与情感性支持感维度分别在组织创新氛围与成员创新行为间的中介作用显著。

综上，本文构建了组织创新氛围对成员创新行为影响的综合研究模型，并引入组织支持感以明晰二者的内部作用机制。本文认为，在团学组织管理中，应在科学的组织理念指引下，为组织成员提供充分的支持条件，工作任务制定和分解时需要明确任务特征并关注任务特征与成员特质间的耦合程度。团组织要进一步创造组织成员与指导教师、骨干学生干部与一般学生干事间的良好氛围；要随着任务推进过程中客观条件的变化持续关注任务特征和组织理念的重要作用，提升团组织成员的组织支持感感知，最终促进学生个体创新行为的高质量产出。

（二）研究局限与改进方法

1. 调研对象的局限性

由于时间有限，本次调研共发放 240 份问卷，有效回收 230 份。尽管回收率已满足研究需要，但覆盖面和代表性有待进一步完善。因此，在后续的研究中，可增加不同地区、不同群体的数据，丰富样本来源，扩大样本的覆盖范围。

2. 缺少纵向研究

由于条件的限制，本文仅采用横截面数据进行研究，缺少跟踪调查和动态分析。因此，在后续的研究中，可收集和整理学校和学生组织纵向数据，进一步了解组织创新氛围变动对组织成员创新行为的影响。

3. 量表适应性问题

调查问卷中的测量量表均来自国外学者广泛应用的问卷，然而，由于中西方的文化差异和语言差异，部分被调查者在一定程度上难以区分量表中翻译内容表达的意思，导致调查对象对其理解有所不同，进而影响测量效果。因此，在后续的研究中，可进一步选取或开发符合我国背景的测量工具。

4. 研究结构有待优化

本文探讨了组织支持感对组织成员创新行为的促进作用，在具体情境中，个体的情绪智力、需求、成就动机、风险偏好等都会通过影响组织成员的心理状态进而影响其创新绩效。因此，在后续的研究中，可进一步引入其他变量，完善理论模型，比较不同变量对组织成员创新行为不同维度的差异化影响，建立更加完善、更具指导意义的理论模型。

七、共青团工作扁平化运作模式下的高校创新型团学组织建设路径

新时代共青团扁平化改革的目标归根结底是共青团密切联系青年，以"青年为本"要求服务青年，进一步密切团青关系，引领青年听党话跟党走的具体实践。从组织上讲，高校共青团工作扁平化对学校团委的研究、统筹、协调能力提出了更高要求，也对基层组织最大限度提高工作能力、释放工作活力提出了更高要求；从机制上看，高校共青团工作扁平化要求各级团组织、团干部之间的联系更加紧密，交流更加频繁，信息更加开放，不拘一格的创新更应当受到鼓励，团学组织成员的创新能力是共青团改革创新的重要源泉。根据研究结论，本文尝试对共青团工作扁平化运作模式下的高校创新型团学组织建设路径提出以下建议：

（一）建立开放多样的上下级沟通渠道和融洽的组织成员互助沟通机制

高校共青团扁平化工作机制的推进过程就是其"去科层化"的改革过程。随着改革推进，无论是共青团组织内部还是外部，垂直的科层制体系逐渐淡化，取而代之的是校级团组织和学院基层组织、学生团学组织、基层团支部和团员青年等的合作关系。共青团扁平化工作推进机制要求各级团组织与团干部之间、团干部与团员之间的联系更加紧密，交流更加频繁，合作更加广泛。这就要求团干部和学生组织指导教师等"关键少数"要进一步深入基层组织和组织成员中，在具体实践中对组织设置、人员管理、工作机制等方面进行改进提高，有效推进共青团工作机制扁平化改革。

研究可知，学生组织成员间的同学支持，同学间的互帮互助，信息资源的沟通共享都能够缓解个体在工作环境中所承受的压力，减少组织内部的竞争与冲突。对于班团组织而言，加强组织成员的团队意识，处理好同学关系，不仅有助于组织成员迅速地融入组织，而且能够激发组织成员的创新潜能，提高创新绩效。指导教师支持可显著影响学生组织成员创新行为的产生和实践，具体可以表现在提高对任务特征的认知效率，缩短对组织文化认同的时间，减少工作实践中的负面情绪和产生个体原发性创新行为等方面。

通过研究，课题组以西安工程大学大学生科技协会为建设试点，尝试建立"上级组织垂直基层组织、指导教师垂直组织成员"与"组织成员平行组织成员、学生组织平行其他学生组织"的"双十字"高校团学组织沟通机制架构。试点建设过程中，西安工程大学大学生科技协会主动搭建线上与线下相结合的沟通交流平台、组建 M31 学习型小组，重点围绕"挑战杯"系列赛事的组织筹备、学生创新团队建设与发展、互联网＋创新创业大赛项目，优化开展针对性讨论和集体学习，在讨论的过程中及时地传递和反馈有效信息，培养学生彼此间的感情，团结一致，高效实现"丰富校园科技文化生活，强化学生科技创新意识，提升学生创新创业能力"的组织目标。研究可知，指导教师积极的关注、正向回应组织成员在工作中遇到的难题，对增强组织成员的创新行为具有重要的意义。试点建设过程中，课题组将西安工程大学大学生科技协会全面纳入学校三全育人导师团指导范围，在组织建设中试行小组导师制和朋辈传帮带，每位新加入的组织成员均由高年级同学进行业务引入，并由所在班团组织导师（班主任、分管老师）具体指导，在导师的整体调控下，积极引导并尝试在组织内部打破固有的师生级关系，将组织成员的工作和生活相交叉，建立开放式、多样化的沟通渠道，在营造良好工作氛围的基础上，便于新组织成员能够更直接地认识组织职能、明确人物特征、认同组织文化，快速地融入组织。

试点建设以来，西安工程大学大学生科技协会圆满完成组织目标。2021 年该协会取得参与学校"挑战杯"系列赛事十五年来最好成绩；M31 学习小组共培育创新创业系列竞赛项目 4 项，获得第七届互联网＋中国大学生创新创业大赛铜奖国家级奖项 1 项、"挑战杯"陕西省大学生课外学术科技作品竞赛二等奖等省级奖项 3 项；组织成员申请国家发明专利 4 项，发表学术论文 11 篇，9 人加入中国共产党，获得校优秀共青团干部等荣誉 79 人次，57％组织成员获得各级各类奖学金。

（二）加强资源特性的支持，持续优化任务特征

高校共青团工作扁平化机制建构涉及组织职能重构，上级组织对其他

各级各类组织的引领、牵动作用将逐步替代命令作用。共青团需要在职能定位不断明确和优化的基础上持续推进决策和资源的有效下沉，在充分了解组织成员工作实施情况的同时，将各项决策部署信息顺畅地传递给基层组织和组织成员，引导组织成员主动将决策有效转化为行动，以较高的效率履行岗位职能并创新性地开展工作，提升工作绩效。

经研究可知，资源供应与组织成员创新行为的关系并不稳定。一方面，当组织成员认为自己拥有或可获得更多资源时，其执行的信心会越强，但关键资源的缺乏会使组织成员感受到不受重视，产生消极情感，限制其创造力的发挥；另一方面，当组织成员能够非常容易地获得充足的资源时，随之产生的潜在倦怠情绪会影响他们探索新的解决方法、开发资源新用途的激情。因此，班团组织应时刻关注并供应组织成员进行创新活动所需的时间、资金、材料等关键资源；对于一些具有挑战性质的资源，应提出相应奖罚措施，并强化绩效考核，以鼓励组织成员在创造性活动中集中精力，发挥聪明才智，利用已有的资源更好地解决实际工作中遇到的问题，提高工作绩效。通过研究还可以看出，在进行创新时，组织成员需要打破常规，不断寻求新方法、新思路，这意味着班团组织和指导教师需要给予组织成员高度的工作自主权和决定权。因此，班团组织及其指导教师一方面应充分考虑组织成员的性格特征，根据其性格特征、价值观等因素进行岗位分配和工作部署，使成员尽可能地发挥知识技能；另一方面，团学组织还应适当授权，让组织成员与管理者共同参与并制定活动方案，加强对组织工作的认同；制定弹性工作标准，给予组织成员适当的自由，减少组织条例或者规章制度对组织成员的约束；注重对组织成员的自我培养，提升其工作自主性，调动和激励组织成员工作热情，促使组织成员自主高效完成工作任务。

通过研究，课题组以西安工程大学学生社团绿风环保协会为建设试点，尝试建立"指导单位、指导教师、社团干部"红色专项、"政策、经费、评价"绿色通道的"双色"建设机制。在严格遵循中省学生社团建设管理制度的前提下，尝试通过学生社团党建试点，强化党建带团建工作的组织实施，进一步实现学生社团政治性建设和学术性建设的有机统一，进一步发挥学生社团组织育人实效。确立绿风环保协会业务指导单位为所在学院党委，并在社团内部建立学校首个学生社团党支部，由所在学院团总支书记任党支部书记，社团指导教师和社团负责人任党支部副书记，在学生推优入党、学生干部培养等方面根据社团党建工作实际具体进行，社团建设与组织建设、社团活动与支部生活有机统一。校团委围绕其环保公益社团的发展方向协同校内职能部门，在团省委和省委文明办、省生态环境厅的大力支持下，设置专项经费用于黑河水源地污染物普查、绿风秦岭行、绿风环保宣讲等社会实践重点活动支出；在指导教师配备、学生社团年审、学生社团考核评优和社团干部遴选等社团重点工作中试行标准单列，重点聚焦学生社团指导教师专业和科研匹配度、学生社团负责人专业课成绩、社团重点活动开展绩效、社团活动社会效益第三方评价，以及社团活动成果与学生科研成果转化等指标对社团进行考核。

试点建设以来，西安工程大学绿风环保协会社团干部党员占比80%以上。2021年西安抗击疫情时，支部党员全员参与学校疫情防控志愿先锋岗工作，圆满完成工作任务。在充分发挥支部战斗堡垒作用的同时利用社团优势积极发挥其育人作用，社团全年共组织成员参与生态环境部、团中央和中华环保基金会等机构组织的秦岭生态保护调研、陕西省第三届秦岭生态环境保护"青年论坛"暨2021年秦岭环保志愿行动示范活动、陕西省生态环境厅延河流域水环境质量调查与评估、中国大学生环保创意大赛等环保宣传教育和实践活动17项。累计有3000余名学生作为环保社团成员在环境保护宣传教育和实践中成长成才。绿风环保协会指导教师、环境与化学工程学院团总支书记贾天昱，绿风环保协会会长，环化学院本科生赵毅荣获"最美生态环保志愿者"荣誉称号。社团研究成果《西安市黑河中下游流域跨时间调查评价与保护对策研究》获批陕西省环保社会组织参与污染防治攻坚战小额资助公益项目、社团研究培育的学生竞赛作品《黄河一级支流延河水生态调查与健康评价——基于"十三五"期间延安市3县（区）9个断面2次丰水期的调研》荣获第十七届"挑战杯"全国大学生课外学术作品竞赛二等奖。

（三）聚焦成员需求，加强创新教育，培育创新型团学组织文化

随着共青团工作扁平化运行机制的不断推进，随之而来的是既有科层制模式下权力的层级结构制度的打破。创新型组织建构过程中对成员创新思维的刺激和创新绩效的认同都会在一定程度上产生组织对组织成员控制力的弱化。组织文化作为组织长期生存、发展演进的产物，是广大组织成员共同养成和秉承的最高目标、价值观念、道德规范的总和。组织文化属性具有自动界定边界效用，决定了组织独有的特性和不可替代性，组织文化不仅为组织成员的言行举止制定了恰当的标准，其导向、制约、激励、协调等功能更能使组织具有凝聚力，因此良性的组织发展和绩效实现需要组织以文化为纽带发挥向心力作用，充分考量成员需求的组织文化建设，对组织的生存、发展和组织成员的工作积极性和创新性都具有十分积极的意义。创新是共青团组织生存和发展的必备武器，而组织文化又是支撑团组织进行创新活动的精神保障。因此，在大学生思想政治教育实践中，各级团学组织应大力宣传追求卓越的组织文化，积极倡导勇于革新、敢于突破的创新精神，从而激发组织成员的创新意识，鼓励组织成员利用有限的资源创造无限的可能。

研究可知，组织支持感的工具性支持感维度在组织创新氛围与组织成员创新行为的关系研究中发挥着十分重要的中介作用，当组织成员感受到组织重视和帮助时，能够更大限度发挥工作热情，有益于催生更好更新的创新成果。作为班团组织学生干部，需要兼顾学生干部和学生的双重身份，需要面临课业和工作的双重压力，所在组织应在全力支持他们工作的基础上为成员发展提供支持，并结合绩效奖励和荣誉表彰机制来缓解组织成员对未来发展的担忧。此举不仅可以使组织成员感受到组织的尊重和关爱，更能够增强组织成员对组织的认同感和归属感，提升忠诚度，促使其产生更多的创新热情。高校团组织可以充分发挥人才优势，借助专家和科研力量，定期组织专业技能的培训，开展多元化的组织成员教育模式，提升创新意识，打破学生组织甚至是学校间的界限，广泛征集、积极向团组织输送创新人才。

通过研究，课题组以共青团西安工程大学委员会直属国旗护卫队团支

部为建设试点，尝试建立"让青春在热血中沸腾，让奉献在国旗下闪光"的组织文化内核；建立以为理想信念教育为主干，以爱国主义教育和红色文化教育为"两翼"、以国旗文化教育为载体的四位一体的组织教育体系。试点紧扣校团委直属团支部属性，坚持"以团带队"，明确以组织文化建设和学习型组织建设为重点实施创新型组织建构，探索形成"支部委员—支部干部—团员青年"链式学习小组和"朋辈指导、专业互助、学科交叉"环形学习小组相穿插的学习组织架构。针对支部半军事化管理和思想政治导向鲜明的特点，试点针对性地设计开展思想教育工作，有效发挥团支部在日常工作中的磁场效应和辐射作用。支部创建"弘扬护旗使命·培育小小升旗手"的工作特色案例，与学校周边中小学建立了长期友好的合作关系，围绕国旗文化充分发挥辐射效应，扩大引领示范群体范围。

试点建设以来，团支部成员 100% 参加院校团课培训，45% 的成员参与青年马克思主义培养工程培训班考核成绩合格，按期结业，55% 的成员获得各类奖学金，91% 的成员获得各级各类荣誉表彰，96% 的成员递交入党申请书，积极向党组织靠拢。"十四运"组织筹备期间，支部共 38 人参与赛事志愿服务工作，4 人获赛事组委会表彰。2021 年西安抗击疫情时，团支部第一时间响应组织号召，发挥党员、团员先锋模范作用，三届 63 名在校新老队员主动请缨，充分发挥听从指挥、统一领导、反应迅速的组织优势，全员连续 21 天参与疫情防控先锋岗志愿服务，每天持续工作 13 小时，无一人掉队，支部成员累计工作时间超过 2100 小时。试点建设期间，受邀为临潼小学、华清小学、铁炉中学、华清中学等中小学进行爱国主义教育和旗手专业培训共 9 次，累计培训中小学生 1100 余人次。2021 年，支部圆满通过全省首批团建示范创建样板支部验收。

共青团组织是党的群团组织，必须努力肩负起培养中国特色社会主义建设者和接班人的根本任务，切实履行好巩固和扩大党执政的青年群众基础这一根本职责，牢牢把握围绕中心、服务大局的工作主线。高等教育和共青团改革背景下的高校共青团工作扁平化推进，需要紧紧围绕共青团更好实现其根本任务、政治职责和工作主线，对组织的职能和工作实践的体制机制进行再优化，需要重视团组织创新思维的指引和组织成员创新能力的提升。研究表明，高校各级班团组织应充分认识到组织创新氛围对组织成员创新行为的影响，以及组织支持感在组织创新氛围与组织成员创新行为间的中介作用，为组织成员实施创新活动提供有力保障；为组织成员搭建良好的实习实践平台；对于不利于组织创新的因素予以调整、改正或取缔；对于组织创新氛围中的薄弱环节采取相应的措施予以加强；对于有利于组织创新的因素，继续支持与弘扬。

参考文献

[1] 团龙岗市委. 以改革破题，创新共青团基层组织设置方式 [J]. 中国共青团，2021 (2): 54-55.

[2] 姚梦竹，周学智，费葳葳，等. 改革强团背景下共青团"回归青年"的路径探赜——建设创新型基层服务团组织 [J]. 高校共青团研究，2019, (Z1): 234-240.

[3] 甄美荣，彭纪生，杨晶照. 组织创新气氛对员工创新行为的影响：基于个体目标取向、心理资本的分析 [J]. 科技与经济，2012, 25 (1): 86-90.

[4] 牛馨. 高校创新型团学干部培养途径的探索 [D]. 华东师范大学，2010.

[5] 杨晶照，杨东涛，赵顺娣，等. "我是"、"我能"、"我愿"：员工创新心理因素与员工创新的关系研究 [J]. 科学学与科学技术管理，2011, 32 (4): 165-172.

[6] CHOI J N. Individual and contextual predictors of creative performance: The mediating role of psychological processes [J]. Creativity research journal, 2004,16 (2-3): 187-199.

[7] TIERNEY P, FARMER S M. Creative self-efficacy: Its potential antecedents and relationship to creative performance [J]. Academy of Management journal, 2002, 45 (6): 1137-1148.

[8] 袁林，谭文，邵云飞. 组织创新氛围对企业专利创造能力的影响机理研究 [J]. 科技管理研究，2015,35 (9): 1-6+12.

[9] 邢春晖. 目标导向、团队创新气氛对个人创新行为影响的研究 [D]. 上海交通大学，2009.

[10] 何文浩，张桂荣. 论创新型研究生团学组织的构建 [J]. 山东省青年管理干部学院学报，2010 (2): 44-47.

[11] HENNESSEY B A, AMABILE T M. Creativity [J]. Annual Review of Psychology, 2010,61: 569-698.

背景·价值·实践·反思：高校青年工作有效性量化评价研究的四维审视*

周凯　郭昭　郭砚博　马婷婷　夏春雨　叶恒语

一、问题提出

高校青年工作有效性量化评价研究的关键就是这一学术议题生成的问题域是什么，因此从有效性量化评价的角度切入讨论高校青年工作，在理论和现实上都具有迫切性。

（一）适应新时代党和国家高度重视青年工作的需要

青年是国家的未来，民族的希望，是社会主义建设的生力军。青年工作关乎青年的发展和国家的未来。党的十八大以来，以习近平同志为核心的党中央领导集体始终心系青年发展，将青年和青年工作置于党和国家事业中举足轻重的位置。2017年4月，中共中央、国务院专门印发并实施了新中国历史上第一个青年规划《中长期青年发展规划（2016—2025）》，为新时代青年的成长发展和青年工作的有效推进提供政策保障。青年工作是一项极端重要的工作，面对瞬息万变的社会环境和社会主义建设的新要求，青年工作也出现了新情况、新特征、新问题，要开展好新时代青年工作，必须从党和国家事业发展的全局角度和战略高度出发。对青年工作的实施和有效性给予高度重视，正是落实国家有关青年工作高质量发展的战略要求，确保青年工作的稳步推进的客观需要。

---

* 陕西省哲学社会科学重大理论与现实问题研究项目，项目编号2021HZ-875。

（二）提高高校青年工作有效性的需要

除了积极响应国家战略外，高校青年工作本身也存在是否有效、有效性如何的问题，这构成了本研究的理论逻辑基点之一。高校是青年工作的重要阵地，对青年的成长成才发挥着至关重要的作用。青年工作是检验高校履行立德树人使命的"试金石"。进入新时代，青年生存和发展环境发生了巨大的变化，青年自身的思想观念、行为特征正在被时代深度重塑。现实中，部分高校青年群体中各类问题，多发频发，产生不良的社会影响，极大影响了青年工作的声誉。这一现象的发生和高校在开展青年工作时未树立量化评价的思维，未能建立清晰科学的工作有效性评估指标、评价方法陈旧低效相关。面对新的变化，高校青年工作研究亟待深化，为进一步提高青年工作的有效性和规范性，需要开发一套具备较高置信水平的工作有效性评价体系，对青年工作进行量化评价，实现对高校青年工作状况的精准把握。

（三）促进青年全面发展的需要

习近平总书记指出："党和国家事业要发展，青年要首先发展。"可以说，一切青年工作的核心就是促进青年的全面发展。当代青年成长于经济社会大转型的时代，青年的群体特质和表现形式在新的历史条件下也发生了很大改变，青年群体内部形成了不同的"类别"，青年成长路径选择多元化，青年发展需求存在差异化，这就要求青年工作不能再采取"大水漫灌"的老办法、老套路进行，必须科学分析、有针对性地为青年群体提供帮助和服务。因此，高校青年工作必须精准化、高效化，充分考量青年发展水平的指标要素，进行有效量化，促进青年的全面发展。

总之，高校青年工作事关发展、事关未来。高校青年工作有效性量化评价与实证分析研究是以新时代党对青年工作提出的要求为依据，借鉴科学主义研究范式中的量化研究方法，开发衡量高校青年工作成效的且具有较高信度的可测性指标体系，从而提高高校青年工作的有效性、精准性，促进青年成长成才，成为可靠的社会主义建设者和接班人的研究。

二、价值分析

（一）理论价值

在理论维度，青年工作有效性量化评价的研究，一方面有利于拓展和丰富高校青年工作的研究视角。对高校青年工作有效性的量化研究，实现了社会科学领域中的研究范式与高校青年工作研究的结合，打破了传统高校青年工作质化研究的局限，进一步拓展和丰富了高校青年工作的研究视角。另一方面，对青年工作进行有效性量化有利于深化高校青年工作有效性研究的内容。本文在对高校青年工作的有效性分析的基础上对其进行量化研究，探究高校青年工作有效性量化的必要性，明确影响高校青年工作有效性的指标要素，并构建指标体系，进一步深化了对高校青年工作的有效性研究。

（二）实践价值

在应用维度，青年工作有效性量化评价的研究能够有力推动高校青年工作朝着科学化、规范化发展。通过对高校青年工作有效性的量化研究，设置具有较好信度和效度的测评指标，能够有效解决实际中存在的考核标准模糊不明、考核结果信度不高的问题，为高校青年工作提供科学的决策工具，推动高校青年工作的有效落实。同时，此类研究有利于高校更好地为青年发展服务，促进青年的全面成长成才，履行其立德树人根本使命。青年工作的核心就是要促进青年的发展。本文要在量化研究的基础上对高校青年工作成效设置指标并进行评估，促使高校高度重视青年发展，更好地落实党和国家对青年工作的要求，为青年发展提供优质服务，帮助他们实现更好的发展。

三、理论依循

（一）习近平总书记关于青年工作的重要论述

习近平总书记高度评价当代青年的作用。党的十八大以来，习近平总书记反复强调青年在党和国家事业发展过程中所具有的重要地位和作用。他在同各界优秀青年代表座谈时指出:"中国共产党从来都把青年作为党和人民事业发展的生力军。""青年一代有理想、有担当,国家就有前途、民族就有希望,实现我们的发展就有源源不断的强大力量。"在同北京大学师生座谈时,习近平总书记指出:"青年是标志时代的最灵敏的晴雨表,时代的责任赋予青年,时代光荣属于青年。"在庆祝中国共产党成立 95 周年大会上,习近平总书记指出:"青年是祖国的未来、民族的希望,也是我们党的未来和希望";在庆祝中国共产党成立 100 周年大会时又强调:"未来属于青年,希望寄予青年。"他对广大青年充分信赖、寄予厚望,相信当代中国青年一定能够担当起党和人民赋予的历史重任,相信中华民族伟大复兴的中国梦终将在一代代青年的接力奋斗中变为现实。

习近平总书记高度重视青年工作,强调"党和国家事业要发展,青年要首先发展",在他的关心下,中共中央、国务院推动出台了具有重大意义的新中国历史上的第一份青年发展规划《中长期青年发展规划(2016—2025)》,这一政策性文件为我国青年发展工作提供了指导。习近平总书记在指导共青团工作时也多次强调,共青团要心系青年、心向青年、植根青年、依靠青年,把青年放在工作的中心位置。同时,习近平总书记高度重视、关心支持并参与高校青年工作,在 2016 年全国高校思想政治工作会议上强调,要把立德树人作为中心环节,把思想政治工作贯穿教育教学全过程,实现全程育人、全方位育人,努力开创我国高等教育事业发展新局面。这也为高校青年工作指明了方向,高校青年工作的开展必须围绕学生、关照学生、服务学生,运用思想政治教育和道德品质教育的方式不断提高学生思想水平、政治觉悟、道德品质、文化素养,让青年成为德才兼备、全面发展的人才。

(二)量化分析的相关理论

量化研究是一种对事物可以量化的部分进行测量和分析,以检验研究者关于该事物的某些理论假设的研究方法。它引用一定的数学方法,通过变换来判断研究对象诸因素的关联,最后用数值来表示研究分析的结果。教育中的量化研究方法包含以下三层含义：首先，研究对象的可统计性。由于量化研究是借助于数学的研究方法，因此必须先把研究对象转化为可以运算的数据以便于进一步地分析。其次，操作程序的固定化，量化研究的每一种具体方法都有它固定的操作程序。如数学建模法，要求在统计和测量的基础上建立主因素变化的数学模型，然后通过数学模型的运作把现实事物的变化反映出来。再次，研究结果的客观性强调从经验事实出发，对研究对象进行变量分析，通过变量分析获得对客观事物的认识，依靠事实证实研究结果。

量化研究作为伴随科学主义研究范式兴起的一种主流的社会研究方法，至今仍在学术研究领域中发挥着重要影响，在促进多个研究领域的深化研究中扮演着重要角色。相对于纯粹思辨的研究方法，量化研究更注重测量和分析，并且有相对完备的操作技术，能够更好地反映科学研究应具备的严谨性、程序性的特征并且在研究的规范性、精确性、系统性上更具优势，能够带来更具可信度的因果推断进而有效弥补定性研究的缺陷。需要指出的是，量化研究并不排斥定性研究，定量研究只有建立在定性分析的基础上才有意义。正如著名教育家叶澜教授所说，当教育研究尚未在定性的水平上达到清晰、具体、准确地揭示事物及其相互关系、作用演变轨迹，尚未认识研究对象的性质、数量指标、形态之间的对应关系时，它很难合理选择定量研究的工具和使定量研究起到抽象、准确认识研究对象、深化定性研究的作用。

四、方法实践

（一）高校青年工作有效性量化评价的问题反思

首先，高校青年工作存在"指标困境"，其有效性亟须提高。高校是人才培养的重要场所，也是青年工作的重要阵地。高校青年工作的成效关乎高校立德树人根本任务的实现，也关乎广大青年学子的成长成才，因此，必须要给予高校青年工作高度关注并对其进行科学评估，从而确保工作的有效推进。当前，高校青年工作在评估方法、评估体系方面尚不完善，导致其陷入了"指标困境"。这一情况存在两种具体表现：一是由于影响高校青年工作有效性的因素较多，所以在实际进行评估时为了更全面便将全部因素设置为指标要素，造成评估指标空泛状况，"无效指标"占有一席之地；二是部分关键评估指标的设置存在主观模糊的缺陷，如在青年教学工作、青年活动方面都只是进行笼统评价，在对象上没有区分青年教师和青年学生，内容上也没有精确到个人，是"抽象指标"。这种"指标困境"给高校准确把握青年工作开展情况设置了屏障，高校亟须探寻新的评估方式来破解困境，提高青年工作的有效性。

其次，定性分析在高校青年工作有效性评估中存在局限，无法完全、客观反映工作全貌。定性评估是根据评价者对评价对象的表现、现实和状态的观察和分析，直接对评价对象做出定性结论的价值判断方式。高校青年工作是一项上连党和国家的政策和要求，下接青年人才培养的十分注重实效的工作，现行的定性评估方式注重"质"的发展，固然能够反映出一些深层次的问题，但是这种质化分析对工作整体的评估和描述过于模糊笼统，难以精确把握问题。同时，由于评估者存在主观性和对结果的个人预设，做出的评价往往带有经验性和差异性，无法准确、全面地反映出工作的状况。高校青年工作的定性评估没有数据支撑，只是依靠一些描述或者判断进行等级评定，这种结果弹性较大且缺乏信度和效度。因此，有必要引入量化分析方法对高校青年工作的成效进行精准化评估。

再次，量化评价的可视性、科学性和对比性在高校青年工作中具有优势。在高校青年工作中引入定量分析方法就是运用数据对评估对象表现出来的量的关系进行整理和分析，从量上评估高校青年工作的实际效果。量化评估的核心是确立指标、设立层级、分配权重，数据化评价自我，发现问题，明确方向，做出效果衡量。高校青年工作通过建立可测量指标体系，把一些复杂的、难以描述的工作绩效简化为数据，进而通过对数据的比较和分析非常直接地对工作成效做出评价。同时，针对那些不可观察与直接测量的有关青年主观层面的评价也可转化为测量量表，并赋予相应数字来表示程度的高低。高校青年工作的效果评估也必然会涉及内部评估（纵向比较）以及与其他高校的横向比较，数据比较最直观也最能够反映出差距，以此来实现对各高校青年工作的激励。数据往往最具有说服力，量化评估用数据有力地回答了"高校青年工作执行得怎么样""青年发展的成效怎么样"的问题，对高校青年工作的成效评估来说显得十分必要。

（二）高校青年工作有效性量化评价的基本指标维度

一是队伍建设维度。扎实开展好高校青年工作的基本前提是要把高校青年工作的组织队伍建设好，这对切实贯彻好党和国家对青年工作的政策方针，进一步落实高校立德树人的根本任务发挥着十分关键的作用。高校青年工作队伍不仅包括集中从事青年工作的共青团组织，还包括高校的领导者、教师、辅导员等，他们在青年工作中虽有着不同的职责，却是一个联动的集合体。近年来，高校青年工作在队伍建设上严格把关，在实际工作中摸索出一系列行之有效的好方法好模式，顺利确保了高校青年工作的有效开展。不过我们也不可以盲目自信，需要深刻意识到提高高校青年工作队伍建设水平的困难性和复杂性。当前，高校青年工作队伍的流动性大、人员分配不合理、队伍专业能力不足、职业素养不高的问题仍然存在，同时作为直接与青年接触的从事青年工作的人员能否适应新时代青年出现的新变化，面对青年发展更加精确和具体的要求，青年工作队伍又能否达到要求和实现目标，这些都深刻影响高校青年工作的有效性。

二是管理实施维度。《中长期青年发展规划（2016—2025）》从青年思想道德、青年教育、青年婚恋等10个方面列出了青年发展的目标，高校青年工作主要承担培养青年思想道德、青年教育、培训青年就业创业以及提升青年文化等职责。高校青年工作开展必须落实到行动中，其最重要的过程就是对各项任务的具体组织和实施，它的有效性也通过一系列实施成果来体现。科学配置教育资源、开展社会实践活动、培养青年人才队伍、开展思想政治理论课、提供就业创业培训等工作的管理实施都是可视化的，需要进行组织并引导青年参与。针对青年开展的这些活动从数量和质量上都可以作为高校青年工作成效的重要测评依据。

三是青年发展维度。青年是青年工作的核心，高校青年工作的有效性最终要通过青年发展状况来体现。青年发展并非一种抽象的形态不可衡量，它由各种具体的指标来综合体现，如青年的身心健康、学业成绩、思想道德素质、社会实践能力等。青年的发展状况与高校青年工作的效度构成了一种正比例关系，高校青年工作就是要不断满足青年这些发展需求。因此，高校对青年工作有效性的测评必须以青年发展指标为参考依据。新时代青年成长于信息化环境下，思维活跃、个性鲜明，有着更多更高的发展需求，高校青年发展状况总体向好，同时出现了一些问题影响着他们的成长成才，青年发展指标也呈现出多样化、差异化和复杂化的特征，对青年工作提出了挑战。高校要抓住青年发展的关键指标重点发力，推动青年工作的高效化。

（三）高校青年工作有效性量化评价的实践进路

第一，以青年发展规划为引领，合理建构指标体系框架。高校青年工作有效性评价，要以青年发展规划的要求为导向，聚焦青年发展各项工作的完成度和实际效果。因此，量化评价指标体系的构建既要关注高校青年工作的过程开展情况，又要注重工作最后完成的效果，并将两者的评价指标统一于指标体系的设计建构之中。依据影响高校青年工作有效性的三个指标维度，高校青年工作有效性的量化评价指标体系以队伍建设、管理实施、青年发展为一级指标，这三个指标是评价高校青年工作有效性的关键指标，也是总体指标。然后，依据层次分析法，在三个一级指标下设置不同的层级指标。队伍建设下设二级指标，包括队伍结构、队伍素质、队伍能力、队伍培训、队伍获奖；管理实施下设二级指标，包括日常管理、教育教学、实践活动、团干部培训；青年发展下设二级指标，包括学业成绩、社会实践、身心健康、毕业就业。每一个二级指标又根据各自的构成因素集，逐步细分为三级指标项，如二级指标队伍结构包括学历结构、年龄结构、男女比例、职位结构等多个指标要素。三级指标相对精细，可根据高校具体实际情况设置。

第二，坚持基本指标与参考指标相结合的原则，确保指标体系的可操作性。

高校青年工作有效性评价指标体系，围绕考察与评价其各项具体任务与实践效果进行整体构建。基于高校青年工作的系统性和复杂性，指标体系构建要落地落实，就要在观照实践经验与以往理论成果的基础上，提炼具化有对照、有范围，全面性与重点性相结合，基础性与灵活性相统一的指标要素，设置基本指标与参考指标，两者结合使指标体系在严格化的同时也具备弹性。如在青年发展指标下设置的身心健康这个二级指标，作为一个基本指标是每个高校都要进行评估的，但是以此为基点，各类高校可以根据具体实践工作经验提炼相应具体的参考指标，像800米跑步测评、引体向上、仰卧起坐等。整体上，基本指标点明方向与范畴，参考指标具有灵活性与广泛性，依据相应状况可以做出调整，两者的有效结合，实现了稳定性与发展性的统一，使高校青年工作有效性的评估指标体系操作性更强。

第三，合理引入定性描述，增强量化评价指标效度。高校青年工作有效性量化的指标评价体系在呈现工作效度"怎么样"时，优先选择用数据进行表示，这种方式简洁直接且具有说服力。但是，量化评价与定性分析并不是相互排斥的，任何事物都是质和量的统一体，量化指标体系在致力于对有效性进行评价时，可以引入定性描述。具体来说，就是以二级指标下的具体子要素为评价对象，一方面，采用定性分析的方法，将与评价对象相关的描述性资料，如访谈记录进行归纳汇总，并依靠逻辑分析进行整体性评判。另一方面，充分采用定量分析的方法，比如在测试青年满意度时采用调查问卷的形式，运用数理统计的方法推导出有价值的数据以供评价并得出可靠结论。最后，将两者结合对测评的指标对象进行等级评判，通过带有语言描述的等级量表展示不同的评价结果，如A、B、C、D或优秀、良好、合格、不合格等，科学合理地对青年工作的各项指标进行测评，促进评价工作的规范化、科学化。

五、研究反思

（一）研究不足

　　高校青年工作有效性研究具有非常重要的应用价值，并且已经逐渐受到学者们的普遍重视。本文从量化研究的角度，对高校青年工作的有效性评估进行了全新的审视，将定量研究方法引入其中，就高校青年工作有效性量化评估的必要性、指标维度、指标体系构建三大问题展开探讨分析具有一定的借鉴价值，但仍存在不足：一是高校青年工作有效性量化评价目前多处于理论研究阶段，对实践的反哺作用尚待凸显。当前，学术界在探讨高校青年工作有效性这一问题上采取了多种量化评价方法，尚未达成方法上的共识。后期研究还需要通过比较研究的思路，对不同评价方法予以借鉴和比较，进而总结出一种较为适合投入实践应用的评价范式。二是关于高校青年工作有效性量化评价体系的构建，本文只是基于普遍情况设置了一些可以通用的一级和二级指标，对于各高校开展青年工作的具体和特殊情况无法全面考虑，因此在指标设置上还有待细化和考证。

（二）未来展望

　　高校青年工作有效性量化评价的研究是一项长期性工作，经过对本文研究内容不足的反思，未来关于该课题的进一步研究将从以下几个方面展开：第一，继续引入量化分析方法，寻求基于高校青年工作有效性评估研究的更大空间。本文在分析论证中发现量化研究应用性很强，且具有很多优点，其与高校青年工作相结合研究的范围还很大。未来在更丰富和充分的知识基础上，我们将继续探究如何在高校青年工作过程中具体应用量化分析，推动高校青年工作的创新发展；第二，在本文所构建的高校青年工作有效性评估指标体系的基础上，进行小范围的应用测评，根据实际情况对设置的指标进行补充、调整、完善，同时根据指标的重要程度进行排序，进一步确定各指标的权重，健全评价体系。

参考文献

[1] 中共中央文献研究室编. 习近平关于青少年和共青团工作论述摘编[M]. 北京：中央文献出版社，2017.

[2] 邱皓政. 量化研究与统计分析 SPSS 数据分析范例解析[M]. 重庆：重庆大学出版社，2013.

[3] 刘凤芹. 社会工作量化研究方法[M]. 北京：中国社会出版社，2020.

[4] 夏艳霞. 当代高校青年文化建设研究[M]. 哈尔滨：黑龙江人民出版社，2019.

[5] 于颖. 高校青年教师工程实践的探索与创新[M]. 北京：光明日报出版社，2018.

行政化还是扁平化：共青团组织再造的逻辑分析与行动路向*

宋利国　侯静　晁艳　张亦蕤　马子雯　崔雄

共青团是党领导的先进青年的群团组织，发挥着党联系青年的桥梁和纽带作用，肩负着巩固和扩大党执政的青年群众基础这一政治责任。当前，共青团组织积极探索建立直接联系青年的体制机制，解决共青团存在的机关化、行政化问题，打通各级共青团组织联系服务青年的"最后一公里"，从而更好地实现共青团组织职能的再建构、再优化，使其当好党的助手和后备军。通过扁平化管理，能够更好地发挥共青团的职能作用，提升共青团做党的青年群众工作的能力和水平。

一、组织结构变革：共青团工作扁平化的理论逻辑与实践要求

共青团是党联系青年的桥梁和纽带。随着经济社会的不断发展，青年呈现群体分化的基本趋势，个体需求日益多样，与之相适应的青年社会组织蓬勃发展，且其功能和结构更趋复杂多样，而过去科层制形成的传统基层团组织一时又难以适应新形势的变化，无法有效建立与各领域青年群体的直接联系机制。面对新形势，共青团组织必须全面深化改革，实施扁平化管理模式，提升组织现代化水平，始终紧跟党走在时代前列、走在青年前列。

（一）扁平化管理是共青团组织属性的必然要求

共青团扁平化管理模式的产生有着深刻的时代背景，它与社会原子化背景下共青团组织科层制结构的问题显现以及青年对共青团组织产生了更多期许密切相关。首先，共青团作为群团组织，无论在组织形态、干部配备、工作方法，还是在服务理念和资源获取等方面都与党政机关不同，特

---

* 陕西省哲学社会科学重大理论与现实问题研究项目，项目编号 2021HZ-876。

别是在各种新型社会组织蓬勃发展、社会治理参与主体日益丰富的时代条件下，共青团面临着引领凝聚青年、组织动员青年、联系服务青年职能发挥不充分的问题。这就要求共青团组织走出机关大院，建立与青年更为直接的联系，摒弃"坐机关"带来的脱离青年倾向。创新共青团组织运行机制，能够解决科层制管理暴露出的共青团组织应变能力较弱、运行效率较低、服务青年意识不强等问题，要求共青团更为主动地走到青年中间，把握青年脉搏，与青年同呼吸共命运，切实发挥联系青年的骨干作用。

其次，随着我国在新时代背景下经济发展和社会结构的深刻变革，新经济组织、新社会组织领域中的新业态、新群体大量涌现，在社会民生、高科技领域、艺术创作、新媒体和自由职业领域中的从业人员进一步增多，成为激发各领域发展的动力源泉，支撑经济等各领域建设的重要力量。党和政府高度重视新兴青年群体工作，习近平总书记明确要求团组织要善于去做他们的工作，深入他们、帮助他们、引导他们（李川，2018）。因此，探索共青团扁平化管理与运行机制，强化工作力量和资源的纵向统筹，让工作信号快一点到基层、让工作资源多一点到基层，不断提升广大团员青年的存在感、参与感、获得感、成就感十分重要。

（二）扁平化管理是共青团做好青年工作的基本要义

随着共青团改革的深入推进，共青团的助手和后备作用进一步增强，但是一些长期存在的问题依然没有根除，诸如科层制带来的共青团机关化、行政化问题；共青团领导机关资源足、力量强，基层则力量弱、资源少；共青团社会化动员能力不足；共青团联系青年的广度深度不够，存在"关门主义"倾向；团的干部作风不够严和实，存在活动的"娱乐化"倾向。

团的十八届二中全会第一次全体会议指出，在社会领域改革中，共青团要虚心向社会组织学习，学习"社会化"的工作运行模式，团干部应走出自己的"舒适区"，少用、尽量不用"行政化"的方式去部署工作，多用扁平化、接地气的方式开展工作（贺军科，2020）；团的十八届四中全会重点聚焦深化改革，指出"要主动适应行政管理体制改革形势，创新团的组织运行机制，探索扁平化管理与运行"（贺军科，2020）；团的十八届五中全会上第三次全体会议强调"新一轮共青团工作方式和运行机制层面上的改革，核心是要以项目化、扁平化工作机制来破解行政化的难题，弥补科层制的不足……"因此，要破解共青团管理和运行中的老大难问题，必须推动共青团在思想方法、制度机制上的进一步创新，逐步建立科学、规范、精准的工作导向和项目化、扁平化的工作机制，更好地团结带领广大青年全面投身建功新时代的伟大实践，为实现中华民族的伟大复兴展现青春担当。

（三）扁平化管理是破解共青团行政化倾向的现实依据

扁平化管理概念最早来源于企业管理改革，受亚当·斯密分工理论的影响，政府和企业多数沿用传统科层制进行组织管理。20世纪80年代的美国通用电气公司首次引入扁平化管理模式，从而使公司的管理效率和经济效益都得到大幅提高，这启发了政府机构采用扁平化管理方式对机构的组织结构、运行模式等进行深刻变革，产生良好效果。扁平化管理模式以其敏捷、灵活、快速、高效的特点在世界范围内得到广泛借鉴和应用。因此，顺应时代的潮流，共青团实施扁平化管理模式是当前社会经济发展中的必然选择。

当前，共青团组织依然存在一定程度的科层制表现。一是存在管理组织的多梯次多层次结构，上级要求逐级传递；二是共青团工作的信息反馈也是经过逐层筛选，才到达团的上级组织。由此带来信息传导时间滞后、成本增加、信息衰减等问题，造成上级团组织对青年及时性诉求反应迟钝，政策调整应对速度滞后。因此，改革创新是共青团适应新形势、应对新挑战的必然要求，从而不断把共青团建设成为组织运行效率高、青年诉求解决快、基层信息传导准、社会动员能力强的新时代青年组织。

二、走出行政化：团组织扁平化的初步构想

中央党的群团工作会议指出，群团事业是党的事业的重要组成部分，群众性是群团组织的根本特点。共青团是做党的青年群众工作的群团组织，要不断改革和改进机关机构设置、管理模式和运行机制，使管理模式、工作

方式更加符合青年群众工作特征，切实发挥好引领凝聚青年、组织动员青年、联系服务青年的作用。通过建立共青团扁平化工作机制，团的工作信号、资源、方法、力量直达基层，团的组织和干部直接面向青年，实现团的组织内部工作流转顺畅、步调协同一致、服务机制一体化。

（一）减少共青团系统工作流转层级

共青团扁平化管理主要是通过减少工作层级，直接将重点工作和匹配的资源落到基层，避免层级过滤衰减。同时，团组织要加大对重点工作的督查和指导，确保任务真正落地生效，间接分配上级工作力量和资源，减轻基层工作压力，分担基层工作任务，激发基层组织活力。

共青团扁平化管理模式不是组织层面上的"省管县""县管村"，更不是削弱市级团组织和乡镇（街道）团组织的职能和作用，而是指重点工作层面上的"省对县""县对村"，减少市、乡镇（街道）两个层级，压缩行政上的层级，更好地实现工作直达地方和基层，减少由于行政层级过多导致的信息衰减和效率降低，从而更好地实现扁平化管理的价值目标。扁平化模式虽实现了工作上的"省对县""县对村"，但在组织体系上仍然是省、市、县、乡、村五级，市一级团委和乡镇一级团委在扁平化工作体系中分别扮演着督导员和链接项目活动资源的重要角色。

与此同时，作为党联系青年的桥梁和纽带的各级共青团组织，除了行政上的上下级关系外，还要搭建直接联系青年的桥梁，开展直接面向青年的项目和活动。

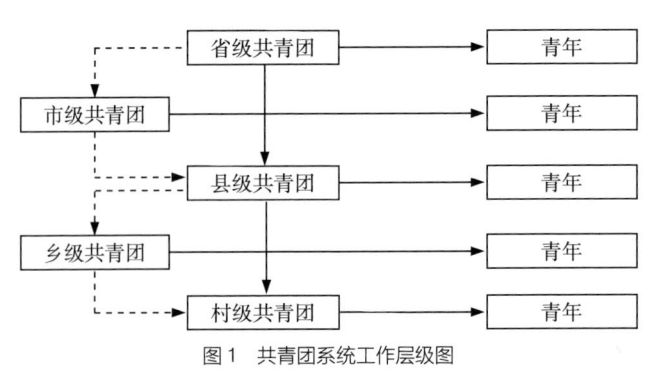

图 1　共青团系统工作层级图

（二）建立各级共青团直接联系青年机制

1. 创建网格化管理模式

共青团是国家社会治理体系中的重要力量，始终把参与创新社会治理模式作为重要使命，通过建立青年网格化管理模式，解决各级团组织服务青年"最后一公里"问题。为此，上级团组织协调辖区内下级团组织将所在区域按照一定标准划分为若干网格，每个网格配备网格长、网格管理员、青年信息员、网格监督员，把与青年相关的事项，融入网格，落到人头。共青团组织可通过手机建立网格化管理平台，随时随地向平台传输网格员收集和发现的各类问题，并由上级管理员汇总整理形成青年工作信息库。通过这种由社区青年充实的青年信息员、网格监督员队伍，构建起发现青年案源、反馈问题的直接工作力量体系，可有效解决共青团管理机构条块分割、信息屏蔽、相互推诿、责任缺失的问题。

网格化管理模式也可以分级设立共青团的网格化管理机构。比如，可以以村（社区）为基础设立一级网格团总支，在此基础上，结合地域和青年分布等情况设立二级网格团支部，并授权一级网格团总支发挥组织职能，组织开展团组织生活，进行工作指导，二级网格团支部落实工作任务，摸清青年底数，组织开展直接联系和服务青年的活动，达到"找团的旗帜，抬头就是"的效果。

2. 统筹建立团属阵地

团组织立足实际分片区建立功能各异的团属阵地，使团的组织网络、工作力量、服务项目有形化、日常化。建立"青年之家"综合服务平台三级服务终端体系，通过建设青年之家"旗舰店"、青年之家"功能店"、青年之家"共营店"，形成互有分工合作、互成连锁效应的"青年之家"服务阵地网络。

省级团委建设高标准青年之家品牌"旗舰店"，突出示范作用，形成多元化的服务项目体系，并逐步向各级"青年之家"延伸。根据产业发展和青年聚集的特点，重点围绕乡村振兴战略、城乡社区发展治理等，打造"产业助力""治理融合""乡风文明"等功能性"青年之家"，突出特色建设

"功能店"。充分借助市场化手段和共青团的品牌效应,按照"不求所有、但求所用"的思路,在青年人较为聚集的场所建立服务载体,提升青年参与的便利性,提档升级建设"共营店"。

建立直接服务青年机制。深化省级团委部门领办"青年之家"工作机制,省级团委职能部门通过轮班值守和项目承办方式定点领办不少于一个"青年之家"。通过"包片+定点"方式,直接指导并参与共青团工作的设计与实施。对青年聚集度较高的区域,探索通过"定制+配送"的方式,将服务和活动送到青年身边。

3. 夯实共青团网络矩阵

根据新时代青年生活习惯,共青团加强对全省统一信息平台和"官微"的建设,提升青年聚量,避免各自为政,分散资源,消减工作合力。建立全省统一的共青团信息平台和微信订阅号,将其与各级共青团组织和基层青年活动相结合,引导青年主动关注、订阅、参与,提升信息平台和微信订阅号工作实效,从而使统一信息平台和微信订阅号成为青年八小时外的交流沟通平台。此类平台可根据青年发展十大优先领域,定制推送多元活动信息,厘清不同年龄、不同群体青少年学习成长需求,按照"月月有主题、周周有活动"原则,通过"定制+配送",有的放矢开展活动,满足青年八小时外精神文化生活需求。

(三)推进"一专一站两联"建设

《新时代全面从严治团实施纲要》要求推进共青团"一专一站两联"建设,将工作重心放在打造更有力的市级以上团的专门委员会、县域团代表联络站上面,不断夯实"两联"(即团的委员会成员联系团代表、团代表联系团员青年)工作机制建设,逐步构建起"横向覆盖各个领域、纵向联通各个层级、普遍联系团员青年的工作格局体系",摆脱共青团组织体系束缚,压缩工作流转程序,实现扁平化管理,打通联系服务青年"最后一公里"。

1. 横向拓展团的专门委员会建设范围

专门委员会是团委委员和候补委员履行职责、参与团的工作、发挥参谋咨询作用的重要渠道，是为相关领域优秀青年参与社会治理提供的新平台。专门委员会成员根据团委委员和候补委员的工作领域、地域、个人特点综合选定，并可视工作需要及履职情况适时调整。根据工作领域，可成立企业工作专门委员会、学校和少先队工作专门委员会、社会组织工作专门委员会、机关事业单位工作专门委员会；根据区域，可成立城市工作专门委员会、农村工作专门委员会等；根据工作内容，可成立青年志愿者专门工作委员会、青年思想政治引领工作专门委员会、青年成长成才工作专门委员会、基层建设工作专门委员会等。一般可设专委会主任委员1名，成员若干名，按照专业对口原则，分别由本届委员会委员、候补委员担任。专门委员会作为人才力量重要来源，能够发挥"人才库"功能。团的领导机关的挂职、兼职干部可从专门委员会中产生。此外，其还可以发挥"思想库"功能，通过研究论证相关领域团的重大工作部署和重要理论课题，为团的决策提供参考。最后，专门委员会还能够发挥"资源库"功能，充分发挥团代表、委员的专业领域及地域优势，为团的基层建设提供智力、人才、阵地等资源支持。

专门委员会是团的各级委员会成员履行职责、参与团的工作、发挥参谋咨询作用的重要渠道。其主要职责包括贯彻落实委员会和常委会的决议、决定；围绕相关领域团的重点工作开展调查研究，提供决策参考；监督相关领域团的重点工作任务落实情况；对各级团组织相关领域工作进行评估。每个专门委员会每半年应至少组织一次集体学习，每年至少形成一篇专题调研报告，每名专门委员会成员每届应至少参与一次调研。专门委员会主要按照工作领域设置，和团委机关部门之间形成纵横交错、条块互补的工作格局，进一步推动团的各项决策专业化、科学化，更好地服务中心工作，做好服务青年工作。

2. 纵向打通县域团代表联络站建设渠道

团代表联络站是县级团委联络县域内各级团代表的工作机构，是县级团委统筹县域范围内的团干部、优秀团员青年代表直接面向青年开展工作的"履职平台"和"联系平台"。

团代表联络站依托乡镇（街道）村（社区）"青年之家"建立，在对标完成"规定动作"的基础上，利用现有资源，引入"各级团代表委员＋青年志愿者团队"两大服务主体，打造一个集代表委员联系服务青年、青年志愿者服务、休闲阅读、学习沙龙等多功能于一体的团代表联络站，硬件软件设施齐全且具特色，全面打通联系服务青年的"最后一公里"。根据建设要求，团代表联络站要定期召开团代表工作年度会议、开展团代表培训，组织团代表参与共青团或少先队的活动。联络站以团代表联络站秘书处为核心，结合团的工作实际，按照团代表工作领域成立医药卫生、现代农业、教育社科、青年志愿者服务、保护青少年权益等专项小组；根据工作需要及时组织开展宣讲、调研和服务团员及青少年的活动；整合资源，采取线上线下相结合的方式，开设微宣讲和微课堂；建立扁平化的线上联系平台，通过新媒体手段开展线上联系，建立微信联络群，及时向联系对象发布工作信息，交流工作经验，收集意见建议等。依托团代表联络站，团组织可建立日常化的线下联系机制，开展面对面交流、实地走访、共同活动等，逐

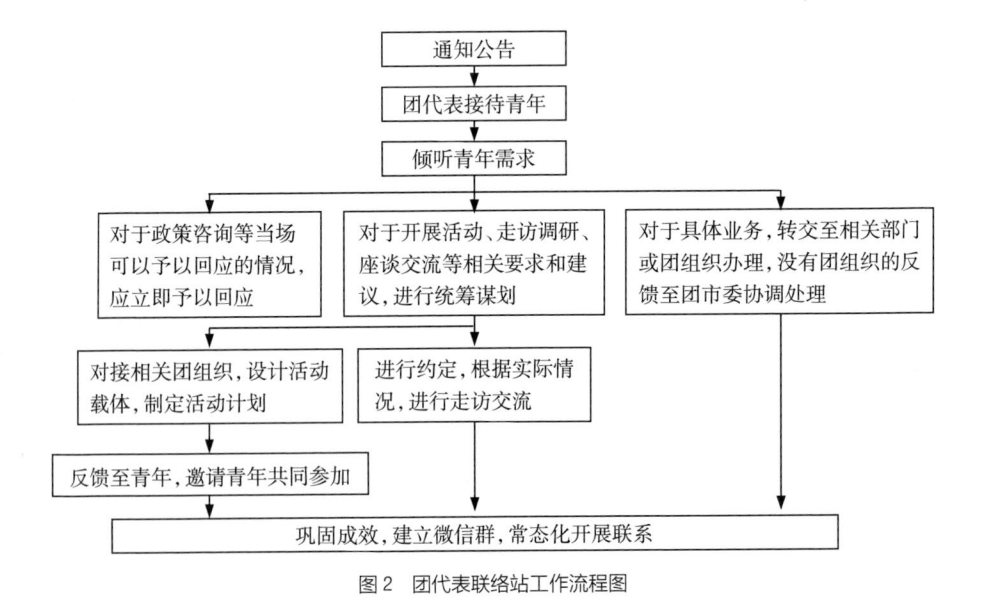

图2 团代表联络站工作流程图

步形成稳定的联系纽带，真正让联络站成为一个凝聚青年力量、服务青年发展、引领青年成才的多元化阵地。具体联系流程如下图所示：

3. 普遍建立"两联"工作机制

"两联"即团的委员会成员联系团代表、团代表联系团员青年，这一工作机制是共青团群众性的重要体现，也是共青团改革的重要内容，有利于共青团保持与团员青年的密切联系，构建起"委员—代表—青年"的扁平化联系沟通路径。

一是明确联系要求。各级团组织可建立明确的团干部密切联系青年机制，规定不同层级团的干部直接联系若干个团的基层组织，包括但不限于基层团支部、青春驿站、青年社会组织、青年网络组织等，从而建立起相对固定的青年联系点。在此基础上，通过组织化或社会化的方式密切联系这一组织及其周围的青年和基层团干部，实现团组织和团的干部与青年的直接联系。对于团的委员会成员和团代表，须根据青年学习、生活和工作实际，与所联系团代表和团员青年、团支部保持一定的联系频次，确保团的工作及时延伸到青年当中。

二是丰富联系内容。团的委员会成员和团干部要重点围绕思想引领、联系服务、整合资源等内容展开工作。在思想引领上，应重点围绕学习贯彻习近平新时代中国特色社会主义思想，主动面向联系对象传播党的声音，进行形势与政策宣传，引导团员青年坚定不移听党话、跟党走。在联系服务上，委员要切实发挥作用，保持与团员青年的经常性联系，使青年与共青团身体上接近、心理上共鸣、行为上趋同，深入了解团员青年的生活方式、行为方式、思想动态和价值取向等，收集和反馈团员青年的利益诉求、意见建议。在资源整合上，将团代表、委员来源广泛的组织优势充分发挥，利用其所在领域、所在单位的资源为团员青年提供包括就业指导、创新创业、社会融入、婚恋交友等服务，为团组织提供活动开展、工作推动等方面的支持。

三是创新联系方式。综合团代表行业特点及青年聚集的因素，采取线上线下相结合的方式，建立扁平化的线上联系平台，通过新媒体手段，及时向联系对象发布团代表联络方式、工作信息，交流工作经验，创新运行模式，畅通直接联系青年、听取青年心声的网上渠道，以适应新形势下共青团工作的变化和要求。建立日常化的线下联系机制，通过开展面对面交流、实地走访、共同活动等，为团代表直接联系青年，双方开展座谈交流、共同活动提供场地保障，逐步形成稳定的联系纽带。切实加强团的组织建设，保持团组织与团员青年的密切联系，构建形成扁平化的联系沟通路径。

三、行动与赋能：持续增加共青团工作资源的有效供给

《新时代全面从严治团实施纲要》提出要改进共青团的组织动员方式，完善团的资源配置机制，提升组织整体效能。通过对共青团组织的再造，真正构建起支撑共青团做好党的青年群众工作的机制体制。

（一）构建共青团社会化工作格局

党的十九大报告中提出，要"发挥社会组织作用，实现政府治理和社会调节、居民自治良性互动"。青年社会组织以其工作领域的多元性、工作对象的精准性、工作内容的专业性、工作覆盖的有效性等特征，为相关领域青年提供服务，在青年群众中树立了较好口碑，成为促进青年成长、引领青年发展的重要社会化力量。各级共青团组织通过联系青年社会组织，实现青年社会组织与青年群体的有效联系，从而减少共青团联系青年的层级，实现共青团管理的扁平化。

青年社会组织的最大优势是"社会化"程度高。共青团要加强对青年社会组织的主动联系，善于发现那些在现实生活和网络舆论中有影响力的青年社会组织，主动搭建青年社会组织发展平台，构建起共青团与青年社会组织的日常联系和定期培训机制，推动社会领域人才评定政策出台，动员青年去做服务青年的工作，逐步形成组织力和凝聚力。同时，共青团还应积极回应青年社会组织在发展中的现实需求，建立孵化基地，帮助其解决运营过程中的相关问题，提高青年社会组织服务的专业化和标准化水平；

积极引导青年社会组织参与解决党政关心、社会关注、青年关切的社会热点问题，有序服务大局。

共青团还要加强对青年社会组织的调研研判，及时做好情况摸底和动态评估，及时掌握传统青年组织的网络动员渠道和新型网络社群的聚集空间，加强监管，促进其依法活动，使青年社会组织成为促进社会治理的中坚力量。共青团利用自身组织优势，稳妥有序推进在青年社会组织中建立党团组织，发现培养举荐社会领域优秀人才，通过青年社会组织联系服务更多青年。共青团还可以通过组建青年社会组织的联合组织，实现组织再造；通过广泛的调研和数据分析，建立向同级党委定期汇报青年社会组织发展情况的工作机制；通过助力青年社会组织健康发展的工作，实现共青团与各领域青年的更广泛联系（郭文杰，2018）。

（二）持续推进共青团项目化管理

1. 挖掘共青团系统内的项目资源

共青团的项目化工作，既需要坚强的制度保障，也需要团干部的能力支持。可制定共青团工作项目化管理办法，并配套制定团干部考核办法等制度体系。在此基础上出台项目经费申报指引，并实行项目负责人制度，打破组织内的身份和层级限制。可建立包括省级团委在内的项目化管理机构，既管理本级团的项目，同时管理下级团的项目，形成自下而上和自上而下的共青团项目化管理新模式。省级团委除负责本级共青团工作项目外，年初由省级团委确定全年共青团重点工作，基层单位围绕重点工作以项目为单元确定各级团组织的工作任务和内容，最后形成分类项目，通过共青团系统自下而上的组织体系，最终由省级团委批准确定项目，并以此为依据制定各级共青团的年度预算和上级团组织的配套经费比例。这样，共青团组织就会主动"找活"，由"应付干"变成"主动干"，实现共青团组织服务模式的转变。

此外，通过在各级共青团主管的青少年基金会设立共青团专项项目，丰富基层共青团工作资源。可通过青少年基金会发起具有共青团特色的活动以月捐、专项筹资、发布项目招标或从公益基金中专列等方式，支持各级共青团直接面向青年开展各类项目和活动，增加基层共青团工作资源的有效供给。

2. 推进青年发展型城市建设

共青团要充分利用《关于开展青年发展型城市建设试点的意见》中关于"统筹中央相关转移支付资金和自有财力，探索以政府购买服务等方式开展普惠性青年民生实事项目"有关要求，借助青年发展型城市建设有利政策环境，通过与政府相关职能部门联合制定各类青年发展性政策，推动青年发展类项目的联合实施，促使直接面向青年的各类服务落地。同时，共青团要大力推动面向不同青年群体的政府层面的项目化管理工作，建立共青团和政府机构的横向合作。通过政府层面和共青团自身层面的纵向工作和项目活动，让青年对政策有感知、对城市有归属。

3. 利用好社会化的项目资源

共青团是有着较强资源整合能力的群团组织，共青团领导的各级青联组织，主管的诸如"青年电商协会""青年企业家协会"等社会性组织，团结和吸引了有着广泛资源和一定动员能力的社会各界、各行业优秀青年骨干。通过建立与这类青年群体的广泛联系，并通过他们建立与相关行业、组织的联系，通过共青团和这些行业组织的联合行动或推动这些行业组织独立开展专项项目，为青年提供更加丰富和立体的活动支持，从而建立起共青团直接面向青年的各类服务。同时，共青团广泛开展的"青年文明号""创青春""挑战杯""五四青年""十大杰出青年""共青团与人大代表、政协委员面对面"等具有良好社会影响的品牌和活动，以及通过发动相关集体和个人，组织开展面向青年的公益课堂、公益项目、公益活动等，利用组织化和非组织化的资源，形成共青团系统各类资源交织、各类服务和活动广泛开展的局面，全面提升共青团在青年中的影响力、感召力和向心力。

（三）因时因地制定青年群众工作大纲

由于团的基层干部的认识水平、思想状况、工作能力、实践手段各有差异，面对同一问题做出的反应和应对策略千差万别，有时可能会偏离组织的要求和青年的期望，造成不必要的损失。通过制定不同类别、层级青年群体的群众工作大纲，提出工作指引，而又不拘泥于刻板的程式化内容，就能够有效引导团干部开展直接面向青年的各类服务，准确把握青年利益诉求，正确运用群众工作的方法，实现组织目标和个体目标的有机统一。

要按照分级实施青年群众工作的办法，制定不同层级青年群众工作大纲，发挥大纲的传导效应，保证大纲能够最终落地实施；要通过问卷调查、个案访谈、交流研讨等形式，准确把握青年群体的利益诉求及其形成逻辑，进行释疑解惑，并通过接地气的方式，运用具体事例、素材和青年熟悉的话语体系，提供工作范例；要注重运用好专题报告、文体娱乐、新闻宣传等路径载体，灵活运用谈心谈话、精准帮扶、社会服务等方式手段开展青年群众工作，在帮助青年群众释疑解惑、解决问题的过程中赢得青年；要探索更加贴近青年、富有时代特色的路径载体，努力推动青年群众工作实现由"回应诉求"向"前置纾解"的全面转变，提高青年群众工作的预判性、针对性、适用性和普遍性；要加强对相关人员青年群众工作能力的培训，定期开展群众工作方法指导、政策宣讲、经验交流、成果分享、集体研判等活动，充分掌握青年群众的语言和习惯，熟悉青年群众的愿望和心声，及时改进青年群众工作的方式方法，不断提高做青年群众工作的本领和水平；要做好青年群众工作大纲的转化和运用工作，把握灵活适用的原则，注意发现和挖掘在转化过程中的典型做法，形成长效机制。

参考文献

[1] 共青团的伙伴们：五年来共青团新兴领域青年工作综述[N]. 中国青年报, 2018-06-19(01版).

[2] 共青团深入学习贯彻党的十九届四中全会精神，团结引领广大团员青年为坚持和完善中国特色社会主义制度，推进国家治理体系和治理能力现代化作贡献的行动纲要[J]. 中国共青团, 2020(2).

[3] 贺军科同志在共青团十八届二中全会第一次全体会议上的讲话[EB-OL].

（2020-05-08）宿州共青团网：http：//www.szgqt.org.cn/html/27/5784.html.

［4］贺军科同志在共青团十八届五中全会上的报告和讲话［R］.共青团中央办公厅情况通报〔2021〕1号.

［5］运用社会化手段，打造团青沟通新平台［J］.中国共青团，2021（21）：15-16.

［6］习近平：决胜全面建成小康社会 夺取新时代中国特色社会主义伟大胜利：在中国共产党第十九次全国代表大会上的报告［EB-OL］.（2017-10-27）共产党员网：http：//www.12371.cn/2017/10/27/ARTI1509103656574313.shtml.

［7］郭文杰.做好新时代首都青年社会组织工作［J］.前线，2018（8）.

［8］十七部门联合印发《关于开展青年发展型城市建设试点的意见》［J］.中国共青团，2022（7）.

共青团和青年工作成效评价体系和评估路径研究*

郝志鹏　齐晶晶　王凯　王攀　李凡

一、论文背景意义和理论研究意义

（一）论文背景

在新的时代背景下，共青团将大有作为，特别是现如今"90后""00后"逐步成为社会主力军，他们给赋予了时代个性化和多样化的特征，共青团应顺应时代特征与时俱进，加强和改进共青团工作，找到符合时代的定位：以习近平新时代中国特色社会主义思想为纲要，以提升"三力一度"为目标，加强基础建设，改善共青团与团员青年关系，倾听团员青年发展需要，为团员青年成长中遇到的问题提供帮助，引导团员青年听党话、跟党走，上下一心地全面共进，在第二个百年奋斗目标征程中提供源源不断的青年动力。

课题组经过统计发现，近30年以来国内外学者关于共青团评价方面的研究成果主要集中在以下三个方面：一是从青年运动史以及共青团发展的角度进行的史料收集与整理；二是对共青团历史的初步分析与研究；三是关于共青团组织的宏观概述。上述研究内容大多为立足共青团历史开展的宏观性、理论性、逻辑性分析和研究，针对新时代共青团引导青年听党话、跟党走，开展工作实践和成效评价等方面的相关研究还不够丰富。

（二）研究意义

1. 理论意义

该课题主要有两个方面的理论意义：一是在2021年共青团中央下发的《基层团组织书记述职评议考核暂行办法》《中国共产主义青年团国有企业

---

* 陕西省哲学社会科学重大理论与现实问题研究项目，项目编号2021HZ-874。

基层组织工作条例》基础上，对国有企业团青工作评价提供探索性梳理总结。二是助力国企团青工作评价体系的构建，有助于充实国企共青团评价考核方面的相关理论成果。

从对共青团工作成效评价体系的沿革来看，共青团经历了三次评价框架的转变。第一次是中华人民共和国成立后，青年工作受到列宁工会国家化理论的影响以及单位体制的约束，青年团成为社会主义国家政权的一部分。国企共青团将劳动竞赛体制和劳动伦理引向青年群体，使其承接了国家工业化建设的部分职能，将其作为一个职能部门进行评价，其组织动员程度成为评价的重要方面。第二次是改革开放以后，共青团逐渐从政治体系中走出，以独立法人的身份进入市场体制，通过创办实业企业解决共青团青年工作资源和经费不足问题，创办国民高等教育机构为青年工作培养专业化人才，将国企共青团作为一个半经济组织进行评价，将其工作成效聚焦于资源和经费的争取。第三次是随着物质生活的丰裕以及青年需求结构的变迁，青年群体发生新的分化和重组，共青团为了实现与不同青年的有效对接，必须从以支配性为诉求的单维权力运行模式下平面化的同心型组织形态，向以引领性为诉求的多维权力运行模式的立体化枢纽型组织形态转变。

十八大以来，党围绕共青团的价值、组织与制度三要素总体发力，构建共青团开放型政治组织形态。在政治方面，明确习近平总书记关于青年工作的重要思想在共青团事业发展中的引领地位，为共青团组织形态建构提供了根本遵循，"建设社会主义现代化强国是目标方向，实现中华民族伟大复兴是逻辑主线，推动共青团改革创新是根本动力，锻造合格青年干部队伍是组织保障，坚持党管青年是根本原则"。在组织体系方面，注重共青团机关机构的职能重塑，将群团机构改革同党和国家机构改革统筹考虑、一体衔接，"理顺同群团、事业单位的关系，协调并发挥各类机构职能作用，形成适应新时代发展要求的党政群、事业单位机构新格局"。加强基层共青团组织基础能力建设，优化机构设置、加大资源投入、确保干部配备，使基层团组织强起来。在制度规则方面，坚持问题导向、破立并举的组织建设思路，《中共中央关于加强党的政治建设的意见》明确，共青团组织是党领导下的政治组织，必须把政治建设摆在首位，《中国共产党党组工作条例》规定共青团组织不设党组，表明共青团是政党体系的一部分，是协助党实现政治性功能的组织，"强三性、去四化"成为最重要的改革方向，"三力一度"成为国企共青团的评价指标标准。

2. 现实意义

该课题提供了一个进一步改进国企共青团管理工作的思路，特别是为提升团青工作"三力一度"提供了科学有效的管理对策；通过推广运用课题研究成果，可切实提高团青工作成效，以更好地组织动员团员青年有力投身中心工作，对凝聚青年力量、促进企业发展具有重要的意义。

本课题相对于已有研究，主要的创新点在于：立足中国航天科技集团有限公司第四研究院（以下简称"航天四院"）本身，结合自身特点和共青团工作实际，探索研究具体化的共青团和青年工作成效评价体系和评估路径，一方面是坚持"目标导向"，有效落实上级"三力一度"提升要求的体现，另一方面也是针对企业现实存在的问题，坚持"问题导向"，更好地组织动员团员青年有力投身中心工作的生动实践。

因此，课题组将航天四院所属各单位团组织、团干部在共青团和青年工作成效评价体系和评估路径方面的具体做法，将团员青年对实施效果的满意度评估作为研究对象，基于工作评价的基础理论和基础模型，构建基于航天四院特点的共青团和青年工作成效评价体系和评估路径，并有针对性地提出促进共青团基层组织健康发展的对策。

（三）航天四院共青团工作介绍

航天四院建院 60 年来，先后圆满完成了以"两弹一星"工程、"探月工程"等为代表的国家重大高技术武器装备和航天工程任务，为我国国防现代化和世界一流军队建设做出了重要贡献。近年来，航天四院团委始终自觉坚持、紧紧依靠党的领导，团结带领广大团员青年听党话、跟党走，形成了组织有保障、青年有力量、工作有成效、发展有希望的良好工作局面。全院现有基层团委 13 个，团支部 119 个，35 岁以下青年 5000 余名，团员青年 2000 余名。

为把好党建带团建工作"方向盘",航天四院团委坚持"上下"联动工作机制：对上完善党建带团建顶层设计,主动争取党委支持和引领带动,推动将团建工作纳入党建工作考核中,每年向党组织专题汇报两次工作,明确党组织书记党建带团建第一责任人职责,从严治团各项工作向全面从严治党各项标准看齐,做到党团建设同步谋划、党团组织同步设置、党团工作同步推进;对下发挥党建带团建实效,拓宽党建带团建范围。

同时,航天四院团委进一步明晰了坚持党建引领,服务发展大局的"三个定位"：引领团员青年前行的"指南针"、凝聚团员青年建功的"强磁场"、服务团员青年成长的"多面手"。近两年,航天四院团委被授予 2021 年度"全国五四红旗团委"称号,41 所长征运载火箭大推力发动机团队荣获第 26 届"中国青年五四奖章"称号,青年员工褚佑彪荣获 2021 年"全国向上向善好青年"称号,胡博荣获第 21 届"全国青年岗位能手"称号,航天四院团青工作美誉度和影响力持续提升。

二、共青团和青年工作成效评价体系的建立

(一)成效评价体系的设计原则

1. 评估指标设计的原则与方法

基于工作评价的基础理论和基础模型,课题组在研究设计共青团和青年工作成效评价体系和评估路径过程中,遵循科学性、可行性、系统性、时效性和独立性原则,运用观察法、推算法、类比法、统计分析法,确保工作体系模型的建立科学全面、有效可行。

2. 评估指标的预处理与权重确定

评估指标的确定是构建共青团和青年工作成效评价体系和评估路径模型的关键,直接影响了评价体系和评估路径的科学性和有效性,关系到工作评价的质量。因此,在建立模型的过程中要明确两个因素,即：

评估指标的预处理：将所有指标转换成定性指标,对这些指标进行概略的定性评判,最后按照定性评判的级别对其赋值,便于分析共青团工作

这样复杂的社会系统问题；便于分析各要素之间的关联性，能够更好地从宏观上把握问题的本质。

评估指标的权重确定：通过向专家咨询或评议，确定各个评估指标的权重。确定指标时必须根据具体的评价问题和评价方法对其所提供的判断信息进行分析，确定专家评价信息的可信度，并在总结判断信息时加以考虑。

（二）评估指标体系的建立

前期，通过文献研究法和访谈法，课题组对共青团发展史文献、大量共青团改革实践案例等展开学习研究，结合《基层团组织书记述职评议考核暂行办法》《中国共产主义青年团国有企业基层组织工作条例》等上级政策要求，以及在不同性质单位开展座谈调研反馈等方式，归纳形成了五个评价大类，即五个一级指标：思想引领、组织动员、助力建功、服务凝聚和保障提升。

在此基础上，课题组通过面访、发放纸质问卷、电子问卷等方式发放调查问卷150份，收回有效问卷138份。其中，4份来自航天科技集团公司团委委员（简称集团团委）、56份来自集团直属团组织负责人（简称直属团委）、88份来自基层团支部负责人。除问卷外，课题组还走访了3家大型地方国有企业团委负责人，获得了大量的一手信息和丰富调研素材。

经过统计，课题组整理出16个二级指标，并结合具体工作细化出47个三级指标。同时，将评估结果定义为100分，根据相关联的工作内容对对应指标进行了赋分与权重分配。最终形成共青团和青年工作成效评价体系结构框架，如下表所示：

表1 共青团和青年工作成效评估指标体系结构框架

一级指标	二级指标	三级指标（表现）
A1. 思想引领 20分	B1. 理想信念教育 10分	形势任务教育开展情况（每季度1次）
		主题团日活动开展情况（每季度1次）
		学习党的路线方针政策情况（每月1次）

续表

一级指标	二级指标	三级指标（表现）
A1. 思想引领 20分	B2. 航天精神引导 6分	座谈交流报告情况
		主题活动开展情况
		航天典型青年选树情况
	B3. 高尚品格养成 4分	青年志愿服务活动开展情况
		青年联谊活动开展情况
		身边的好青年工作开展情况
A2. 组织动员 26分	B4. 组织设置 8分	专职团干部配备情况（28岁以下青年超过100人配备1名专职团干部）
		团组织按期换届情况（团委与同级党委同时换届，团支部每两年换届，换届材料真实有效）
		团组织覆盖率（青年超过3人的部门成立独立团支部，不足3人的成立联合团支部）
	B5. 队伍管理 6分	团干部的选拔任用情况（符合团组织选举要求，团干部考核合格）
		团干部参加培训交流情况（各级团组织干部参与培训的情况，团干部每年参加各类培训不少于8学时）
		团员教育管理工作情况（团支部三会两制一课开展情况）
	B6. 制度建设 6分	会议学习制度建设情况（结合本单位情况形成制度）
		过程组织制度建设情况（结合本单位情况形成制度）
		考核激励制度建设情况（结合本单位情况形成制度）
	B7. 团务基础 6分	三会两制一课开展情况（按要求及时开展）
		计划、总结、信息简报宣传情况（通讯报道发布情况）
		团报、团刊订阅，团费收缴，团统计数据汇总情况（按要求开展工作）
A3. 助力建功 24分	B8. 先进团青集体发挥作用情况 10分	"号手队岗"创建情况（按要求开展创建工作，创建过程文件翔实完整）
		红旗团组织创建情况（按要求开展创建工作，创建过程文件翔实完整）
		团员青年生力军作用发挥情况（青年在工作中受到各种类型的表彰）

续表

一级指标	二级指标	三级指标（表现）
A3. 助力建功 24分	B9. 岗位建功情况 8分	开展技能学习练兵情况（开展青年学习，技能比武情况）
		职业技能大赛参赛情况（参加各级组织的职业技能大赛）
	B10. 创新创效 6分	青年五小成果（收集成果的数量、质量）
		青年科技论文（收集成果的数量、质量）
		青年创新创效大赛（收集成果的数量、质量）
A4. 服务凝聚 16分	B11. 服务青年成长 8分	青年职业生涯导航（开展职业生涯导航工作）
		青马工程（开展或者参与青马工程）
		五四表彰评选（按要求开展各级五四表彰评选工作）
	B12. 关爱青年生活 5分	岗位慰问对内关爱（开展青年关心关爱的活动）
		团干部联系青年制度（建立团干部青年联系制度并按时开展工作）
		青年文体活动（开展青年喜闻乐见的文体活动）
	B13. 桥梁纽带作用发挥 3分	向党组织汇报推荐（推优入党、推荐优秀人才）
		向青年宣传党政意图（座谈、调研、交流）
A5. 保障提升 14分	B14. 党建带团建条件保障 6分	活动经费保障（按照青年每人每年300元的经费标准，足额预算每年的团组织工作经费）
		团干部待遇落实（各级团干部是否按要求享受相应待遇）
		活动阵地建设（团组织阵地建设情况）
	B15. 相关方评价 4分	上级团组织
		党政领导（人才、经济、社会效益）
		协作部门（资源整合、互动补充）
		青年满意度（每年开展一次青年满意度调查）
	B16. 特色品牌工作 4分	一团一品建设（团组织的特色活动开展情况）
		重大典型选树推广（宣传推广情况）
		共青团和青年课题成果创新（开展活动情况）

排在首位的一级指标是思想引领，这是青年的"铸魂"工作，总计20分。党的十八大以来，以习近平同志为核心的党中央高度重视青少年思想政治工作，提出一系列重要要求，做出一系列重大部署。中央下发了《关于新时代加强和改进思想政治工作的意见》《新时代爱国主义教育实施纲要》《新时代公民道德建设实施纲要》等重要文件。党的十九届六中全会对开展常态化长效化党史学习教育提出了重要要求。相关工作开展情况也是考核共青团工作的重中之重。这一指标下细分的3项二级指标分别为理想信念教育、航天精神引导和高尚品格养成，这三项在138份有效问卷中（下同），分别获得125票、102票和89票，按照统计分析方法中的相关权重分配法得出分数，分别为10分、6分和4分。从调查结果看，团干部都高度认同。

排在次位的一级指标是组织动员，这是共青团的基础工作，总计26分。其中，4项二级指标分别为组织设置、队伍管理、制度建设和团务基础，分别获得131票、105票、102票和99票，按照统计分析方法中的相关权重分配法得出分数，分别为8分、6分、6分、6分。

对于共青团来说，组织建设至关重要。共青团取得的一切成绩，都主要归功于基层团组织坚强有力的支撑。没有基层组织作为基础，共青团就会成为无源之水、无本之木，就必然会无法与广大青年的密切联系。因此，在具体工作实践中，共青团组织必须坚持"青年在哪里，团组织就建在哪里；青年有什么需求，团组织就要开展有针对性的工作"，坚持眼睛向下、面向基层，树立大抓基层的鲜明导向，推动改革举措和青年工作落实到基层一线，把力量和资源充实到基层一线，努力使团组织成为联系和服务青年的坚强堡垒。

排在第三位的一级指标是助力建功，这是共青团的重要职责，总计24分。其中，3个二级指标分别为先进团青集体发挥作用情况、岗位建功情况和创新创效，分别获得121票、109票和98票，按照统计分析中的相关权重分配法得出的分数分别为10分、8分和6分。

青年职业发展如何与岗位建功相结合？岗位建功如何促进青年的职业发展？共青团多年来形成的岗位建功品牌项目实施情况如何？通过调研，发现岗位建功仍然是提高共青团工作贡献度的重要环节。多年来，航天四院团委引领青年心怀"国之大者"，"青字号"工作育人成效逐步显现。重点项目联动服务青年成才，"号手岗队"等品牌项目的工作内容持续跟上时代发展和青年需求，并被不断注入新的内涵，体现新的内容，这些"青字号"举措的深入推进实施有效激发了青年创造热情，为我国航天领域科技高水平发展和自立自强贡献了青年才智与力量。

排在第四位的一级指标是服务凝聚，这是共青团的"桥梁"职能，共计16分。其中，3个二级指标分别为服务青年成长、关爱青年生活和桥梁纽带作用发挥，分别获得106票、96票和78票，按照统计分析中相关权重分配法得出的分数分别为8分、5分和3分。

随着社会的发展和改革的深化，社会矛盾和冲突不断增多，青年的价值取向多元化，社会舆论的复杂性不断加剧。与此同时，新媒体技术的飞速发展改变了当代青年沟通、联络、交流和聚集的方式。共青团组织对青年的吸引力、凝聚力，从根本上取决于服务青年的能力。团组织要将服务青年贯穿于共青团工作的全过程，着眼于帮助青年解决在学习、生活和工作中遇到的实际困难，维护好青年的合法权益，不断增强自身影响力和感召力。因此对这部分指标的调研情况，也充分体现了航天四院团委在服务青年成长和关心关爱青年方面取得的成效和获得的认可。

排在第五位的一级指标是保障提升，这是评价共青团工作的重要参考内容（包含一个加分项和一个扣分项），共计14分。其中，3个二级指标分别为：党建带团建条件保障、相关方评价和特色品牌工作，分别获得95票、82票和76票，按照统计分析中相关权重分配法得出的分数分别为6分和两个4分。

党建带团建的条件保障是该项评估中的扣分项。党政机关需合理配置资源，并形成制度化安排。群团组织是党直接领导的群众自己的组织，各级党政机关应合理配置资源以加强群团组织服务群众的能力。共青团自身需要创造条件，发掘和整合各类社会资源。面对日益兴起的社会力量和日渐蓬勃的社会参与力量，单纯依靠共青团自身的活动开展方式，已然难以见效。因此，此项工作是扣分项，如果得0分，其他工作可以被一票否决。

同时，可以设置此项工作得分不低于 4 分，团委和团支部才可以参与评优评奖的条件。

同时，共青团要充分发挥其中介和枢纽作用，借助一切可利用的有形和无形的资源，提升共青团的能力，壮大共青团的实力，建构立体化工作体系，这必然需要考评共青团组织的横向协作能力，以满足青年的多元化需求。

特色品牌工作是该项评估中的加分项。共青团开展的典型选树、一团一品和课题研究工作，都是共青团工作所获得的优秀成绩。这种成绩源自共青团工作内容地开展，并集中体现出团组织在自我革命、提升贡献度方面的宝贵经验。

根据上述评估内容的完成情况，设置了评估指标的等级描述与等级取值，如下表所示：

表 2　评估指标等级描述与等级取值表

等级	取值	等级描述
最强（极好）	1	该指标已经达到完善程度，具备超额完成目标任务的能力。
较强（较好）	0.75	该指标接近标准值，基本具备完成目标任务的能力。
较弱（较差）	0.3	该指标部分接近标准值，基本不具备完成目标任务的能力。
无	0	该指标领域目前尚属空白，导致相应能力完全缺失。

课题组通过对访谈和问卷调查获得的第一手资料进行分析、加工和总结。采用 SPSS22.0 统计分析软件对收集的数据进行初步统计、验证概念模型与研究假设。

根据研究假设，本研究设定的主要关系式如下：

$$\begin{cases} E(y) = \beta_{00} + \beta_{01}x \\ E(y) = \beta_{10} + \beta_{11}x_1 + \beta_{12}x_2 + \beta_{13}x_3 + \beta_{14}x_4 \\ E(y) = \beta_{20} + \beta_{21}x + \beta_{22}z_1 + \beta_{23}z_2 + \beta_{24}z_3 + \beta_{25}z_4 \\ E(y) = \beta_{30} + \beta_{31}x_1 + \beta_{32}x_2 + \beta_{33}x_3 + \beta_{34}x_4 + \beta_{35}z_1 + \beta_{36}z_2 + \beta_{37}z_3 + \beta_{38}z_4 \end{cases}$$

经过专家咨询、座谈调研和问卷分析后得出：$E(y) = 0.2 \times A_1$（思想引领）$+ 0.26 \times A_2$（组织动员）$+ 0.24 \times A_3$（助力建功）$+ 0.16 \times A_4$（服务凝聚）$+ 0.14 \times A_5$（保障提升）

(三) 评估指标体系验证效果分析

课题组选取了航天四院下属所、厂、公司各一家（41所、7416厂和科技公司）作为测试单位，试点运行测试上述评估指标体系。

41所作为航天四院设计所，是研究所的代表，该所共有青年300余人，其中团员190余人，专兼职团干部20余人，设置1个团委、12个基层团支部；7416厂是固体火箭发动机装药总装厂，现有35岁以下青年600余人，其中团员青年近300人，专职团干部1人，兼职团干部40余人，设置1个团委、9个基层团支部，团支部覆盖生产一线、测试研发、后勤保障、行政管理、航天技术应用产业；科技公司作为航天四院后勤保障公司类单位，共有青年400余人，其中团员150余人，专兼职团干部30余人，设置1个团委、10个基层团支部。三家单位在组织成员人数、机构设置方面均具备测试单位的要求。

经试运行，三家单位共青团运行机制逐步顺畅，基础团务标准化和规范化程度进一步提升。在团省委国企共青团工作推进会上，航天四院团委以《筑基强体 提能增效 开创新时代航天四院共青团工作新局面》为主题，分享了在组织建设方面开展试点的工作经验，得到了好评。此外，各单位增强了青年活动设置的针对性和趣味性，青年满意度和青年凝聚力得到较好的提升。41所青年集体获得第26届"中国青年五四奖章"，7416厂五车间团支部获得"陕西省五四红旗团支部"称号，科技公司青年集体获得"全国青年安全生产示范岗"，各单位团青工作受到表彰奖励的次数明显获得新高，年度考核中团组织在青年满意度打分方面的情况也得到显著提升。同时也发现，该评价体系还存在着一些问题和不足：比如对个性化的工作评价支撑不足，有待进一步改进。

三、共青团和青年工作成效评估指标体系评估结果的应用

2021年底，院团委在院属各单位2021年度团员青年工作考核中，按照院属单位性质、团员青年人数等要素，选取了9家单位按照评估指标体系对各单位团员青年工作进行自评打分，结合自评和检查结果形成最终打分结果，如下表：

表3 2021年度航天四院所属单位团委自评打分表

一级指标	二级指标	三级指标（表现）	41所	42所	43所	401所	7414厂	7416厂	科技公司	中天火箭公司	航天医院
A1. 思想引领 20分	B1. 理想信念教育 10分	形势任务教育开展情况	形势任务教育2次（3分）	形势任务教育2次（3分）	形势任务教育2次（3分）	形势任务教育4次（4分）	形势任务教育2次（3分）	形势任务教育2次（3分）	形势任务教育2次（3分）	形势任务教育4次（4分）	形势任务教育2次（3分）
		主题团日活动开展情况	主团日2次（2分）	主团日2次（2分）	主团日2次（2分）	主团日4次（3分）	主团日2次（2分）	主团日2次（2分）	主团日2次（2分）	主团日4次（3分）	主团日2次（2分）
		学习党的路线方针政策情况	三会两制一课按照要求进行（3分）	三会两制一课按照要求进行（3分）	三会两制一课按照要求进行（3分）	三会两制一课按照要求进行（3分）	三会两制一课按照要求进行（3分）	三会两制一课按照要求进行（3分）	三会两制一课按照要求进行（3分）	三会两制一课按照要求进行（3分）	三会两制一课按照要求进行（3分）
		座谈交流报告情况	未开展（0分）	未开展（0分）	开展1次（1分）	开展2次（2分）	未开展（0分）	未开展（0分）	开展1次（1分）	开展2次（2分）	开展2次（2分）
	B2. 航天精神引导 6分	主题活动开展情况	开展1次（1分）	开展2次（2分）	开展1次（1分）	开展2次（2分）	开展1次（1分）	开展2次（2分）	开展1次（1分）	开展2次（2分）	开展2次（2分）
		航天典型青年选树情况	优秀共青团员（1分）	优秀共青团干部（1分）	青马班成员（1分）青年岗位能手（1分）	青年岗位能手（1分）	优秀共青团员（1分）	优秀共青团干部（1分）	青马班成员（1分）	青年岗位能手（1分）	青年岗位能手（1分）

续表

一级指标	二级指标	三级指标（表现）	41所	42所	43所	401所	7414厂	7416厂	科技公司	中天火箭公司	航天医院
A1.思想引领 20分	B3.高尚品格养成 4分	青年志愿服务活动情况	积极参与（1分）	主动组织（2分）	积极参与（1分）	积极参与（1分）	积极参与（1分）	积极参与（1分）	积极参与（1分）	积极参与（1分）	积极参与（1分）
		青年联谊活动	积极参与（1分）	积极参与（1分）	积极参与（1分）	积极参与（1分）	积极参与（1分）	积极参与（1分）	积极参与（1分）	积极参与（1分）	积极参与（1分）
		身边的好青年工作开展情况	无	积极参与（1分）	无	无	无	无	积极参与（1分）	无	无
A2.组织动员 26分	B4.组织设置 8分	专职团干部配备情况	1人	1人	1人	1人	1人	1人	1人	1人	1人
		团组织按期换届情况	按期换届	按期换届	按期换届	按期换届	按期换届	按期换届	按期换届	按期换届	按期换届
		团组织覆盖率	100%	100%	100%	100%	100%	100%	100%	100%	100%
	B5.队伍管理 6分	团干部的选拔任用情况	较好	较好	较好	极好	极好	极好	极好	极好	极好
		团干部参加培训交流情况	较好	较好	较好	较好	较好	较好	较好	较好	较好
		团员教育管理工作情况	较好	较好	较好	较好	较好	较好	极好	较好	较好

续表

一级指标	二级指标	三级指标（表现）	41所	42所	43所	401所	7414厂	7416厂	科技公司	中天火箭公司	航天医院
A2. 组织动员 26分	B6. 制度建设 6分	会议学习制度建设情况	厂所级制度	厂所级制度	厂所级制度	厂所级制度	厂所级制度	厂所级制度	厂所级制度	厂所级制度	厂所级制度
		过程组织制度建设情况	厂所级制度	厂所级制度	厂所级制度	厂所级制度	厂所级制度	厂所级制度	厂所级制度	厂所级制度	厂所级制度
		考核激励制度建设情况	厂所级制度	厂所级制度	厂所级制度	厂所级制度	厂所级制度	厂所级制度	厂所级制度	厂所级制度	厂所级制度
	B7. 团务基础 6分	三会两制一课	较好	极好	较好	较好	较好	较好	较好	较好	较好
		计划总结信息简报宣传	较好	较好	较好	较好	较好	较好	较好	较好	较好
		团报团刊团费团统	较好	较好	较好	较好	较好	较好	较好	较好	较好
A3. 助力建功 24分	B8. 先进团青集体发挥作用情况 10分	号手队岗创建	较好	较好	较好	极好	较好	较好	较好	较好	较差
		红旗团组织创建	较好	较好	较好	较好	较好	较好	较好	较好	较差
		团员青年生力军作用发挥	较好	较好	较好	较好	较好	较好	较好	较好	较好

续表

一级指标	二级指标	三级指标（表现）	41所	42所	43所	401所	7414厂	7416厂	科技公司	中天火箭公司	航天医院
A3.助力建功24分	B9.岗位建功情况8分	开展技能学习练兵情况	较好	较好	较好	较好	极好	极好	较好	较好	较好
		职业技能大赛参赛情况	较好	较好	较好	较好	较好	较好	较好	较好	较好
		青年五小成果	极好	较好	较好	极好	较好	较好	较好	较好	较差
	B10.创新创效6分	青年科技论文	极好	极好	较好	极好	较好	较好	较好	较好	较差
		青年创新创效大赛	较好	较好	较好	极好	较好	较好	较好	较好	较差
A4.服务凝聚16分	B11.服务青年成长8分	青年职业生涯导航	较好	较好	较好	极好	较好	较好	较好	较好	较好
		青马工程	较好	较好	较好	较好	较好	较好	较好	较好	较好
		五四表彰评选	较好	极好	较好	较好	极好	极好	较好	较好	较好
	B12.关爱青年生活5分	岗位慰问对内关爱	较好	较好	较好	较好	较好	较好	较好	较好	较好
		团干部联系青年制度	较好	较好	较好	极好	较好	较差	较好	较好	较好
		青年文体活动	较好	较好	较好	极好	极好	较好	较好	较好	较好

续表

一级指标	二级指标	三级指标（表现）	41所	42所	43所	401所	7414厂	7416厂	科技公司	中天火箭公司	航天医院
A4.服务凝聚16分	B13.桥梁纽带作用发挥3分	向党组织汇报推荐（推优入党、推荐优秀人才）	较好	较好	较好	较好	较差	较好	较好	较好	较好
		向青年宣传党政意图（座谈、调研、交流）	较好	较好	较好	较好	较好	较好	较好	较好	较好
A5.保障提升14分	B14.党建带团建条件保障6分	活动经费保障	极好	极好	极好	较好	较好	极好	较好	较好	较好
		团干部待遇落实	较好	较好	较好	极好	极好	极好	较好	较好	较好
		活动阵地建设	较好	较好	较好	较好	较好	较好	较好	较好	较好
		上级团组织	极好	较好	较好	较好	较好	较好	较好	较好	较好
	B15.相关方评价4分	党政领导（人才、经济、社会效益）	较好	较好	较好	较好	较好	较好	较好	较好	极好
		协作部门（资源整合、互动补充）	较好	较好	较好	较好	较好	较好	较好	较好	较好
		青年满意度	极好	较好	较好	较好	较好	较好	较好	较好	较好

续表

一级指标	二级指标	三级指标（表现）	41所	42所	43所	401所	7414厂	7416厂	科技公司	中天火箭公司	航天医院
A5. 保障提升14分	B16. 特色品牌工作4分	一团一品建设	较好	较好	较好	较好	极好	极好	较好	较好	极好
		重大典型选树推广	极好（全国级荣誉）	较好	较好	较好	较好	较好	较好	较好	较好
		共青团和青年课题成果创新	较好	较好	较好	较好	较好	极好	极好	较好	较好
总分			94.8	93.5	92.3	94.2	93.4	94.7	93.9	85.7	89.8

按照评估指标体系进行打分的结果如下表：

表 4　2021 年度航天四院所属单位团员青年工作考核得分及排名

单位	41所	42所	43所	401所	7414厂	7416厂	科技公司	中天火箭	航天医院
总分	94.8	93.5	92.3	94.2	93.4	94.7	93.9	85.7	89.8
名次	1	5	7	3	6	2	4	9	8

通过对自评结果与院团委年度考核结果、各单位日常工作表现等情况进行比对，根据评估指标体系进行排名的结果基本符合各单位共青团工作水平。如排名第一的 41 所团委，全年党建带团建工作开展出色，年内开展了丰富多彩的团青工作，"青字号"创建工作开展也非常有特色，获得中国青年五四奖章集体荣誉，该所青年也荣获全国向上向善好青年荣誉。其他排名靠前的单位同样表现出不错的工作成果，如 7416 厂、42 所团委开展的青年突击队工作、志愿服务工作等，也是获得认可，受到青年欢迎的活动。排名靠后的单位，如航天医院团委、中天火箭公司团委由于其经营任务的特点，党建带团建工作与厂所单位比难度较大。

总的来说，课题组构建的共青团和青年工作成效评价体系基本符合预期目标，基本满足对团员青年工作进行考核总结和评价的要求。

由于篇幅所限与经验原因，课题组对共青团和团员青年工作成效评价体系的构建还不够完善，对评估路径的研究还不够全面，后续将继续根据试点单位的运行经验，不断修正指标体系内容和相应权重，以实现评价体系指标的科学性和规范性。同时将评估体系扩展延伸到航天系统外其他企业、非国有企业，以验证模型的有效性和适用性。

四、持续改进共青团和青年工作成效评价体系的建议

新时代企业共青团必须要做好创新，始终牢记使命，加强学习和探索，推动青年工作的进步与发展，切实为企业发展贡献力量，其工作成效评价

体系和路径研究将始终在路上。

（一）提升引领力，加强思想政治引领，用新时代理论思想武装青年

加强对青年思想的政治引领，引导青年弘扬和践行社会主义核心价值观。坚持用习近平新时代中国特色社会主义思想武装青年头脑、指导实践、推动工作，不断提高青年政治素质、理论水平、业务能力，确保青年旗帜鲜明讲政治。共青团要牢牢抓住培养社会主义建设者和接班人的根本任务，把巩固和扩大党执政的青年群众基础作为政治责任，把围绕中心、服务大局作为工作主线，抓牢引领、服务、联系青年的根本生命线，当好桥梁和纽带。

（二）提升动员力，助力青年听党话、跟党走，勇立新功

进入新时代，少数企业共青团工作不力、受到评价不高的主要原因就是企业对工作认识不够，且组织结构建设不科学，因此想要推动共青团与青年工作创新，就必须要提升对共青团工作的重视度，并做好组织建设。第一，企业领导要认识到共青团工作者在企业运行中所发挥的重要作用，并结合企业的现实情况对共青团工作进行规划，推动其作用的发挥。同时，还要对企业其他员工进行教育，使员工都能够认识到共青团工作的重要性，积极配合和协助团组织开展工作，切实为共青团作用的发挥营造良好环境。第二，企业要对共青团组织结构进行优化，要根据企业的实际需要设置对应的岗位，并安排专人负责相关工作，工作者分工明确、职责清晰，才能够更好地为企业发展贡献力量。

（三）提升服务力，用服务凝聚青年人才，充分发挥团组织整合优势

青年人在追求美好未来的奋斗道路上，总会存在"成长的烦恼"，各级团组织要全方位、多维度关爱青年精神生活和心理健康。必须千方百计服务青年精神归属需求，要积极探索缓解青年心理压力的新方法、新途径，加强对青年的心理疏导，有效提升青年在高强度高密度工作中的心理抗压

能力；要坚决维护青年合法权益，进一步丰富和打通青年参与决策的渠道和方式，使青年的合理诉求得到有力保障，助力构建和谐劳动关系；要支持"青年之家"建设，具备条件的可以建设青年图书馆、青年心理咨询室等青年服务阵地，通过开展得人心、暖人心、稳人心的工作，进一步凸显团组织服务青年的重要价值，将"单身青年联谊"和"青年集体婚礼"等共青团特色活动打造成品牌，建立规范，长期推进，为青年"雪中送炭"，让青年遇到困难时想得起、找得到、靠得住。

（四）增强贡献度，不断提升青年保障，确保团青工作高效开展

企业要定期对团干部进行培训，多为其传输新时代下的新理念、新知识，使共青团工作者更好地提升自身的技能和素质，适应企业快速发展的需求。构建涵盖团组织、团员和团干部的三位一体考评体系，将企业共青团工作与党组织考评工作全面衔接，在对党务工作进行考核的同时对共青团工作的绩效进行体现，并将其作为创先争优、党组织评优的重要参考依据。同时，还可以根据考核结果对团干部从物质和精神两个层面兑现奖励，使工作者从中受到激励，以更好地开展青年引导工作。

新时代下企业共青团工作要与企业的发展目标、发展规划等紧密相连，在保持共青团工作优势的同时，深入分析和探究其中存在的问题，并结合这些问题制定针对性的解决方法，如此才能够切实使共青团工作发挥更强大的作用。

参考文献

[1] 赵文，林升宝．改革开放以来上海共青团改革创新研究［J］．中国青年研究，2018（5）：45-50．

[2] 康晓强．群团改革经验比较研究：以上海、重庆共青团为例［J］．学会，2017（6）：13-18．

[3] 吴毅君．改革评价标准："两个是否"对"三个有利于"的新发展［N］．光明

日报，2017-06-02.

［4］中国共产主义青年团章程［N］.中国青年报，2018-07-02.

［5］习近平.团干部要做青年友 不做青年"官"［N］.南方都市报，2013-06-21.

［6］陈晓运，谢素军.共青团改革的实践创新：基于沪渝粤的实证分析［J］.中国青年社会科学，2018（1）：76-82.

［7］习近平关于社会主义政治建设论述摘编［M］.北京：中央文献出版社，2017：196.

［8］颜上伟，龚红果.构建共青团组织青年满意度评价指标体系研究：以湘潭市为例［J］.中国青年研究，2009（11）：40-43.

［9］张良驯.改革开放40年共青团理论创新研究［J］.中国青年社会科学，2018（4）：23-30.

［10］王宇涵.治理视域下共青团改革创新路径研究［J］.青少年学刊，2018（1）：55-58.

［11］刘俊彦.整体性组织逻辑视野中的共青团团内协同创新研究［J］.中国青年研究，2016（12）：50-55.

国有企业共青团组织扁平化运作和制度设计研究*

刘勇　苗郭鑫　杨莎莎　冯涛　钟潇雨

一、研究背景

党的十八大以来，在全面依法治国的大背景下，在全面从严治党的大环境下，共青团工作"虚化、弱化、边缘化"的问题得到了党中央、团中央的高度重视。从严治团正式提出后，党中央进一步明确了共青团要去除"机关化、行政化、贵族化、娱乐化"现象，增强"政治性、先进性、群众性"，构建起"凝聚青年、服务大局、当好桥梁、从严治团"的四维工作格局，新形势下团组织要做到正本清源、名副其实，团干部要更像团干部，团员要更像团员，团组织要更加充满活力。

打铁还需自身硬，共青团作为党的助手和后备军，各级团组织要始终坚持党的领导，紧抓从严治团这一根本要求，严肃团内政治生活，打牢组织基础，锤炼过硬团风，努力使团组织成为联系和服务青年的坚强堡垒。

团的十八大以来，团中央就规范团的各项工作先后出台了各项制度、提出了具体要求，各级团组织的工作规范性更高、存在感更强、响应速度更快。对于国有企业来说，共青团组织在推动企业发展、活跃员工生活、增进企业凝聚力、提高企业生产效率等方面发挥出了积极的作用，尤其是部分先进基层团组织，充分发挥自身的带动引领作用，也基本成为团员青年和企业党政机关"平常时刻想得起、关键时刻用得着、危难时刻豁得出"的群众组织。

但从对国有企业共青团工作开展情况座谈情况、数据统计分析结果来看，国有企业内基层团组织工作被动、工作缺乏创新点、活动开展责任心

---

* 陕西省哲学社会科学重大理论与现实问题研究项目，项目编号2021HZ-878。

不足、在团员青年中影响力和认同感不强等问题还不同程度地存在。尤其是近年来，面对力度不断加大、步伐不断加快、全面深入推进的国企改革，基层团组织如何在适应企业混合所有制改革、契约化改革、股权改革、中长期激励、三项制度改革、法人结构治理完善、董事会专业委员会构建等方面的变革，适应国内国际双循环形势下经济市场对企业生产经营带来的变化和颠覆，适应团员青年逐步成长成才成为企业中流砥柱过程中发挥主观能动性；团组织怎样引导青年团员树立正确的三观，团组织给其提供什么样的帮助，如何增强专业、建立品牌、发挥作用从而吸引其为企业为社会做贡献，成为国有企业共青团组织需要深入研讨的重要而迫切的课题。

二、国有企业共青团推行扁平化运作机制的意义

从当前国有企业共青团组织存在的问题可以看到，不管是工作被动、缺乏创新点，还是责任心不足、影响力不强，其核心问题都在于越是基层团组织，管理越松散、责任意识越差、工作成效也就越被动。这个问题一方面与管理层级向下延伸后、其管理幅度随层级增多而扩大，但管理精准度降低这一现实情况有关系，另一方面也与工作运行机制没有创新，仍然依附于管理层级向下推进，导致工作推进层层弱化有关系。要解决共青团组织运作的"瓶颈"问题，在工作机制上"破"、在制度建设上"立"，也就至关重要了。

压缩"金字塔"式的管理层级，实施"纺锤体"式和"星射线"形态的管理扁平化、机构扁平化，是能够解决现行体制下，管理张力层层衰减、理解不到位导致"动作变形"、工作盲从无实效等问题的；是能够打破现行管理思维下，多数基层团组织"把说了当做了，把做了当做好了"等问题的；也是能够强化各层级的沟通交流，解决"问题反馈石沉大海、意见建议杳无音讯"等问题的。对国有企业共青团而言，推行扁平化运作机制，既是按照团中央和团省委要求开展的一场深刻的自我革新，也是共青团组织进一步建机制、强功能、转变工作职能、工作方式和工作作风的有力探索。对国有企业共青团组织找准自身定位、找到发展突破口、实现持续健康发

展具有深远意义，在理论和实践双重层面都具有很大的研究价值。

三、国有企业共青团扁平化机制建设方向

（一）团的组织建设扁平化

中国共产主义青年团是中国共产党的后备军，在"三湾改编"时提出"党支部建在连上"这一组织体系链条完整、纵向到底的有效组织形式和制度机制后，经过长期的探索与发展，共青团的基本组织设置原则，完美地继承了党的基层组织设置原则。可以说，现行的团的组织设置规范，在各层级团组织主动作为、积极行动的前提下，是能够发挥出共青团"组织青年、引导青年、服务青年、维护青少年权益"的职能作用的。

虽然如此架构在理论上能够发挥效用，但在共青团体系的运行过程中，随着管理单位的增多、管理内容的扩充，共青团系统在工作安排过程中呈现出被动倾向。由于层级过多，各层团组织安排工作时层层部署、向下传导，待到工作传递至基层团委、团支部时，就会形成积压，甚至压得基层团组织基本上失去了自己思考、自主开展工作的机会。长期运行下来，基层团组织本身的职能得以弱化，当面对具有挑战性的工作和任务时，不是"不知道怎么干"就是"干起来顾此失彼"。党政不满意、团员青年没兴趣、没有社会影响的情况就会愈发明显。

对此，在国有企业组织扁平化建设方面，可以做以下工作。

（1）对于大型国有企业，企业内一般存在众多二级、三级甚至四级单位，管理层级众多，但多数单位团委并不能发挥作用，仅仅机械性地完成"上传下达"工作，管理效能不能充分发挥。对此，可结合自身团员人数情况，上报上级团组织，申请设立团的常务委员会，通过组建一支由五至七名常务委员、十五至二十名团委委员组成的团委班子，有效地对每名常委、委员的职责进行细化，把工作直接抓到团支部，以此达到团的工作"横向到底纵向到边"的良性效果。同时，适当压缩企业内部体系中，团员人数不足100人但因为是独立法人单位而设立的三级、四级团委，将团的组织管理重心偏向团支部，增强团支部的有效覆盖面。

（2）对一般国有企业，可以把一些有能力、专业强的优秀团员青年集中起来，成立由五至十名优秀团员青年组成的团的专门委员会，发挥参谋咨询作用，对各级团组织相关领域工作进行督导、评估等。团组织成立专门委员会，能够打破管理层级，将优秀团员青年聚集起来，发挥聚合效应。

（3）每一年由上级团组织确定一个核心主题，各级团组织在开展全年团的工作时，除了把"三会两制一课""主题团日""志愿者活动""岗旗号手队"品牌活动等规定动作做标准外，还可以围绕指定的核心主题独立自主开展工作。通过这种工作方式的转变，实现团的组织建设变革，使工作开展和团组织的运转呈现出不一样的效果。

（二）团的制度建设和工作机制扁平化

团的组织层级的减少可以说是管理扁平化最直观的结果和表现，但如果把共青团扁平化管理只是理解为压缩管理层级、压减团干部，而忽略了其他内涵，那么扁平化机制只会是空架子，并且会因工作量的加大而失效。制度设计上的优化和工作机制的建立，才能够让共青团扁平化工作机制真正形成并发挥作用。

在制度和工作机制扁平化建设中，可以做几方面工作。

（1）制度文件的可操作性要下移，增强和细化制度的可操作性，要对各级团组织"做什么、怎么做、做到什么标准"进行细化，使其对团支部有较强的指导作用。准确描述工作需要由哪一层级落实，避免出现各级重复开展工作但效果不佳的现象，或是各级都避重就轻而导致工作失效。

（2）团的各级组织的基础工作模式要固化，建立纵横边界一致、标准统一的工作体系，让共青团工作不再碎片化、形式化，而是可以系统性地显现落地效果。借鉴陕西省委组织部门党建管理体系化、系统化的模式，对团组织需要建立的台账予以整合汇集，对各级团组织固定开展的"三会两制一课"、主题团日和志愿者活动等以及结合企业实际开展的形势安全教育、环保教育、爱国主义教育、道德教育、谈心谈话、思想动态分析、员工帮扶等活动进行记录，并梳理汇编形成共青团工作手册，使共青团工作不再碎片化，而是逐步形成规范化、系统化的管理体系（详见下图）。

共青团工作手册目录	
1. 组织状况登记表	2. 下级团组织信息登记表
3. 团干部信息登记表	4. 团建目标
5. 年度工作思路	6. 团员花名册
7. 青年花名册	8. 青安岗花名册
9. 团组织机构图	10. 青安岗组织机构图
11. 图组织换届改选记录	12. 团组织委员调整和增选记录
13. 团支部团员教育评议情况登记表	14. 团员荣誉、违纪情况登记表
15. "青百计划"人员信息登记表	16. ＿＿＿＿＿＿会议（学习）记录
17. 主题团日活动	18. 团课记录
19. 民主生活会（组织生活会）记录	20. 形势教育、安全环保、爱国主义、道德教育记录
21. 与基层团员青年谈心谈话记录	22. 员工思想动态分析记录
23. 特色工作或活动记录	24. 月度工作总结
25. 年度工作总结	26. 团费收缴情况记录
27. 团费收缴情况汇总表	28. 备用页

图 1 共青团工作手册目录

（3）制度文件的集权和分权管理要严密，要建立扁平化制度，分类决策，运用差异化授权、目标授权等办法，简化手续和过程，使团组织快速反应，提升组织运行效率，全面提高决策效率。要使团组织有活力，有行动力，有影响力，制度文件就应该给予各级团组织明确的权限，哪些工作由哪个层面开展，哪一层级负责哪些方面的工作，使各个层级明确知道自己在开展一项工作时所拥有的权限，从而有利于工作的开展。

（三）团的经费管理扁平化

团的经费是共青团开展各项工作的物质基础，是提高团组织凝聚力、向心力、战斗力的重要条件。经费管理是团组织开展活动、发挥青年力量的基础环节，是保证团组织日常运行的关键所在。

优化团组织经费管理工作可以做以下几方面工作。

（1）统筹团的工作经费。在满足团的日常工作基本支出的前提下，各基层团委、团总支、团支部开展工作、活动时，通过项目申报的方式，向企业团委提交工作经费申报材料，团委审核通过后，下拨工作经费。如此，可以有效解决多数团组织团费除了"上解"，基本躺在账上一动不动、成了一串数字的情况，开展活动的经费也有了明确的出处，上级团组织也能通过经费审批掌握基层活动开展的情况。

（2）优化团费收缴模式。积极探索新的团费收缴模式，符合实际情况的管理模式。一是利用银行开发的团费收缴小程序，有效减少工作量，提高工作效率；二是可充分利用微信、支付宝等电子信息平台，录入团员信息，团员通过电子支付平台缴纳团费，缩减中间程序，做到团费收缴公开透明。

（四）团的活动组织扁平化

团的活动作为团组织工作开展的重点之一，是团组织建设十分重要的阵地，各级团组织要结合时代赋予团组织和青年团员的使命，结合单位特点和实际，充分考虑青年心理和兴趣，开展团员青年喜闻乐见的活动，在活动中提升团员思想觉悟，以点带面、以面带全，激发青年的内在潜力和活力。

（1）充分利用团中央智慧团建平台，明确团组织的组织机构，建立团组织活动信息发送平台，集活动申请报备、人员安排、经费使用公示各功能于一体，实现基层团组织工作的高度信息化、智能化、透明化。同时充分利用智慧团建平台，及时将活动的主题、内容、相关记录予以上传，逐步使智慧团建平台成为网上管理基层团组织的便捷工具，每月定期检查、跟踪、督促会议活动开展情况。

（2）在创新主题团日活动上下功夫，杜绝拍照片、图形式、不走心现象。主题团日活动开展前需要向上级团组织报备，由上级团组织进行把关确认，以此提高主题团日活动的质量和有效性。每月采取不同团日主题，与涵养政治素养、提升专业技能、提高安全意识等专题活动相结合，在活动中，让青年在感知组织凝聚力和归属感的同时，能够学有所获、学有所成。

（3）青年志愿者活动是展示团员青年形象，增强青年奉献、友爱、互助、进步意识的有效方式。国有企业团组织一方面要充分整合当地义工联、青志协等组织的优势资源，加强横向对接联系，形成"同心圆"志愿帮扶模式，用相互参与、发挥各自特色的交互形式，打破圈层关系；另一方面要按照团中央、团省委要求，成立各层级的志愿者服务队，不拘泥于形式，不断扩大服务领域，如对孤寡群众和残疾人长期结对帮扶，帮助困难职工，在重点区域植树造林、整治水污染，在遇到社会、企业大型活动和急难险重任务时成立青年突击队、志愿者临时特别行动队等，用行动发扬博爱精神，彰显社会责任感。

（4）立足基层，了解把握青年群体的习惯喜好。青年是社会力量中最积极、最有生气的力量，现阶段团组织组织的青年活动普遍有随意性、小众化的现象。如何打造和固化青年活动品牌，让青年在潜意识中认可并热爱参与团组织活动，是需要长期探索和实践的课题。在元旦、五四、七夕、国庆等节日，组织登山踏青、参观红色基地、举办鹊桥联谊会、知识竞赛、劳动体验、国庆快闪、文化沙龙、拓展训练、青春读书会等活动。与此同时，当代青年更喜爱仪式感足、参与感强、能展示自己的活动，在活动策划和实施方面，可以充分采纳青年的意见和方案，同时把有策划、组织能力和有才艺的青年吸纳到活动筹办工作组当中，发挥他们的主观能动性。

（5）立足企业安全工作，做好与团组织的融合。对于企业来说，安全环保生产是一项重要工作内容，成立青年安全环保生产监督岗，固化工作机构，制定管理考核办法、规范工作方法、检查考核标准，对青安岗实行动态考评退出机制。如此，共青团组织抓安全管理工作就有了明确的抓手，就能够有的放矢地开展工作、做出成效。

（6）组织团的活动需要集思广益、整合资源，将当地风土人情、红色旅游资源、企业发展历史和活动相互融合，在理念上和形式上拓宽活动组织形式、空间，增强团的活动的多样性，集结各条战线、各个系统的团组织力量，积累组织大型活动的经验，在大型活动中展示主办方和承办方的实力，持续强化团组织活动的品牌效应。

（五）团干部队伍建设扁平化

团干部是开展团的工作的骨干，各级团组织要按照德才兼备的原则，大胆选拔年轻干部，保持团干部队伍年轻化优势，努力实现团干部队伍知识化和专业化，不断为企业输送年轻干部。针对企业管理和团干部需要具备的胜任力，打破原有选拔管理机制，完善队伍建设体系。

（1）在选拔任用团干部方面，团组织要扩大基层团干部选拔渠道，从优秀大学生、优秀班组长、优秀志愿者、活动参与积极者等基层工作人员中选拔优秀团员担任基层共青团干部。通过完善民主选举机制，不仅要从党务、共青团、行政管理部门选拔团干部，还要注重从经营部门、技术部门、营销部门等部门选拔团干部，以公开选拔的方式拓宽选拔渠道，并解决兼职问题，选拔的经营、技术等岗位人员以挂职方式担任团干部，结合实际选拔青年工作者负责团务工作，以锻炼团干部。

（2）在教育培养方面，一方面，团组织要以团干部培调、导师带徒和挂职等方式提高团干部的专业理论素养和实践能力，也可与地方团县委、团市委联系，派团干部前往外部交流挂职，实现快速提升；另一方面，要给团干部压担子、强责任，在做好团工作的同时，兼顾党建、工会、行政工作，实现一专多能，同时明确要求各级团干部列席同级党委、行政会议，深刻了解企业形势、深入学习管理实践知识，使团干部成长为企业的管理者和领导者。

（3）在考核管理方面，要提高团干部的政治待遇和经济待遇，并争取党政支持，推动实施企业"百名青年人才计划"，将团干部纳入其中，协调人力资源管理部门、教育培训管理机构针对性开展培训教育，使依据人才计划形成的"人才池"成为企业发展的后备人才库，把团干部队伍整合到企业后备干部队伍中。

（六）团的阵地建设扁平化

当代青年有其新的聚集特点、行为特点等，要提高共青团组织的影响力和满意度，阵地建设必不可少。

在推动阵地建设过程中，一方面应注重"青年之家"的体系建设，企业团委层面应该侧重建设"示范店"，内涵多元化的服务项目体系，任何一项内容都可以向下级"青年之家"延伸；中间的团委、团总支层面应该侧重建设特色突出的"功能店"，依据产业特点、青年聚集特点，打造具有"创新助力""精神文明""安全融合"等功能的"青年之家"；基层团支部应该侧重建设"不求全部、但求所用"的"品牌店"，扣住一个环节，延伸服务内涵，提升青年参与的便利性。

另一方面是做好融合阵地建设，各级团组织要打造思想引领的阵地，落实"三会两制一课"，做好新媒体建设，利用"智慧团建"系统、微信平台、微博、抖音，在团员青年关注的网络平台发出共青团的声音，抢占舆论的高地；打造实干争先的阵地，成立如"青年突击队"，开展"青年志愿者"品牌活动，打造才艺展示的阵地，开展"青年安全岗"创建活动，开展岗位练兵和技术比武活动，用青年阵地吸引、培养青年。

四、优化国有企业共青团运行管理方式

完善考评机制和考评途径是促进共青团工作科学化、规范化，进一步提升共青团工作水平的重要举措，结合国有企业实际，可从党政评议、团内考核、青年评议、社会影响四个维度对共青团工作的满意度进行考评，以此来检验共青团工作的成效。在考评中可按照党政评议占比30%，团内考核占比30%，青年评议占比30%，社会影响占比10%的比例得出最终考评结果。

（一）党政评议

在党政评议维度，着重体现共青团工作与党政中心工作的契合度和党政机构的支持度。

1. 加强与党政的沟通交流

（1）在国有企业中，共青团组织应建立定期向企业党政机构汇报的机制，加强与党政机构的沟通交流。可以利用月度工作会议、党委扩大会、党群工作例会、专题汇报等时机，每月坚持向党政班子汇报共青团组织工作开展情况，汇报对某些现象的思考与行动、阶段性工作计划、青年思想动态、团组织发展状况，借助具体事例、经典案例等汇报活动开展和工作推

进过程中的困难，听取党政班子给予的意见建议，与党政机构联手制定服务青年发展的对策和计划，以此向企业党政机构争取政策和资源上的支持。

（2）在开展日常工作、活动时，做到凡邀请党政班子参加必请其做出指导点评，让党政领导参与到具体的共青团工作当中，还可以邀请党员一同参与团员青年活动，让青年活力感染党员，进一步加强党团间的互动。

（3）共青团组织通过对团员青年成长成才的培养，对于选树的"十佳青年"、岗位建功能手、优秀共青团员等先进青年典型，可以积极推优入党，及时将其输送至党组织，为党组织输送新鲜血液；也可在党政机构各关键岗位空缺时，团组织主动推荐，让优秀的团员青年成为企业发展的中坚力量。

2. 建立多元化考核评价体系

考核评价是以增强共青团把工作融入中心、服务大局的能力为目标的，一方面由党政机构根据团组织日常工作的完成情况及团组织自主争取工作情况制定考核评价表，以季度、半年、年度为期限对共青团组织的工作按照优秀、良好、合格、基本合格四个级别进行综合评价、通报公示，对优秀的团组织给予嘉奖，对基本合格的团组织进行约谈。另一方面由上级团组织根据日常工作的完成情况及团组织自主创新工作的完成情况进行考评，并将考评结果体现到团内表彰名额的分配中。同时，可就德、能、勤、绩、廉五方面每年对团干部进行一次考评，考评可通过听取汇报、检查工作、职工群众评议以及参加团组织活动等方式进行，考核后对不能胜任的团干部报请党政班子给予免职调整。

（二）团内考核

在团内考核方面，着重运用标准明确、工作量化、自主开展加分考核的形式，体现共青团工作在企业发展和服务青年过程中发挥的作用。

（1）依托《中国共产主义青年团章程》《共青团国有企业基层组织工作条例（试行）》《团支部工作条例（试行）》《团员教育管理工作条例（试行）》《共青团推优入党工作实施办法（试行）》等团中央印发的制度规定，

构建指标清晰可执行、基层团委和团支部联动的团内考核体系。

（2）优化团内考核方式，变"推着走"为"自己走"。课题组在对部分国有企业团组织的考核模式进行研究后，发现一直有这样一个问题困扰着各级团组织：对基层团委、团总支、团支部的考核标准应该如何设置，太严太细"一管就死"，太宽太软"一放就停"；只考核下一级团组织，很多工作就只停滞在下一级团组织，考核直接落到基层团支部，处在中间的团组织基本上就成了"摆设"。采取扁平化的形式来进行团内考核，能使这个问题在一定程度上得到解决，还能够有效提升基层团组织的主动性和创新性。

团组织将传统的每月进行的团建百分制检查考核方式，优化为"基础考评分+活动申报分+奖励否决分"的模式并形成机制。基层团组织开展各项工作时，一是除了以"三会两制一课"、团费收缴、总结报送等工作作为基础考核项外，对志愿者活动、主题团日只规范形式，由团组织自主确定内容主题；二是将团建百分制中的10分作为加分项，每月无论是团委还是团支部只要策划自主活动，组织特色活动，考核时都结合其活动创新性、影响力、参与度等，给予被考核团组织每次活动2—10分的加分。各团组织在此种考核模式下，就会从被动开展活动转变成主动设计活动，使团员青年的参与感更强，活动效果更好、意义更强，团员青年满意度更高（详见下表）。

表1 团组织工作成效考评标准

序号	项目	考核内容	分值	考核标准	考核具体情况	扣分项目	得分
1	基层组织建设（8分）	坚持党建带团建	2分	查阅本单位党建目标责任书或党建目标分解措施，未将共青团工作列入扣2分			
		班子健全，分工明确	5分	查阅团干部花名册、分工表，无团干部花名册扣2分，无分工表扣1分，未履行分工职责扣2分			
		书面向党委汇报工作	1分	查阅经共青团主管领导签字的工作总结，无总结扣0.5分，党委未签字扣0.5分			

续表

序号	项目	考核内容	分值	考核标准	考核具体情况	扣分项目	得分
2	团干部队伍建设（6分）	团的基层负责人通团务、懂政策、善学习	2分	无学习笔记扣2分，当月未学习与团有关内容扣1分			
		参加同级党组织、上级团组织培训	1分	团委委员、支部书记参加党课等的参培率未达到90%以上扣1分			
		开展主题团日活动	3分	未展开扣3分，方案、签到记录、照片不全各扣1分			
3	团青队伍建设（6分）	团员、青安岗动态管理	1分	未建立团员、青安岗花名册各扣1分，未进行动态更新扣0.5分			
		重视团员思想意识教育	2分	按照公司团委要求及时开展精神传达、教育活动，未按要求开展扣2分，记录不全扣1分			
		开展推优入党	1分	确保团员入党都经过团委摸底、并经过团支部推优，未摸底并经团支部推优扣1分			
		建立联系团员青年、大学生员工工作机制	2分	大学生入职当月和次月，与大学生谈心，未开展扣1分；每季度查阅团委与3名团员青年谈心记录，需有团员青年签字，无记录扣1分，无签字扣2分			
4	思想政治教育（10分）	注重宣传阵地建设	2分	每月在公司级以上媒体刊发1篇宣传本单位共青团工作、青安岗工作稿件，未发表扣2分			
		开展安全教育、爱国主义教育、道德教育	2分	每季度未开展，季度末月扣2分			
		积极参与公司组织的各项活动	2分	以公司团委统计为准，人数不足、迟到、早退按比例扣减			
		每月完成青年大学习	1分	动员广大团员青年完成青年大学习，团干部完成率未达到100%，扣1分			

续表

序号	项目	考核内容	分值	考核标准	考核具体情况	扣分项目	得分
4	思想政治教育（10分）	积极开展志愿者活动	3分	按要求注册成立志愿者分队，未注册扣3分，每2个月至少开展1次有规模、有质量的志愿者活动，未开展扣2分，未按要求在志愿者系统录入，扣1分			
5	青安岗工作（40分）	反"三违"工作	10分	发生安全环保事故扣10分（事故以公司通报为准）			
		青安岗戴牌上岗	5分	现场抽查，倒扣分制，每人扣1分			
		青安岗监督检查整改工作扎实	6分	隐患整改前后留有照片、记录翔实，缺少扣3分，未组织开展扣6分			
		学习培训扎实	5分	分岗每月至少开展1次青安岗业务知识培训，未组织扣5分，相关记录不完善扣3分			
		夜间安全监督检查	5分	分岗每月至少组织开展2次零点行动，其中各分岗长和副分岗长至少每月组织一次，一次未组织扣3分，两次未组织扣5分，分岗长和副分岗长未组织扣3分			
		交通协管积极	4分	每月常态化开展交通检查，包括上路交通检查和交通工具检查，未组织开展分别扣3分、2分			
		内部有考核，岗贴及时报备	5分	每月青安岗内部有考核，无考核明细扣3分，岗贴表未及时上报扣2分			
6	基础工作（20分）	工作计划、总结到位	2分	对共青团、青安岗工作年初有安排，月度有小结，年终有总结，未完成扣2分			
		"岗、旗、号、手"创建高效	4分	"岗、旗、号、手"创建有方案、有计划、有行动、有总结；无实施方案扣2分，未按方案开展扣1分，资料整理不规范扣1分			

续表

序号	项目	考核内容	分值	考核标准	考核具体情况	扣分项目	得分
6	基础工作（20分）	"三会两制一课"落实到位	3分	团委例会每月未召开扣1分，中心组学习每月未开展扣1分，无学习记录扣1分			
		台账管理规范	4分	台账填写齐全，组织开展活动的资料单独分类整理，有缺项每项扣0.5分			
		智慧团建系统	3分	系统及时更新，相关资料齐全，被通报扣除3分			
		团费管理严格	2分	团费管理严格，团费按期收缴，否则扣2分			
		工作落实到位	2分	能够及时按照上级团组织要求报送各类材料、数据，未及时上报扣1分，团员不上缴团费，按0.2分/人扣减			
7	奖励分机制	自主策划开展教育、安全生产、文体、文艺等方面活动奖励分	1—10分	基层团委、团支部组织开展均可，需先向公司团委报备后实施开展，否则得分减半（公司团委根据活动规模、复杂程度、活动效果在报备时提前给出分值，1—10分）			
		承办全局性的团组织活动或工作奖励分	5分	承办公司团委举办的活动，活动达到预期效果奖励5分（可联合承办）			
		共青团工作舆论影响强烈奖励分		在市级媒体刊发稿件加1分，在省级媒体刊发稿件加2分，在国家级媒体刊发稿件加5分			
		成绩荣誉凸显奖励分		获得市级、省级、国家级以上集体荣誉的单位分别给予2分、3分、5分的额外加分，获得个人荣誉的单位分别给予0.5分、1分、2分加分			

（三）青年评议

共青团工作干得好不好，团员青年最有发言权，作为联系团员青年的纽带，共青团组织要"以青年需求为工作导向，以青年满意为工作标准"，把青年拥护不拥护、答应不答应、赞成不赞成、满意不满意作为共青团和团干部想问题、做决策和开展工作的重要依据。

（1）建立年度团委工作会议机制。每年年初，在企业"三会"（职工代表大会、会员代表大会、党委工作会）召开后，组织本届次团代会代表及基层优秀团员青年，召开共青团工作会。一方面传达落实上级及本级职代会、党委工作会会议精神，帮助团员青年更加深刻地认识企业年度的工作安排是什么，为什么这么安排，我们应该怎么做，从而增强团员青年对企业的认知，凝聚起青年力量，做好年度生产经营工作。另一方面将上年度共青团工作做了什么、存在的问题是什么、下年度准备怎么做等情况，向广大团员青年汇报。接受监督的同时，让团代会代表和基层优秀团员青年参与讨论，使其有参与感和身份认同感。

（2）制定《共青团工作年度满意度测评工作实施办法》，围绕团员青年对共青团工作的"知晓度、参与度、满意度"等关键内容开展测评。

①以工作述职方式进行满意度测评。结合民主评议工作，对共青团工作进行年终述职考评。在传统会场述职的基础上，创新形式，改变每年"团内评价"机制，面向企业全体团员青年进行工作述职，由团组织书记、委员深入基层团支部、班组进行工作述职，并由团员青年对共青团工作的知晓度和满意度进行现场打分评判。

②以调查问卷形式进行满意度测评。向团员青年发放满意度调查问卷，同时，将调查问卷中对团工作的意见和建议制作成选择题，供参评对象进行选择，比如团干部所需要具备的能力素质、当下青年所喜欢的活动、对当下团工作不满意的内容等，将多项选择与自主填空相结合。问卷调查要一改以往全是简答题、没有层层递进直接让被调查者填写建议、团员青年嫌麻烦基本留空的情况，变为"你选我议，议中寻策"的有效形式。

③以投票方式进行满意度测评。以基层团委、团支部为单位，团员青年采取投票的方式对团组织、团干部工作做出客观、公正评价。投票不由本单位团书记主持，可由上级团组织主持，也可报请党政部门同意后，由同级党组织主持，支部多的组织也可由团支部书记依次序交叉主持进行。

④以调查访问形式进行满意度测评。参考干部考察的形式，组成考核评价工作组，深入基层一线、走到团员青年身边，通过座谈会、一对一面对面谈话、集体谈话等形式，对团员青年进行调查访问，了解本级团组织负责人的工作情况，了解团员青年对共青团系统的感知情况，了解基层人员对共青团组织的看法、观点、期盼和要求，从谈话中真实了解本级团组织负责人开展工作的真实性、实效化，探寻开展共青团工作的良策。

对于以上测评结果，满意票数高于实际参与测评人数 50% 的视为满意，满意票数等于或低于实际参与测评人数 50% 的视为不满意，测评结果当场公布。群众满意度达到 90% 及以上的干部，可作为评选表彰的优先推荐对象。测评结果为不满意的，可对团组织负责人进行约谈，连续两次测评结果为不满意的应按照组织程序和有关规定对负责人予以免职。

（四）社会影响

一个企业不仅要心系企业自身的发展壮大，更承担着重要的社会责任，因此，共青团组织要在完善和扩大团组织社会影响的前提下，针对社会和群众需要开展工作，使共青团的工作触角延伸到社会各个领域，从而有效地为社会主义现代化建设服务。因此，共青团工作对社会的影响也是衡量其工作成效的一把标尺。

（1）企业团组织应与属地团组织在工作上保持密切的联系。企业团组织在日常工作中可积极参与属地团组织开展的社会活动，也可积极争取与属地团组织联合开展活动的机会，比如到扶贫村、敬老院、希望小学等单位开展志愿者活动，把参与、开展社会活动的频次、类型以及参与人数等作为衡量活动成效的重要依据，纳入共青团工作考评机制中去。

（2）宣传报道是扩大共青团工作在社会层面影响力的有效途径。企业团组织应本着树企业形象、促企业发展的原则，积极通过各新闻媒介宣传报道企业共青团工作开展成效，为企业的发展营造积极的舆论氛围，从而引起良好反响。把媒体宣传报道作为加分项纳入共青团工作考评机制中，团组织宣传报道的主动性、积极性也就会明显提高。

五、建立完善循环推进机制

共青团系统推进扁平化管理方式过程中，按照"强三性去四化"工作要求，要求各基层团组织深入青年群体，搭建共青团与青年之间的线上线下联系桥梁，主动"亮身份、建联系、听诉求"，虑青年所思、解青年所惑、答青年所疑，有的放矢开展工作，让团的各项工作真正有效地到达青年身边，真正畅通联系服务青年的"最后一公里"，提升青年在共青团组织中的获得感。

在共青团扁平化运行方案实施后，一定要进行跟踪和调整修订。团组织应保持与相关部门及其主管领导的充分沟通，取得他们的支持与配合，这样才能使扁平化管理模式推进顺畅和有效。扁平化管理模式运行半年后要进行"回头望"，"回头望"时基层团组织要做好前期的调研工作，哪些方面做得好，哪些方面需要改进，基层有什么好的建议可以进行收集整理。上级团组织汇总后列出清单，然后召开团委专题会议研究扁平化运行机制情况，对好的方面进行点评，完善后以制度形式固化下来。对于需要改进的地方，基于收集到的意见，团委委员充分讨论后形成改进意见，让扁平化运行机制在总结中提高，对需要改进的地方进行销号式管理。

六、结语

开展共青团工作扁平化管理试点，是贯彻落实习近平新时代中国特色社会主义思想的具体实践，是贯彻落实团十八大精神的重要载体。是深入推进共青团改革，转变基层团组织工作方式的创新举措，将其作为共青团改革的重点任务，作为夯实基层团组织基础安排谋划，能够进一步明确共青团组织的工作职责，找到提高基层团组织工作主动性的方式方法，为国有企业提高共青团组织工作活力提供一定的借鉴和指导意义，更能够在一定程度上夯实国企基层共青团组织的基础工作，避免共青团组织虚化、弱化、淡化、边缘化的问题。基层团组织要用"平常时刻看得出来、关键时刻站得出来、危难时刻豁得出来"的行动，让共青团组织逐步成为国有企业生产经营想得起、找得到、靠得住的先进青年组织。

宝鸡市村（社区）团支部书记队伍结构分析及对策建议*

刘　妍

村（社区）团组织是共青团的重要基石，身处一线的村（社区）团干部，是执行落实上级团的政策制度、组织管理团员和联系服务青年的直接负责人。为全面了解换届后村（社区）团干部队伍建设情况，调研组采取问卷调查方法，面向宝鸡市村（社区）团支部书记发放问卷1353份，有效回收问卷1237份，问卷有效回收率为91.4%。通过对团干部队伍现状、个人成长发展需求、工作存在的现实问题等方面进行调研，结合团的自身建设及外围工作环境变化两方面进行了分析，为进一步加强村（社区）团组织建设，提升村（社区）团干部素质能力和基层团组织组织力提供对策建议。

一、调研对象基本情况

1. 性别和年龄分布

受访团干部中，男性占比43.16%，女性占比56.84%。受访团干部年龄在18—46周岁之间，平均年龄32.2岁，其中18—28周岁受访者占比31.36%，29—35周岁受访者占比35.98%，36—40周岁受访者占比14.63%，41—45周岁受访者占比9.8%，46周岁受访者占比8.23%。抽样对象绝大部分处于青年阶段，基层团干部队伍呈现年轻化趋势。

2. 受教育水平

调查显示，团干部中，高中（中专）及以下学历者占比51%，大专或本科学历者占比48.39%，研究生占比0.61%。村（社区）团干部低学历现象有明显改观。

---

* 陕西省哲学社会科学重大理论与现实问题研究项目，项目编号2021HZ-867。

3. 政治面貌

调查对象的政治面貌主要是中共党员、共青团员。其中，中共党员占比 58.75%，共青团员占比 39.05%，以及 2.2% 顶岗工作的群众。政治面貌为群众的团干部主要是满 28 周岁但保留团籍的团干部。支部书记、委员选任方式基本符合要求。

4. 团干部来源

受访团干部中来自农村（社区）的专职工作者占比 37.54%，创业人员占比 7.97%，退役军人占比 4.79%，机关或事业单位工作人员占比 4.01%，非公企业或社会组织负责人（或工作人员）占比 3.01%，大学生村官占比 1.09%，选调生占比 0.48%。团干部来源渠道更广泛，行业覆盖面更广。

二、分析与研究

（一）团干部的思想表现

1. 对共青团工作整体认知较高

问卷显示，84.8% 的团干部认为从事共青团的工作非常具有意义，86.15% 的团干部认为加强村（社区）团的组织建设非常必要。说明当前大部分团干部的职业道德素养良好，价值观比较正面。此外，有 13.77% 的受访者认为共青团工作意义一般、没什么意义，侧面反映出少部分团干部的工作积极性较低。长此以往会导致团组织软、弱、散，影响团员青年对团组织的认同感。

2. 对团的岗位具有一定期待

问卷显示，91.64% 以上的团干部认为从事共青团的工作对个人发展有帮助，91.29% 的团干部已经参与了团的相关工作，43.55% 的团干部因工作需要被选配到团的岗位，22.39% 的团干部因为想从事团的工作主动参加换届选举。以上数据说明，大部分团干部具有较高的工作热情，愿意从事共青团工作，团的工作岗位具有潜在吸引力。

3. 联系青年的主动性较强

问卷反映，88.81%的团干部可以经常性与本村（社区）团员青年开展联系交流，多以微信交流、电话访谈、入户交流为主，分别占比53.4%、27.13%、13.81%，已建立微信群或QQ群的占比72.52%。说明网络化为基层团组织加强与流动团员的联系提供了便利条件，侧面反映出基于网络化的日常教育管理方式较为单一，一定程度会影响团组织的存在感。

（二）团干部的工作问题表现

1. "四缺"问题依然存在

问卷反映，大部分团干部认为"经费不足、缺少阵地、没钱办事""缺少工作力量"是开展工作时面临的最主要问题。在另一个关于"共青团工作急需解决的问题"中得到印证，目前团工作急需解决的问题就是政策支持和资金支持，因此出台专门的文件或制度来规定相关内容十分必要。

2. 团组织的吸引力明显不足

调研发现，团组织在技能培训、志愿服务、政治学习、创新创业等方面开展的活动普遍受到青年干部的欢迎，各项比重分别为60.45%、55.53%、55.44%和51.92%。然而，"团对社会青年和团员没有吸引力""团的工作和活动设计落后"等问题仍旧不可忽视，此类问题导致团员青年参与活动的积极性不高，团组织的活力不足，青年获得感不强。

3. 缺少工作对象问题一直存在

调研发现，村（社区）团员人数不到7人的团支部占比21.65%，7—20人的占比49.26%，21—50人的占比23.61%，50人以上的占比5.49%，伴随着工业化、城市化和现代化的纵深推进，农村青年流动性增强，村团支部空壳化严重。团员流失原因从表面上看是团的工作对象缺失，实际上仍是共青团吸引力、凝聚力不强的直接体现，也是县域共青团改革应着力破解的难题之一。

4. 乡村振兴缺少青年人才支撑

问卷显示，66.99%的受访团干部认为制约乡村振兴的主要问题是缺少农村青年致富带头人，69.04%的受访团干部认为农村最缺技能服务型人才，67.26%的受访团干部认为在乡村振兴实践中团组织应该培养乡村管理专业人才，这说明农村对大多数青年，特别是技能型人才没有吸引力。团组织应该在吸引青年扎根基层方面多下功夫，在建立返乡创业扶持体系、完善乡村人才培养体系方面，多搭建吸引青年人才的服务保障平台。

（三）个人成长与发展需求表现

1. 学习业务知识是团干部迫切的现实需要

调研发现，排在首位的学习内容是共青团工作基本知识和技能，占比72.43%，其次是实用致富（创业）技能，占比69.29%、现代领导与管理知识，占比50.96%、学历教育，占比45.25%。可见，懂业务、能致富、会管理、升学历是当前团干部的迫切需要。这一方面反映出团干部团务知识的缺乏，另一方面也提醒我们团干部培训任重道远。

2. 团干部的政治诉求明显增强

调查结果显示，31.62%的团干部担任村（社区）党支部委员，30.4%的团干部担任村民（居民）委员会成员，提高了团干部参政议政的权利，能够更好地争取同级村（社区）党支部、村民（居民）委员会的工作支持。

3. 领导重视是团干部成长成才的重要措施

从调研结果来看，领导支持和党政部门重视，不是制约和影响团的组织工作的主要原因。93.73%的团支部书记通过规范的组织换届程序任职，团干部选举仪式感增强，也成为团干部干事创业的无形推动力量，与前面的数据分析结果一致。

三、对策与建议

由调查数据可以看出，随着新形势下全面从严治党、党建带团建、从严治团相关制度的落实和完善，基层团组织软弱涣散、作用发挥无力等问题一定程度上得到了改善，团的组织力、引领力、服务力得到了加强，共青团参与中心、服务大局工作的能力得到了提升。

一方面，从团内看。绝大多数村（社区）团干部对共青团工作整体认知较高，有较强的工作积极性，对团的岗位有一定期待；村（社区）团组织"四缺"问题依然存在，团组织吸引力明显不足，乡村振兴缺少青年力量；团干部对个人发展有较强的需求，领导支持和较强的选任仪式感成为无形的激励力量。新形势下有效解决团干部履职、成长发展中存在的问题，对于推进团的各项工作在基层落地落实具有现实意义。

另一方面，从团的外围工作环境看。制约共青团发展的阻力一直存在，村（社区）流动人口规模进一步扩大，人口由农村流向城市、由经济欠发达地区流向经济活跃地区和向城市集中的趋势更加凸显。根据宝鸡市第七次人口普查数据显示，2020年较2010年，宝鸡市缩减了39万常住人口，其年龄结构呈现"两升一降"（即少儿人口和老年人口比重上升，青壮年人口比重下降）现象，常住人口减少、青壮年人口比重下降已成为制约宝鸡市高质量发展的痛点。如何吸引更多的青年返乡创业就业，是村（社区）团组织破解村（社区）"空心化"，将村（社区）建成青年宜居宜业的发展型区域，不断延伸服务青年手臂的现实需要。这就要求各团组织干部要有勇于担当、大胆作为、敢闯敢干的拼搏精神，积极为青年代言，为县域和村（社区）发展建言献策，提升共青团工作的贡献度。

基于以上结论，调研组聚焦加强团的自身建设和提升大局贡献度两个方面提出相关对策和建议。

（一）加强团的自身建设

1. 做好团干部教育培训加强政治建设

一是要在团内政治生活中落实基层团干部理论学习常态化制度，让团干部带头开展关于党团关系、党团理论的集体学习，把团的组织与一般社会组织区别看待，把团的工作与一般事务工作区别对待。二是要始终从为党和人民事业培养建设者和接班人的高度来谋划、部署，推动团干部教育培训工作，要提高团干部的政治敏锐性和政治鉴别力，着眼于引领凝聚青年、组织动员青年、联系服务青年，把赢得青年人心、抓住青年人群作为评价团干部工作成效的标尺。

2. 加强团干部配备和作风建设

一是明确团干部工作职责使命。围绕共青团的根本任务、政治使命和工作主线，明确村（社区）团干部工作目标和职责清单，为团干部开展团工作提供必要的资源和制度保障，抓好团干部工作督促检查工作和述职报告，形成团干部向党组织述职、向团组织述职、向团员述职、向青年述职的工作机制，增强团组织在党组织、团员青年当中的存在感。二是探索落实村（社区）团支部书记协管职责。根据《关于进一步加强团干部协管工作的通知》要求，在村（社区）实施团干部双重管理的规定，由镇（街）团组织加强与村（社区）党组织的沟通，规范开展基层团干部酝酿选拔、任前考察、选举组织、任职审批、任职谈话、任职培训、述职评价、作风锤炼等事项，发挥好上级团组织的监督管理职责，增强团干部的仪式感和责任感，促使团干部自觉接受行为规范与多方约束。

3. 持续加强团干部队伍能力建设

一是常态化开展团干部能力培训，加强对团干部业务能力的锻炼。借助团干部大轮训扎实开展团的基本知识和技能（活动策划）、实用致富（创业）技能、现代领导与管理知识培训，创新开展致富（创业）技能比武，团日活动策划系列赛，乡村振兴代言短视频赛等，增强基层团干部开展工作的信心。二是畅通团干部流通的渠道。让村（社区）团干部到其他类型团组织或者上级团组织进行交流学习，提高团干部的岗位业务实操能力。推动村（社区）团支部书记列席同级党支部会议或居委会会议，为团干部的发展搭建更坚实的平台。三是注重对团干部进行激励表彰，树立宣传团干部中的优秀典型。健全完善团内"五四"推优工作机制，优化团干部的推优表彰管理方式，对团干部实行常态化评议、节点式表彰和主题性激励，丰富激励表彰的形式手段。

4. 加强团的基层建设

一是在城市社区中打造团建联盟。以区域化团建工作为依托，开展辖区团组织包联社区团支部工作，推进社区联建共建机制，将区域内资源向社区倾斜，在街道党建联盟基础上创新打造社区团建联盟。二是在农村中探索联建模式，构建新型农村基层团组织网络。一方面针对村团支部空壳化的现状，采取村村联建、村企联建、村校联建、协会建团、互联网＋等多种形式，推动行政村、企业、学校、专业合作社组织等各类团组织之间有效融合，构建新型农村基层团组织网络，不断提升农村共青团的组织力；另一方面建立"三联"机制，让团组织有序运转。"三联"即团委联建、团干部联手、团员联动，通过"三联"推动农村基层团组织的联动与协作。三是加强对流动团员的管理。设立村（社区）"流动团员联络站"，依托联络站开展"团员到村（社区）报到"，创新对流动团员及尚未建立团组织单位就业团员的管理。

（二）提升基层团组织组织力

共青团要联合相关职能部门出台利于青年发展的政策规划，推进实施以青年为核心的乡村振兴战略，发挥青年对于乡村发展的核心驱动力量，吸引更多青年回乡置业，扩大团组织的服务群体，不断提升共青团工作的贡献度，促进青年高质量发展与村（社区）高质量发展相互提升。一是优化激励乡村青年就业环境。健全青年就业公共服务体系，加强就业信息平台建设，推动校村合作、校企合作、产教融合，为乡村就业青年提供技能服务。二是优化乡村青年居住环境。通过青年人才公寓、住房补贴等多种形式缓解不同类型青年群体住房难题的保障模式。探索"青年驿站"建设，为来宝、留宝就业、创业的大中专院校毕业生提供短期居住服务。三是优化青年婚恋生育养育生活环境。加强青年婚恋观、家庭观教育和引导，多措并举做好未婚青年婚恋交友、婚前保健服务。四是组织动员青年投身创新创业。健全完善促进青年就业创业的全链条服务体系，建立乡村青年人才"领头雁"数据库，成立青年创业导师团，举办"创青春"宝鸡青年创新创业大赛，深化"秦青优惠贷"项目，搭建导师培养、项目孵化、对接融资和人才推介全链条服务平台。

参考文献

[1] 中国共产主义青年团农村基层组织工作暂行规定（2020年11月2日发布）。
[2] 中国共产主义青年团基层组织选举规则（2016年7月21日发布）。
[3] 新时代全面从严治团实施纲要（2022年1月28日发布）。
[4] 宝鸡市第七次全国人口普查公报。

全媒体时代高校共青团网络舆论引导路径研究*

王文鹃　蒋大伟

随着媒体信息的引爆式发展，在信息化浪潮和价值观多元化背景下，高校共青团融媒体平台作为联系青年学生的重要纽带，能够有效组织团员青年，对其做好宣传教育，引导其加强思想政治学习，培育和践行社会主义核心价值观，感悟中国精神。高校共青团要应势而谋，因势而动，既要用好主流媒体舆论场，守住网络舆论引导的主阵地，也要遵循媒体传播的规律，着力在创新内容上下功夫，树立正确的网络舆论导向。为高校营造文明健康、积极向上的网络育人环境，维护高校网络文化信息安全和校园稳定做出贡献。

一、全媒体时代高校共青团网络舆论引导的重大意义

（一）对助力青年学生成长成才提出新要求

高校共青团的工作要着眼于青年学生的成长成才和未来发展，围绕青年群体，聚焦青年问题，了解青年需求，做到青年在哪里，共青团的工作就要拓展到哪里。新时代的青年学生，一出生就烙上了网络时代烙印，丰富多样的自媒体平台以及多元化的信息获取渠道，影响着青年学生的学习和生活的方方面面。西方思潮的涌入，多元化价值观的诱导，造成青年学生群体信念动摇或者信念模糊，甚至出现了价值观念扭曲等现象。在全媒体时代下，青年学生已经不是以前单一的信息接收者，而是集信息的发布者、接收者、分享者于一体的自媒体人，因此，要做好高校共青团舆论引导工作，以高校共青团网络平台为载体，以思想政治教育为核心，以基层

---

* 陕西省哲学社会科学重大理论与现实问题研究项目，项目编号2021HZ-891。

团学活动为主阵地，帮助青年学生学会用马克思主义基本理论和方法论，去看待社会问题，分析社会思潮，运用马克思主义唯物辩证法和历史唯物主义的世界观和方法论据理力争，与错误的社会思潮做斗争。同时高校共青团应创新工作方式，积极探索互联网+共青团工作的模式，全面为青年学生的学习和生活提供便捷高效的服务。

（二）为推进高校共青团互联网工作转型注入新动力

全媒体时代对高校共青团工作提出了新的要求。高校共青团要搭上全媒体时代的顺风车，推进互联网工作转型，既要做好顶层设计，为探索网络育人，提升服务能力做好规划，也要下沉到基层，回应诉求，让青年学生感受到组织的关怀和温暖。同时，高校团属新媒体平台能够更加精细化、精准化地整合学生生活和学习的信息资料，为高校团组织及时掌握青年学生的思想动态、有效动员青年学生，组织青年学生，引领青年学生提供支持。为此高校共青团要积极探索互联网工作的新模式，壮大主流思想舆论，使网络这个"最大变量"成为最大机遇。[1]

高校网络舆论引导工作要做到紧跟时代步伐，因事而化、因时而进、因势而新，及时回应需求，加强互动交流。既要统一思想，占领舆论媒体话语权，守好政治底线，也要鼓励创新，促进平台形式多样化，满足青年学生的多样化需求。高校共青团在探索改革过程中要坚持以共青团工作+互联网的新模式为依据，采用线上+线下的互动问答模式，通过多方协调多种途径解决学生的难题。通过对青年学生所关注的热点焦点话题进行答疑解惑，调节学生间的矛盾和冲突，澄清事实真相。

（三）为高校共青团坚持立德树人，提升网络育人实效提供新载体

全媒体与思想引领结合是网络信息时代发展的必然结果。[2]共青团作为党联系青年群众的桥梁和纽带，要坚持立德树人的根本任务，着眼于思想引领和价值观念的引导，牢牢抓住大学这一关键育人阶段。面对"无人不网""无处不网""无时不网"的"00后"大学生，高校共青团要把

思想政治教育的先进理论知识与媒体平台的技术优势相结合[3]，把有利于思政课的理论内涵和高校共青团主流舆论平台相融合，强化网络育人的渗透力，彰显高校共青团的凝聚力和号召力。同时，高校作为意识形态宣传的主要阵地，要突出共青团的育人作用，守好网络舆论阵地，牢牢掌握主动权，在青年学生群体中弘扬主旋律，传递正能量。

二、全媒体时代高校共青团网络舆论引导的现实困境

（一）平台发展滞后，内容匹配度不高

高校共青团网络媒体平台作为高校官方媒体平台，理应及时回应学生需求，做好舆论导向工作。然而部分高校共青团主流媒体平台单一，技术更迭慢，对媒体聚焦的热点问题回应不够及时有效。校园舆情出现后预警不及时，对舆情的分析研判不足，管控舆情机制滞后，对舆情控制不及时，使其不断发酵进而导致高校形象受损，官方权威性和公信力遭到挑战。另一方面，高校共青团的舆论媒体平台发布的内容与学生的现实需求不匹配。既无法使学生从官方媒体中获取与之生活和学习相关的信息，也无法实现与青年学生在线上的良性互动，更无法通过线上平台准确了解学生的思想动态，及时回应青年学生诉求，形成了"你方唱罢，我方登场"的尴尬局面。

（二）人才队伍力量薄弱，舆论阵地松散

高校意识形态宣传工作中人才是第一位的。传统模式下高校共青团网络媒体主客体是"两张皮"。高校共青团把传统的工作模式迁移到线上，提高了工作效率，实现了与青年学生线上对话，虽然平台建立了，但是媒体运营的人才队伍力量较为薄弱，人才结构不合理，很多媒体运营人员都是老师辅导员或者学生干部兼职，没有专业的新媒体技术人员，缺少技术支持。中小型日常活动的宣传内容主要靠兼职老师和学生干部们自行完成，对于院校重大活动的宣传则需要请校外专业人员操作。

此外，高校共青团网络媒体平台的运营人员缺少专业培训。一方面，对于专兼职老师和学生干部的媒体运营能力培训频次较低，档次不高，大部

分为二级院系或者校级培训，跨校区和省级的培训较少；据参加过高校新媒体运营相关培训的老师反馈得知，他们所参加的培训课程体系不完整，周期较短；另一方面，媒体运营人员对媒体平台的管理松散，发布的内容仍以重复性转载内容，官方媒体报道内容等居多，原创内容较少，发布的很多活动内容没有考虑到学生的实际需求，宣传流于形式，没有真正地说到学生"心坎上"。

（三）主导阵地意识不强，思想引领力度不够

高校意识形态工作对于增强大学生理想信念，巩固共同思想有着至关重要的作用，全媒体时代下，面对日益复杂多变的社会意识形态，跨时空、大容量、开放性、交互性等媒体传播特点给高校共青团的舆论引导工作带来严峻挑战。[4]首先，新的平台阵地需要借助技术优势和平台资源吸引青年学生群体，高校共青团运用网络媒体的大数据来筑牢意识形态阵地的意识不强，阵地建设和平台资源相互割裂，没有形成合力。

其次，高校共青团网络媒体平台对大学生的思想引领力度不够，没有形成系统化、完整化的管控体系。面对微博、微信、短视频等一系列自媒体的蓬勃发展和加速融合，高校共青团网络媒体平台对自媒体平台信息的筛选、甄别和监管力度不够。与校园内存在的享乐主义、拜金主义等错误思潮的斗争不足，对于青年学生而言，好奇心强，对真理和事实的甄别力不够，极易受到错误思潮的影响，这些错误思潮一定程度上会误导和控制青年学生的思想和行为。于高校共青团而言，多元化的思想交流会产生碰撞，引发争论和对峙，进而会被一些别有用心的人利用，产生舆论危机，导致出现诋毁、谩骂、人身攻击、语言暴力等不良网络行为，使高校的形象受损，权威性和公信力下降。

三、全媒体时代高校共青团舆论引导路径

（一）打造协同合作的专业团队，提升舆论引导能力

优化网络媒体人才结构，提高人才队伍的专业化。全媒体时代背景下

技术不断更迭，这就需要给高校共青团配备更专业、更精通媒体运营的人才队伍。因此要想发挥好高校共青团网络舆论引导作用，就需要优化人才结构，理顺人员梯队，加强媒体运营人员培训。构建以"专业运营技术人员+团委专职教师+大学生骨干"为构架的团队，选一批优秀的学生干部，树立榜样和典型，共同做好媒体运营工作。既要保证团组织有专业的团队，也要坚持学生自我管理、自我教育、自我监督的原则。

加强业务技能培训，提升队伍舆论引领水平。高校思想政治教育工作者，要自觉承担起"媒体人"这一职责，既要当好"宣传员"，也要当好"服务员"。[5]教师群体要学习新媒体平台的运营和管理方法，带头提高舆论引导的能力水平，与学生平等对话，理性交流。高校要依托宣传部门建立网络信息技术人才培养基地，保障高校共青团的人才队伍建设。同时，充分利用高校马克思主义学院的骨干教师队伍，尤其是青年教师资源，邀请马克思主义学院教师作为青年学生的梦想领航员，把思政课的主阵地优势与第二课堂相结合，加强思政课老师与青年学生在媒体平台上在线互动交流，确保高校共青团理论宣讲的内容有广度、观点有深度。

（二）加强网络阵地建设，搭建矩阵式媒体服务平台

融合校园网络资源和信息技术，创新与大学生需求匹配的优秀文化作品。从高校共青团的角度看，构建一个关注度高，广受大家喜欢的官方媒体平台有利于增强高校共青团的吸引力、凝聚力和号召力。第一，探索构建一站式服务站点。覆盖校、院、班、寝、社团等各级团建工作，推动高校共青团工作线上+线下融合发展。[6]通过线上线下相结合的方式组织丰富多彩的校园文化活动，发挥青年学生的想象力、创造力，激发青春正能量。第二，让学生干部参与媒体的运营管理，以主人翁的意识来实现自我管理、自我教育、自我监督、自我提高。第三，搭建媒体融合互联互通平台。通过资源和信息的共享，最大限度满足学生在校的学习和生活需求，维护学生合法权益，及时回应学生诉求，了解实习动态，提供就业导航、升学信息查询服务等。同时在互动交流中拉近师生之间、同学之间的关系，构

建良好的沟通机制，提高高校共青团的工作效率。

加强舆论引导力，巩固主流意识形态领导权。营造良好的网络舆论生态，目的就是要规范和引导高校共青团主流媒体平台，让网络舆论朝着有序、理性的方向发展。全媒体时代下，高校媒体舆论空间得到拓展，对高校共青团的舆论引导工作提出新要求。高校共青团必须牢固树立阵地意识，将网络思想引领工作作为大学生意识形态工作的重中之重来抓，把握思想政治教育的"时、度、效"，牢牢掌握大学生网络思想舆论的主动权，确保校园意识形态工作的领导权、管理权、话语权。[7]

（三）精准定位学生需求，打造精品内容项目

深入青年群体，精准匹配学生现实需求。高校要做好青年学生思想引领工作，首先要倾听青年学生的心声，了解青年学生的需求。通过对微信公众号、微博、抖音等自媒体平台后台数据的统计分析，根据所讨论话题的阅读量、转载量等来分析学生的关注度，以此作为依据对学生进行精准推送，使得高校共青团的官方媒体平台所发布的内容与青年学生的实际需求匹配，让学生在舆论平台上积极主动地互动交流、反馈问题，碰出思想的火花。

凝聚多方力量，打造青年化、网络化的品牌项目。高校共青团新媒体平台应致力于服务青年，满足青年学生的网络文化要求，充实学生的精神生活，营造积极健康向上的网络文化氛围。一方面，动员青年学生广泛参与，创新内容形式，有力推动青年学生的特色活动和精品项目向网上延伸，精心组织实施品牌活动，构建起多方共建、成果共享的网络新阵地。另一方面，高校共青团舆论媒体平台的内容要贴近大学生，走进大学生的现实生活当中，维护学生权益，提供心理健康咨询，展现丰富多彩的校园文化生活。

（四）建设健康向上的校园网络文化，构建良好的网络舆论生态

提升网络文明素养，严格规范网络行为。一方面，青年学生要提高对

信息的辨别能力，识别对焦点问题、热点话题和观点的价值判断取向，面对错误思潮要拿出态度，敢于亮剑，旗帜鲜明地反对。能够及时在重大事件和问题上发表权威真实准确的声音，揭露虚假宣传，积极辟谣，在舆论场域当中掌握主导权，从而规范网络行为，提升网络文明素养。另一方面，高校要建立网络安全预警机制，制定舆情应急处理方案。青年学生群体思维活跃，尤其是高校共青团，组织的活动项目较多，所关注和运营的媒体平台多，一旦出现学生备受关注的新闻热点和焦点话题，会产生相应的舆论场，带来一系列有可能引发的网上争论，出现舆情风险性大，因此要建立应急预案的处理机制，迅速回应舆情，防止不良言论在全网扩散。依据舆情的扩散范围、发布的时间、阅读点击率等来确定舆情级别，进而迅速启动应急预案，积极回应，防止事态恶化。

建立网络行为规范，营造风清气正的网络空间。充分发挥网络文明在举旗帜、聚民心、育新人、兴文化、展形象方面的积极作用。[8]高校要想营造良好的网络舆论生态环境，第一，要建立网络行为规范，制定科学合理的网络舆论管理办法。通过制定网络行为准则，提升网络文明素养，培养良好的网络安全意识以及健康的上网习惯。第二，要广泛开展网络文明宣传活动，强化网络安全意识，规范网络内容的生产、发布和审核，以此来扩大官方舆论场的影响力，增强主流媒体的权威性和公信力，提高主流媒体的舆论引导能力。第三，通过招募志愿者，让青年学生积极主动地参与到网络中，坚决抵制网络语言暴力，与网络诈骗、网络信息盗取、传谣等不文明网络行为做斗争，树立风清气正的网络环境，争做青年好网民。

四、结语

全媒体时代下，高校共青团应抓住全媒体的机遇期，守住网络媒体主阵地，传播主流意识形态，宣传马克思主义，把思想政治教育的理论优势与网络新媒体技术相融合，提升网络思想政治教育的影响力和凝聚力，强化网络育人的实效性，提升对青年学生思想政治教育的成效。《关于进一步加强和改进新形势下高校宣传思想工作的意见》中强调：要充分运用新型传播手段创新高校宣传思想工作，掌握网络舆论主动权。[9]因此高校共青团要牢牢抓住人才队伍这一核心要素，打造以内容为王的网络新媒体平台，营造良好的网络生态环境，积极探索网络环境下如何构建网络引导系统，服务青年，从而实现全媒体育人，助力青年成长成才。

参考文献

[1]袁贵仁.把握大势 着眼大事 努力做好新形势下高校宣传思想工作[J].中国高等教育，2015（Z1）：9-11.

[2]李奕.全媒体时代高校共青团网络思想引领路径研究[J].职业教育（中旬刊），2020，19（9）：9-11.

[3]习近平.推动媒体融合向纵深发展巩固全党全国人民共同思想基础[N].人民日报，2019-01-26（001）.

[4][5]张青，张波.全媒体视域下高校意识形态安全面临的现实挑战及实践进路[J].学校党建与思想教育，2020（13）：29-32.

[6]黄书敏，吴雯，张峥，李丹丹.自媒体时代高校基层共青团新媒体平台思想引领模式探究[J].教育教学论坛，2018（21）：51-53.

[7]庄荣文.加强网络文明建设 共筑美好精神家园[N].学习时报，2021-10-27（1）.

[8]刘晓东，徐洪业.新媒体视域下高校共青团面临的变革及应对路径[J].学校党建与思想教育，2014（12）：78-79.

[9]中共中央办公厅、国务院办公厅印发《关于进一步加强和改进新形势下高校宣传思想工作的意见》[EQ/OL].（2015-01-19）.http：//www.gov.cn/xinwen/2015-01/19/content_2806397.htm

陕西青少年教育基地在青少年思想引领中发挥主体功能的路径探析[*]

韩旭芳　李芮　程晨　丁永刚　刘璐

一、青少年教育基地相关理论概述

（一）青少年教育基地的相关概念

根据中宣部、团中央等十部委《关于加强和改进爱国主义教育基地工作的意见》有关精神，为贯彻落实《陕西中长期青年发展规划（2018—2025年）》要求，共青团陕西省委制定了《陕西省青少年教育基地管理办法（试行）》文件中明确规定了青少年教育基地的概念，即青少年教育基地是以面向广大青少年开展形式多样的思想政治教育和综合素质提升为重点，帮助青少年树立正确的世界观、人生观、价值观，能够积极开展促进青少年德、智、体、美、劳全面发展的教育活动的活动场所。包括体现以爱国主义为核心的民族精神，在中国近现代史上对民族进步具有重要影响，以及反映中华民族悠久灿烂的历史文化的纪念地、纪念场所；能够体现以改革创新为核心的时代精神，反映改革开放和社会主义现代化建设成就，在经济社会发展中具有重要作用的重点工程、项目基地；具有鲜明时代特点，贴近实际、贴近生活、贴近群众，对促进青少年全面发展具有积极作用的教育场馆、活动场所等。近年来，随着社会进步和发展，团中央又丰富补充了社会实践类青少年教育基地，主要包括农业生产、工匠制造、科技研发、文艺创作、民族团结、卫生防疫、军事训练等角色体验活动阵地。

---

[*] 陕西省哲学社会科学重大理论与现实问题研究项目，项目编号2021HZ-890。

（二）青少年教育基地的相关政策

为了更好地发挥革命文物对青少年的教育作用，共青团中央将打造完善青少年教育基地体系，把更多革命文物保护单位发展为青少年教育基地，为青少年提供一批红色教育课堂。2021 年以来，共青团中央、全国少工委在全国青少年中开展"学党史、强信念、跟党走"学习教育活动，充分依托革命文物的重要教育作用，通过引导青少年开展学讲党史、实践体验、参观寻访、仪式熏陶、学习先锋等活动，帮助广大青少年接受生动的党史学习教育。青少年是革命传统教育的重要对象，革命文物是青少年学习党史、接受革命传统教育、传承红色基因的宝贵教材。目前共青团有 250 多个全国级的青少年教育基地，下一步，更多的革命文物保护单位将会发展为青少年教育基地，为青少年提供一批身边的红色教育课堂。[1] 全国青少年教育基地官网上强调充分发挥教育基地的教育功能是共青团的一项重要工作。青少年教育基地作为具有丰富教育内涵，面向广大青少年开展以形式多样的爱国主义、集体主义、社会主义教育和综合素质提升为重点，帮助青少年树立正确的世界观、人生观、价值观的活动场所，其教育功能尤为突出。

学习青少年教育相关理论政策，为我们在新时代把教育基地用好、发挥好提供了基本理论政策遵循；更明确了在青少年教育基地建设过程中要始终高举中国特色社会主义伟大旗帜，始终坚持以习近平新时代中国特色社会主义思想为指导，以社会主义核心价值体系建设为根本，深入挖掘思想文化内涵；着力增强基地建设的时代感和使命感，增强青少年教育的仪式感和参与感，增强活动的吸引力和感染力，使基地真正成为弘扬民族精神、激发爱国热情、激励和引领广大青少年投身新时代夺取中国特色社会主义伟大胜利新征程的重要场所。

二、青少年教育基地在青少年思想引领中发挥主体功能现状

陕西现有挂牌青少年教育基地 152 家，包括延安革命传统教育基地、八路军西安办事处纪念馆、秦始皇帝陵博物馆、安吴青训班旧址、西安碑林

博物馆在内的五家全国青少年教育基地；有能够体现以爱国主义为核心的民族精神，在中国近现代史上对民族进步产生过重要影响，以及反映中华民族悠久灿烂的历史文化的纪念地、纪念场所，如八路军西安办事处纪念馆、安吴青年训练班纪念馆、陕甘边革命根据地照金纪念馆等；有能够体现以改革创新为核心的时代精神，反映改革开放和社会主义现代化建设成就，在经济社会发展中具有重要作用的重点工程、项目基地，如陕西科技大学中国轻工业博物馆、陕西水利博物馆、"九号宇宙"航天科普研学基地等；有能够体现具有鲜明时代特点，贴近实际、贴近生活、贴近群众，对促进青少年全面发展具有积极作用的教育场馆、活动场所，如陕西省图书馆、西安秦岭野生动物园、陕西省西安植物园等。这些基地涉及范围较广，能够充分发挥陕西省宝贵的自然、历史、人文、科技、军工和红色文化等青少年教育资源优势。

（一）常态化开展爱国主义教育

陕西省内的全国青少年教育基地和革命传统教育基地逐渐成为大、中、小学生和青年干部进行革命传统教育和基本国情教育、思想品质和行为习惯培养、素质提升和作风锤炼的重要阵地，成为展示国内外青少年培训、交流与合作成果的重要窗口[2]。全国青少年延安革命传统教育基地整理出专题教学课程延安精神及其时代价值、延安时期的青年运动等 20 余项，现场教学课程包括坚定正确的政治方向、追寻爱国青年足迹、弘扬爱国奋斗精神等 60 余项，情景教学课程有延安颂主题班会、向经典致敬，重温《黄河大合唱》的激情等 5 项，累计承接全国各地、港澳台地区，拉美国家培训超过 500 个班次，服务学员超过 10 万人次。其中红色远足活动荣获"陕西省首届博物馆教育项目优秀案例二等奖"。

（二）结合重要时间节点开展主题团队日活动

部分规模较大、蕴含资源较多的青少年教育基地先后围绕清明节、五四青年节、七一党的生日、建军节、抗战胜利纪念日、烈士纪念日、国庆节、国家公祭日等重要时间节点，充分结合青少年阶段这一"拔节孕穗期"，有针对性地开展主题教育工作，引导广大青少年增强爱国意识。西安碑林博物馆在每年六一儿童节、公民道德日、十一国庆节等时间节点，组织数十所中小学和贫困山村近万名中小学生走进博物馆，开展主题鲜明、生动直观的主题团队日活动，通过书画大赛、历史短剧、汉字探秘、碑林寻宝、剪纸编结等寓教于乐、新颖多元的体验项目，让青少年感知祖国的悠久历史和灿烂文明，从而培育其爱国情怀，传承民族精神，两年来累计接待青少年超过 5 万人次。

（三）结合历史文化，开展传统文化教育

西安碑林博物馆结合孔庙儒学、汉字书法、石刻拓帖、传统科技等内容，运用鲜活通俗的语言、喜闻乐见的形式，开展"书香墨韵""学沐儒风""经典诵读""传统节庆""小小讲解员"等系列活动，培养青少年对中华传统文化的学习热情，增强民族自尊心和自豪感，学习中华传统，坚定文化自信。秦始皇帝陵博物院自 1999 年开始，面向全国大中小学校学生团体实行爱国主义教育基地免费参观制度，同时执行家长携同的 16 岁以下未成年人免费参观政策，免费接待青少年的数量逐年递增。近年来，博物院每年接待开展爱国主义教育的学生团体预约参观 10 万人次，接待未成年人近 20 万人次。目前已策划 12 大类教育活动、33 个子项目，形成"欢乐博物馆""秦陵移动课堂""优秀历史文化进校园""秦兵马俑远程教育课堂"等品牌项目。

（四）利用文化资源优势，开展研学实践活动

秦始皇帝陵博物院常年举办"优秀历史文化进校园"研学活动，活动已延伸至北京、南京、长沙、呼和浩特、包头、香港地区和美国华盛顿等地，年参与人员超过 5 万人次，曾两度受邀走进香港地区，两次前往美国华盛顿国际学校，成为全国博物馆教育推广工作的典范。照金革命旧址常态化组织当地多个中小学贫困生、留守儿童前往陕甘边革命根据地照金纪

念馆开展"喜迎建党百年、传承红色基因"红色教育研学活动，孩子们通过参观、敬献花篮、合唱队歌等形式，向革命烈士致敬，进一步增强爱国情怀，坚定理想信念，多年来累计参与学生超过 8000 人次。高校博物馆等具有科普性质的青少年教育基地，基本上是在学校相关专业教育教学所使用的陈列室、标本室、实验室等基础上逐步建立发展起来的。高校博物馆无论其开放程度如何，其面向的对象大部分是在校学生，学生成为高校博物馆最重要的受众群体。同时，高校博物馆往往依托所在高校自身的学科优势和特点建设和发展，这就为高等学校教育教学的延伸和辅助打下了基础，对教育成果的产生起到有力的推动作用。

（五）挖掘教育资源，丰富教育教学形式

全省各团属教育基地深入挖掘自身教育资源，通过开发特色课程、共建实训基地、线上传播活动等形式，不断丰富教育体系，真正做到青少年爱国主义教育走心走实[3]。西安碑林博物馆长期与陕西师范大学、西北大学、西安外国语大学、西安美术学院、陕西青年技术学院、陕西职业技术学院、西安航空职业学院等十多所高校共建大学生社会实践教学实训基地。秦始皇帝陵博物院上线的"秦陵移动课堂"之"秦兵马俑远程教育课堂"走进美国学校，积极探索博物馆教育创新模式和中华文化海外传播新途径，持续弘扬传统文化；策划"秦俑百问微讲堂"线上教育活动，共推出 75 讲，解答观众普遍感兴趣的有关秦俑、秦文化的 150 个问题，文字总数 157855 字，配图 377 张，语音录制总时长 794 分 55 秒。延安革命传统教育基地针对中小学生特点，利用数字化和多媒体技术优势，融合原创手绘、动态漫画、图文视频、音乐动效、热点交互等形式，着力打造了《小青马的革命征程》《延安与青年》等 13 堂精品研学课程。创新展示手段，探索青少年教育新方式。在基本陈列中采用先进的博物馆展陈理念，设置了 3D 裸眼技术等多媒体展示手段和互动展项，通过网上展览、虚拟展厅、数字博物馆、在线直播等方式推出各类线上创意活动。用青少年喜闻乐见的方式，全面系统地展示以毛泽东为核心的中共中央在陕北的十三年间领导全国革命走

向胜利的光辉历史。

三、青少年教育基地在青少年思想引领中发挥主体功能存在的不足之处

陕西现有挂牌青少年教育基地152家，本文对掌握资料的94家青少年教育基地，将其按照类型进行分类，可分为22家革命文化类、23家传统文化类、21家发展成就类和28家社会实践类基地，并对各类基地进行分析，简谈目前青少年教育基地在青少年思想引领中发挥主体功能存在的不足之处。

（一）部分青少年教育基地缺乏青少年教育基地专项资金支持

青少年教育基地所在地方政府或者其主管部门给予青少年教育基地的经费主要用于基地自身建设运维。虽然青少年教育基地的主管单位是共青团陕西省委，但共青团陕西省委不具备财政支持职能，地方政府和分管部门没有明确安排专项的用于青少年教育基地履行责任和义务的财政支出，这就导致部分规模较小、县域范围内的青少年教育基地缺乏资金支持其开展专项工作。由于青少年教育基地还具有博物馆、五星级旅游景点等其他身份，因此在缺乏专项财政支出的情况下，面向青少年开展公益性质的思想教育工作会相对受限。专项资金短缺导致青少年教育基地在发挥青少年思想引领主体功能时，无法投入大量经费用以开发和完善适合青少年发展规律的配套课程、活动[4]。

（二）部分青少年教育基地缺乏主动性、认同度

青少年教育基地在青少年群体集中的学校、企业等地宣传力度不足，致使学校、企业在利用青少年教育基地对青少年进行思想引领时主体功能发挥不佳。现有的青少年教育基地中不乏一些形式内容较为单一的革命纪念馆，虽然其本身丰富的革命文化资源对青少年有一定的教育意义，但是这类纪念馆基本上缺乏主动性，大部分情况下都是被动地等待学校和企业组

织团员青年、青年学生来参观学习，很少主动组织革命纪念馆英雄事迹进校园的活动。受地理位置偏远等现实条件限制未与地方或其他地方高校达成长期合作关系，所以并没有针对各个高校学生特点制作出独具特色且符合青少年发展规律的活动和项目。缺乏与所在地区其他青少年教育基地的联动，未形成成熟的适合青少年成长规律且青少年喜欢的 IP 产品。传统的博物馆，有责任和义务向青少年传播科学文化知识、提高全民文化素质、促进社会进步。但是长时间以来，陕西省博物馆形式的青少年教育基地，特别是在高校内的博物馆，在自身定位时忽视了这一点，只是简单地认为自己从属于高校，应当服务于高校，至于社会服务则不在自己的工作范畴之内，从而无法将促进社会发展作为高校博物馆工作的出发点，导致其提供的展览与青少年教育基地应发挥青少年思想政治引领主体功能的实际需要存在着很大差距，难以得到青少年的认知和社会的认同。

（三）部分青少年教育基地未很好地发挥社会教育功能

青少年教育基地之间交流合作较少，缺乏统一的运作平台。陕西省青少年教育基地多以点的形式分属各业务主管部门，缺乏统一的运作平台，无法将各自的优势资源整合。青少年教育基地社会教育功能不到位的很大一部分原因可能是部分青少年教育基地的对外开放问题。例如，目前绝大多数位于高校校园内的博物馆都不能做到常年对外开放，有的博物馆每周只开放几天，有的博物馆只在上午或下午开放，有的博物馆每周只开放一天，有的博物馆平时不开放，甚至只针对校内人员开放。高校外青少年群体如果想参观，必须克服一个又一个的难关。在这样的开放安排下，博物馆针对青少年的教育根本无从谈起。

（四）部分青少年教育基地教育形式有待拓展

部分青少年教育基地教育活动形式普遍比较简单，缺乏一定的广度和深度。研学课程设置不科学，没有及时跟随形势政策发展而对讲解内容进行改革更新，也有些地方在讲述内容时缺少创新意识和生动的表达，不能有效激发青少年的兴趣。另外部分基地的展览形式仍过于传统，更新速度较慢，不能及时应用青少年喜闻乐见的高科技手段，主要还是以静态的图片展示为主，不能适应新生代人群的需求。例如蕴含丰富革命历史文化资源的青少年教育基地大多单调地从红色历史故事出发，展示相关历史文物，缺乏与周边其他资源的联动，没有形成成熟的 IP 产品，难以满足不同的社会需求。

(五) 部分青少年教育基地覆盖面仍有所欠缺

在掌握了解的 94 家陕西青少年教育基地中绝大多数很少建立属于自己的官方网站、微信、微博等媒体平台，即使是已经建立了网站、微信公众号等平台的青少年教育基地，运维也相对落后，版面设计比较简单，仅仅是将新闻罗列出来，表现形式缺乏多样性。内容也不够丰富、全面，对于平台上的内容更新也不及时，缺乏科学系统地运营，不能与线下活动进行高度配合，形成强有力的"两条腿"[5]。青少年的网络科普工作是目前需要关注的重点，网络科普面对的群体也越来越年轻化。而目前全省青少年教育基地中，只有少数几家开发集成了数字资源，不少栏目以活动新闻、活动通知为主，而涉及行业动态、学术交流等有关学科领域的内容较少，网站更像一个公告栏，而不是用于科学知识传播、提升公众科学素养的平台。

(六) 青少年教育基地的部分教育主体理想信念不坚定，政治意识薄弱

由于接受教育的青少年社会阅历、受教育经历、所学专业存在差异，其在学业、就业、创业和住房等方面承受着较大的压力，部分青春期阶段的学生容易产生叛逆、情绪化问题，并且很容易受到各种社会思潮的不良影响和诱惑。这就导致部分青少年对政治失去兴趣，甚至对社会与国家的前途命运漠不关心，自诩佛系；有的对政治问题认识模糊或有失偏颇，甚至对社会产生抵触情绪。部分青少年为了满足猎奇心理，花费大把时间浏览碎片化、快餐式的知识与信息，而忽视对经典著作的系统研读，也不重视对党和国家的路线、方针、政策的学习。有些虽然关注国内外政治经济形

势，关心社会热点问题，但认识不够全面，极易导致自身对制度的盲从和非理性的制度认同[6]。

四、青少年教育基地在青少年思想引领中发挥主体功能的路径

青少年教育基地是青少年接受教育的重要场所，如延安革命纪念馆、安吴青训班革命纪念馆、渭华起义纪念馆等都凝聚了中华民族自强不息的奋斗精神和众志成城、坚忍不拔的爱国情怀，凝结着中国共产党的光荣历史和优良传统，书写了中国人民英勇奋斗的壮丽篇章，承载着催人奋进的红色基因和革命力量，是青少年传承红色基因、弘扬文化传统、守望共同家园、激励创新创造的重要阵地。但青少年教育基地在青少年思想引领中发挥主体功能不应只局限于爱国主义教育，更应结合自身资源开展差异性、特殊性的传统文化教育、科学技术教育以及环境保护教育等。

青少年身心发展具有阶段性、个别差异性和顺序性的特点，青少年教育基地应该充分发挥其重要的作用，关注对青少年心智的成熟、性格的健全方面的培养，在青少年身心发展的这一关键期，进行及时而有效的思想政治引领，以达到最优教学效果[7]。

(一) 青少年教育基地建设要坚持正确导向

一方面，加强新时代青少年爱国主义教育应始终坚持以习近平新时代中国特色社会主义思想为指导思想，结合时代特点培养青少年爱国情感，使之成为能够担当民族复兴大任的时代新人，砥砺强国之志，实践报国之行，使爱国主义成为青少年的坚定信念、精神力量和自觉行动。新时代爱国主义教育最根本的前提是坚持党的领导。历史已经充分证明，只有中国共产党才能够带领全国人民获取并实现民族独立、人民解放和国家统一，赢得社会稳定和人民幸福。党的十九届六中全会强调，我国意识形态领域的形势已经发生了全局性和根本性的转变，因此必须对代表祖国未来的青少年进行爱国主义教育，主动提升党对意识形态领域工作的领导力和主导力，通过加强爱国主义教育对青少年进行思想引领和价值引导，以完成适应新时

代的爱国主义教育新使命新任务[8]。

另一方面，青少年教育基地建设要始终坚持服务青少年的正确方向，引导青少年坚定理想和信念。因此，基础设施以及资金保障应该落实到位。授牌单位应主动与地方主管单位协同合作，联合指导青少年教育基地的各项工作，应制定青少年教育基地专项资金扶持方案，保障青少年教育基地能够有足够的资金针对青少年开展公益性质的项目。通过多方协同，让地方主管部门争取财政专项资金支持以及与高校、企业合作得到资金支持，用以保证基地思想政治工作人才充足，人才队伍稳定；保证教育基地教师开展关于教育基地思想政治教育、管理与人才培养、课程设置安排等课题的研究等。

（二）青少年教育基地建设要结合实际

青少年教育基地建设要结合实际，不断与时俱进，围绕实践主题开展主题文化活动。加强新时代党史学习教育，在青少年中广泛开展主题鲜明、形式多样的文化活动、体验项目，增强仪式感、参与感、现代感，营造浓厚的学习氛围，集中力量引导广大青少年厚植爱党、爱国、爱社会主义的情感，让红色基因、革命薪火代代传承。为了防止教育内容的简单重复和教育理论的简单交叉，应大力倡导对青少年爱国主义教育内容及时更新，对纵向教育理论体系适时调整与改进，进而围绕"为何教、教什么、在哪教、怎么教、悟什么、如何做"，努力构建点、线、面、体相结合且适合青少年的大中小一体化的爱国主义教育理论、教育体系，充分利用好重要时间节点对青少年进行爱国主义教育。《新时代爱国主义教育实施纲要》强调，要充分挖掘重大纪念日、重大历史事件蕴含的爱国主义教育资源，组织开展系列庆祝或纪念活动和群众性主题教育活动，充分发挥并提升传统和现代节日的涵育作用与功效，因势利导地开展爱国主义教育活动，全力发挥爱国主义教育基地、国防教育基地等实践载体的作用。比如，革命文化类的青少年教育基地应该充分利用重大仪式和重大纪念活动，发挥节假日的涵育功能，开展爱国主义教育；社会发展类的青少年教育基地应该依托现有相关的自然景观、重大工程，如牛背梁国家森林公园开展生态环保教育、劳动实践教育；位于高校内部的教育基地可以利用生动活泼的校内文化活动、不断丰富扩展延伸校内实践活动，引导青少年更多更好地了解本校历史。通过参与不同类型的青少年教育基地开展的特色活动，开发覆盖面广泛、点线面结合的特色青少年教育基地研学路线产品，使得青少年在传统文化类、革命文化类、发展成就类、社会实践类青少年教育基地体悟、体察国家发展过程中人民的心情与愿望，以强化其爱国意识，增强其责任担当等[9]。

青少年教育基地应与企、校及其他青少年教育基地密切联系，创建形式多样以及独具特色的主题活动。开展形式创新、内容丰富以及各方紧密配合的系列活动，能够真正将学校德育教育和基地教育贯穿课内课外，将学校教育和爱国主义教育、劳动教育、科技教育、生态环保教育有机结合起来。与学校"结对共建"，使教育基地成为学校开展社会实践活动的大课堂，充分发挥德育基地的教育资源功能，为广大青少年提供更好的服务。根据不同成长阶段青少年的特点，结合自身特色资源适时推介与爱国主义、生态环保、历史文化相关的精品出版物与高质量读物，使他们能够及时并自觉接受爱国主义教育、传统文化教育、劳动实践教育和熏陶。能够以青少年为教育重点，结合自身特色，开展适合青少年特点的各类社会教育活动，并与至少一家学校或企事业单位建立共建关系，定期联系，组织活动。如，在青少年参观纪念馆的过程中，纪念馆可以安排学生作为讲解员，鼓励学生自主参与，激发他们的积极性和学习兴趣；革命纪念馆还可同时发展志愿者团队，为广大青少年在节假日及寒暑假期间的社会实践活动、毕业实习提供平台。教育基地每年定期定时为这些有志于参与志愿事业的青少年进行培训，提升志愿者们良好的服务意识、奉献意识以及优秀的职业素养。这种形式让志愿者不仅可以学到革命历史知识、科学技术知识等，还可以丰富与人沟通交流的经验，对未成年人思想道德建设工作起到了积极作用，真正使爱国主义教育基地成为未成年人的"精神家园"。

不断发展创新性教育手段，以扩大观众的接纳程度。结合青少年发展特点和规律，通过对其进行全面了解和分析，从多种层面对对象做出细致划分，根据服务对象和工作性质进行项目分工，从而使"观众"不再是一个模糊的概念，而是由许多鲜明的个体组成的复杂群体。同时对青少年教育基地所拥有的资源进行合理调配，以配合各种学习项目，加强教育的力度和广度。

（三）青少年教育基地建设要搭建多方平台

互联网信息平台越来越受到青睐和关注，因此青少年教育基地要以互联网为依托，不断打造新型传播平台。各青少年教育基地要深入挖掘符合自身特色的文化资源，注重教育形式的时代化、年轻化，努力运用现代化展示手段，通过多渠道、多载体开展灵活多样、形式新颖的网络思想政治教育活动，吸引青少年自觉加入，引导青少年爱国情感养成，提升青少年的民族自豪感和民族自信心[10]。基地要在用好广播影视、报纸、杂志等媒体的同时，还要用好微博、抖音、B站等青少年群体覆盖面广的平台创作优质的文化作品，树立并大力宣传同青少年教育基地相关的人物和先进事迹典型，生动鲜活地对青少年开展教育，引领他们内化于心、外化于行，让他们将在青少年教育基地看到的、听到的转化为学习干事、报效国家的实际行动。更要为青少年提供积极健康的网络文化信息服务，结合自身优势开发青少年喜闻乐见的网络视频、网络歌曲、网络游戏、网络动漫等网络多媒体产品，在宣传介绍青少年教育基地的同时，还可以对青少年进行思想政治教育，宣教两不误。联合周边或全省同类型的青少年教育基地开展具有特色的青少年网络文化产品的评比和展示活动，激发青少年教育基地创新发展动力。

（四）青少年教育基地建设要强化师资队伍

加强研学导师培训，制订导师考核制度。由共青团陕西省委牵头，重点关注教育基地工作人员政治素养提升和业务知识更新，积极采取线上线下等多种方式经常性地组织青少年教育基地学习交流会，利用QQ、微信群、腾讯会议等加强各个单位之间的日常交流，及时将好经验、好做法传播开来，推动青少年教育基地工作整体向前。定期对教育基地骨干进行轮训，加强对工作人员的教育和业务培训，为提高其政治素养、综合素质、创新能力提供优质高效的教育培训服务。青少年教育基地工作者自身要不断深入学习贯彻习近平总书记关于青少年工作的重要思想，贯彻落实《新时代爱国主义教育实施纲要》[11]，充分发挥基地资源优势，着力挖掘思想教育内涵，使基地真正成为面向青少年开展爱国主义教育和革命传统教育、培育和践行社会主义核心价值观的重要阵地和生动课堂。基地和学校要不断提升每位教育工作者的理论素养、专业技能，夯实其理论功底；塑造思政教师爱国主义情怀，完善良性循环的新老爱国主义教育者更换体系，改善与优化师资结构，增强与提升师资水平。

青少年教育基地建设要力戒形式主义、避免出现"虎头蛇尾"现象，坚持公益性和开放性，坚持"请进来"与"走出去"相结合，坚持加强自身建设与开展主题活动相结合，坚持省、市、县三级联动、共同推进，把基地真正建成深入持久开展中国梦宣传教育活动、党史学习教育活动、青少年思想政治教育活动的重要阵地，建成开展青少年思想教育的重要课堂，建成推进青少年发展成才的重要基地，建成传播精神文明的重要窗口以及共筑中国梦的重要平台[12]。

参考文献

[1] 顾秀莲. 在2021年中国关工委成员单位会议上的讲话（节选）[J]. 中国火炬，2022（3）.

[2] 让信仰点亮人生——全国青少年井冈山革命传统教育基地掠影[J]. 中国共青团，2015（6）：66.

[3] 赵磊. 博物馆开展青少年革命传统教育研究[J]. 文物鉴定与鉴赏，2020（15）.

[4] 朱之文. 深入学习习近平总书记关于教育的重要论述，助力新时代基础教育高质量发展[J]. 中国教育学刊，2020（9）.

[5] 杨迅，易舒冉. 传承红色基因培育时代新人　团结教育引领广大少先队员做共

产主义事业接班人［N］.人民日报，2020（1）.

［6］唐慧.创新团干部教育培训形式 讲活讲透讲好党史故事［J］.中国共青团，2021（21）：64-66.

［7］潘虹霖.中国共青团青年教育工作的百年历程与基本经验［J］.山西青年职业学院学报，2022，35（2）：1-7.

［8］李建勇.新时代背景下高职院校辅导员思想政治教育工作思路研究［J］.决策探索（下）.2021（9）：60-61.

［9］毕亮.新媒体视域下大学生社会主义核心价值观培育路径探析［J］.扬州大学学报（高教研究版），2020（5）.

［10］高雪.新时代爱国主义教育基地的思想政治教育功能提升研究［D］.上海师范大学，2022.

［11］范伊旋，陈玲.爱国主义教育基地在传承红色基因中的价值和路径［J］.中共乌鲁木齐市委党校学报，2021（4）：28-33.

［12］杨珊.新时代爱国主义教育基地开发建设原则探究［J］.重庆电子工程职业学院学报，2020，29（4）：64-67.

"第二课堂成绩单"制度下高校共青团服务大学生创新创业教育模式研究*

孙宏哲　杨才兴　邓博文　卢佳萌　张志昌　刘倩

一、研究概述

(一)研究背景及意义

1. 研究背景

提升大学生的创新精神、创业意识和创新创业能力，培养一大批创新创业人才，是高等教育的重要使命。党的十八大以来，党和国家高度重视科技创新工作，提出了实施创新驱动发展战略。然而，当前我国创新创业能力仍不适应高质量发展要求，要在2035年将我国建成创新型国家，迫切地需要从高等教育阶段开始培养创新创业人才，而实施精准化的创新创业教育更是势在必行。高校共青团作为党的助手和后备军，要将服务青年学生创新创业当作提升"三力一度"的有效途径。

2. 研究意义

第二课堂是第一课堂的延展，主要以实践形式开展学生综合素质培育工作，在此过程中形成的"第二课堂成绩单"，能够对学生在第二课堂中的综合表现做出客观的评价。开展高校共青团服务大学生创新创业教育理论研究，有助于提高学生创新创业能力，提升学校人才培养质量。

目前大部分高校，"第二课堂成绩单"内容涵盖基本素质和行为养成教育、传统文化和现代文明教育、社会实践与创新创业教育等方面，这些内容的设计有利于促进大学生全面发展。同时，在"第二课堂成绩单"中，各类学生社团、社会实践、志愿服务和科技创新活动，为在校大学生提高创

---

* 陕西省哲学社会科学重大理论与现实问题研究项目，项目编号2021HZ-870。

新创业实践能力搭建了平台。而高校在育人过程中，将学生评奖评优、学干提拔等方面的考核纳入学生"第二课堂成绩单"，也有效提升了学生自身的综合能力，助其在高质量就业创业方面形成竞争优势。

（二）文献综述

党的十八大以来，党和国家高度重视科技创新工作，作为党的助手和后备军，服务青年创新创业是共青团的主责主业，围绕其开展调查研究，具有重要的理论价值和现实意义。当前学术界对此的研究主要集中在以下几个方面：

1. 大学生创新创业教育的发展现状研究

关于创新创业教育的研究，在国外起源于 20 世纪初期，欧美国家较早对创新创业教育展开探索与研究，相关的理论体系较为完善，如经济学家熊彼特提出的创新理论、美国社会学家亨利·埃茨科威兹提出的"三螺旋"理论等为创新型人才培养模式提供了建构依据。美国百森商学院、斯坦福大学和哈佛大学实行以学生为主体的创新创业服务式教育；日本高校则强调产教融合和企业家精神的培育；德国高校注重学科融合和阶梯式创新创业教育。

2010 年，《教育部关于大力推进高等学校创新创业教育和大学生自主创业工作的意见》颁布以后，国内关于创新创业教育的研究呈现爆发趋势。早期的研究较为关注政策落实、优秀个案、存在的问题和解决措施等。还有一些学者关注国外"双创"经验的借鉴研究。此外，近年来，对创新创业教育体系、量化指标以及与专业相结合的课程体系建设的研究呈上升趋势。

2. 大学生创新创业教育的模式和路径研究

成希在《研究型大学创新创业教育生态系统构建研究》中提出构建创新创业教育生态系统，即以理念转变为核心，以协同机制为牵引，以支持体系为重点，通过文化培育、政策保障和服务供给，实现大学创新创业教育健康发展，并以此推动高校教育教学改革，引领社会创新发展。马永斌在《大学创新创业教育的实践模式研究与探索》中，分析我国大学创新创业教育现状，提出运用"大学—政府—企业"生态网模式解决创新创业教育问题。尹国俊在《基于师生共创的创新创业教育双螺旋模式构建——以浙江大学为例》中，提出链接创新创业教育的知识链和实践链，构建良性互动的大学生创新创业教育微生态循环系统。

3. 大学生创新创业教育的经验与启示研究

石丽在《高校创新创业教育：内涵、困境与路径优化》中，针对当前我国高校创新创业教育存在的一些困境，如创新创业意识不足、氛围不强、课程体系设计不完善等，提出正确理解高校创新创业教育内涵，积极构建"学生主体、高校主推、社会助力"三螺旋协同推进育人体系，营造高校创新创业教育良性发展系统。韩喜平在《新时代大学生创新创业困境及教育路径》一文中，分析大学生创新创业面临的困境，提出要依靠制度、思想教育、机构和机制等四个方面的创新，完善社会扶持保障机制，构建鼓励创新创业的教学体系，培养学生的创业意识和创业精神。

4. 大学生创新创业教育的效果评价研究

王占仁在《创新创业教育评价的现状、问题与趋势》一文中认为应充分考虑主客观指标、短期和长期指标等特殊因素，形成模块化评价指标体系。冯艳飞在《研究型大学创新创业教育质量评价模型与方法》中，从政府、高校、学生和社会四个层面，构建了研究型大学创新创业教育质量评价指标体系，并运用改进的 BP 神经网络评价模型和方法进行评价。徐小洲采用扎根理论方法，提出基于价值评价、过程评价和结果评价的"V—P—R"三维三级创新创业教育评价理论模型，强调精神价值评价与现实价值评价相结合、发展性评价与绩效性评价相结合、短期评价与长期评价相结合，具有多维、多层、多元的特征。

二、问卷调查研究的过程及数据分析

（一）调查问卷的整体设计

1. 问卷框架设计

经过前期的文献整理，综合考虑实际情况，课题组设计此调查问卷。问卷内容根据大学生创新创业教育的相关要素进行关键方向凝练，从高校创新创业工作的责任分工、高校共青团服务大学生创新创业的基本状况、大学生对于共青团组织开展创新创业工作的相关看法三个方面出发，制定出问卷的基本框架，问卷具体内容如表1所示。

表1 调查问卷设计框架

类别	具体方向
调查对象基本情况	所在学校
	性别
	学历
	政治面貌
高校创新创业工作责任分工	创新创业工作承担部门
高校共青团服务大学生创新创业基本状况	高校共青团所发挥的作用
	学生对共青团工作的满意度
	共青团组织开展的活动内容
	培育的创新创业社团活动状况
	开设的创新创业课程授课状况
	创新创业基金或奖励发放状况
	相关创新创业政策宣传情况
	创新创业典型报告会组织状况
对于共青团组织开展创新创业工作的评价	学生是否愿意参与创新创业活动
	相关活动是否对学生产生实质性帮助
	学生参与创新创业相关活动的主动性
	学生是否获得过创新创业比赛奖项
	学生最感兴趣的创新创业活动内容
	学生接受创业导师团队指导的情况
	学生参与创新创业活动面临的问题
	学生对创新创业活动的期望与建议

2. 问题数量及分布

根据前一阶段所设计的问题，通过内部自测、试填等方式，进行再次修改、排序，确保问卷的合理性和科学性。问卷设计好之后再次经过内部与外部审核，对问卷进行反复测评，直至问卷效果达到最好，通过全面测试后，再进行正式投放。调查问卷的具体题型及数量分布情况如表2所示。

表2 调查问卷题型设计

题型	单选题	多选题	填空题	问题总数
数量	20	7	2	29

问卷题型包括单选题、多选题以及填空题，选择题与填空题中的主观题是问卷及访谈卷的核心所在，问卷的回收数据为课题组提供了与课题密切相关的各类调研数据。

（二）问卷调查对象的选取

本研究调查对象为在校大学生。由于疫情原因，课题组主要采用以网络问卷调查为主的方式，在全国范围内将问卷通过网络进行扩散，收集统计数据。由于地理位置及实际情况原因，本研究的调查对象以西安地区各高校学生为主。

在访谈抽样方面，按照"一流学校"或具有"一流学科"的高校、普通本科、高职（专科类）院校三类，选择具有代表性的学校学生进行访谈调研，覆盖14所院校，问卷回收情况如表3所示。

表3 访谈调研情况

序号	单位名称	访谈数量	有效问卷
1	西安交通大学	4	4
2	西北工业大学	4	4
3	西安电子科技大学	4	4
4	长安大学	5	5
5	西安理工大学	5	5
6	西安建筑科技大学	7	7
7	西安工程大学	8	8

续表

序号	单位名称	访谈数量	有效问卷
8	西安石油大学	5	5
9	西北政法大学	5	5
10	陕西科技大学	6	6
11	西安科技大学	5	5
12	西安邮电大学	5	5
13	杨凌职业技术学院	4	4
14	陕西工业职业技术学院	4	4

（三）问卷调查的基本信息统计

研究者对调查过程所记录的数据信息进行了系统整理分析，基本情况如下：截至 2021 年 8 月 26 日，线上调查问卷共发放 1422 份，实际回收 1422 份，回收率达到 100%。样本基本情况的信息展示如表 4 所示。

表 4 基本情况数据统计

项目	选项	频数	频率（%）
性别	男	727	51.13%
	女	695	48.87%
学生类别	研究生	32	2.25%
	本科生	1356	95.36%
	专科生	34	2.39%
政治面貌	共产党员（含中共预备党员）	172	12.1%
	共青团员	1112	78.2%
	群众	138	9.7%

（四）问卷调查的结果

调查问卷包括 29 个问题，共计 1422 名学生参与线上答题，其中男生占 51.13%，女生占 48.87%，有效答题人数 1422 人，有效率为 100%。接受网络问卷调查人员的学历分布为：专科生 34 人，占总人数的 2.39%，本科生 1356 人，占总人数的 95.36%，研究生 32 人，占总人数的 2.25%。参与调研学生的政治面貌情况为：中共党员占 2.55%，中共预备党员占 9.55%，共青团员占 78.2%，群众占 9.7%。根据问卷答题情况，参与线上答题的人员主要为本科生，且多为共青团员。

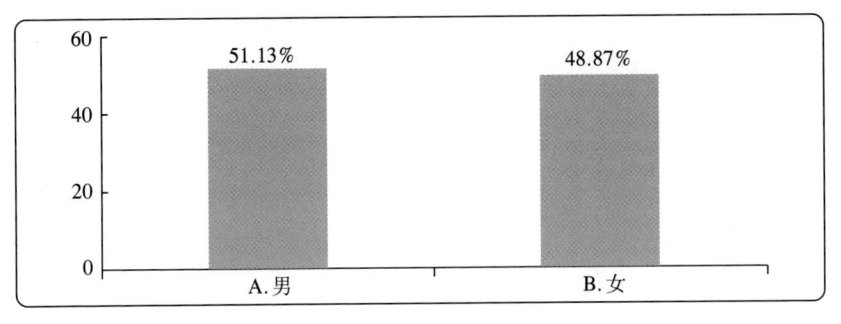

图 1　参与调研学生的性别统计

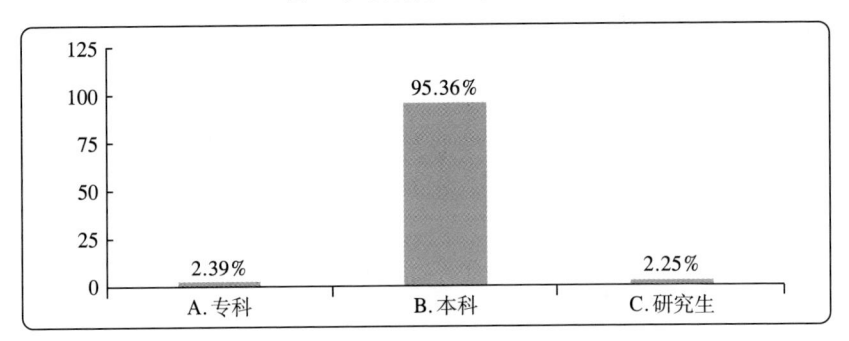

图 2　参与调研学生的学历统计

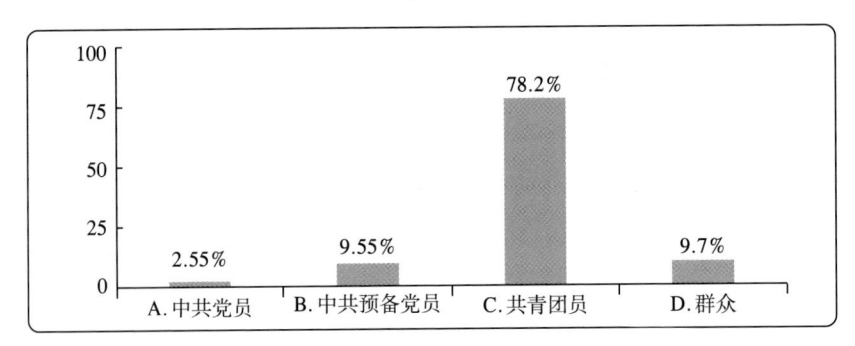

图 3　参与调研学生的政治面貌统计

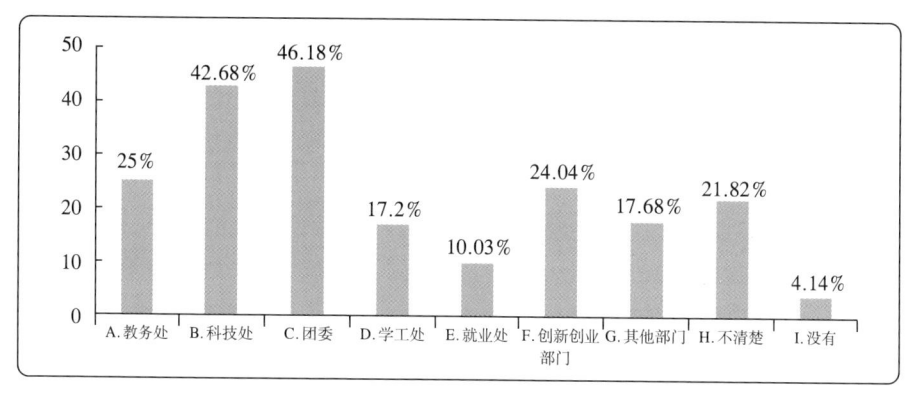

图4　参与调研学生学校承担创新创业工作部门分析

从图4可以看出，在本次调研中，绝大部分高校创新创业工作由科技处、校团委牵头负责，有24.04%的高校专门成立创新创业学院或者双创机构，说明高校普遍高度重视双创工作。

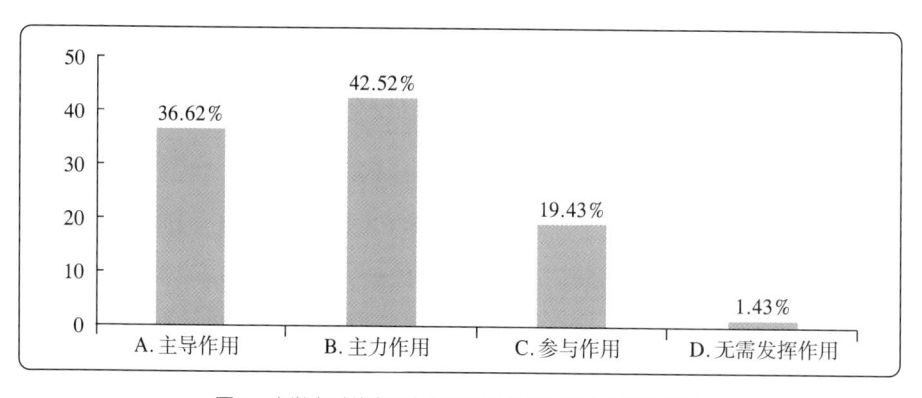

图5　大学生对共青团在创新创业促进工作中作用的看法

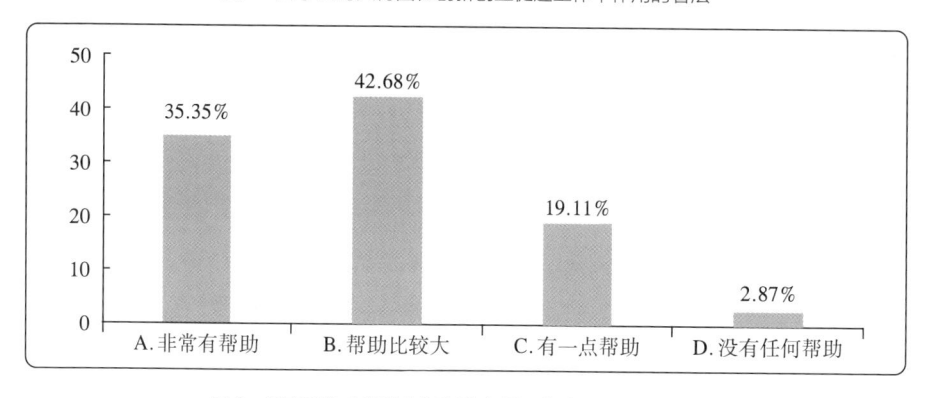

图6　共青团在大学生创新创业促进工作中的帮助作用大小

从图 5—图 6 可以看出，无论是否参加过创新创业类的活动，同学们一致认为共青团在创新创业促进工作中起到重要的作用。参加过创新创业活动的学生认为共青团在创新创业活动中给予他们极大的帮助。

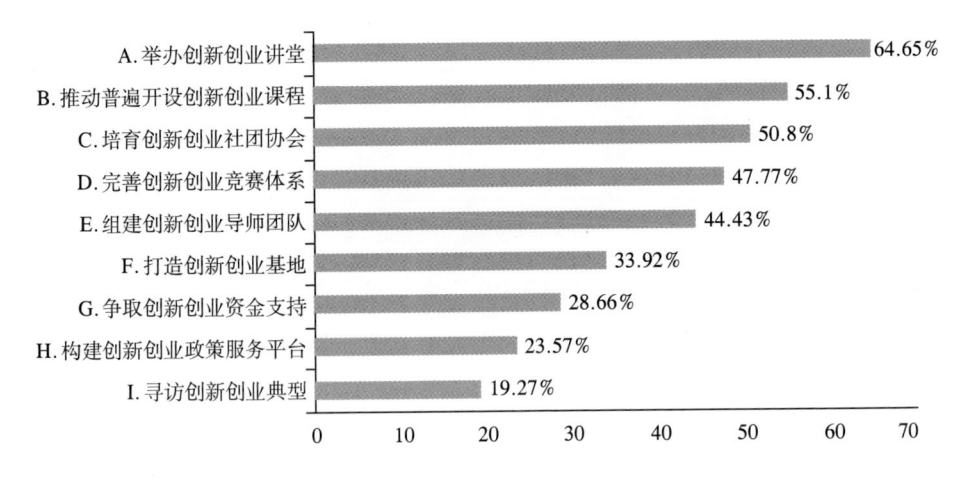

图7　大学生了解高校共青团开展创新创业工作的途径

从图 7 可以看出，广大同学认为举办创新创业讲堂、推动普遍开设创新创业课程和培育创新创业社团协会是高校共青团组织开展创新创业工作的主要内容，分别占 64.65%、55.1% 和 50.8%。47.77% 的同学认为共青团应完善创新创业竞赛体系。44.43% 的同学认为共青团需要负责组建创新创业导师团队。

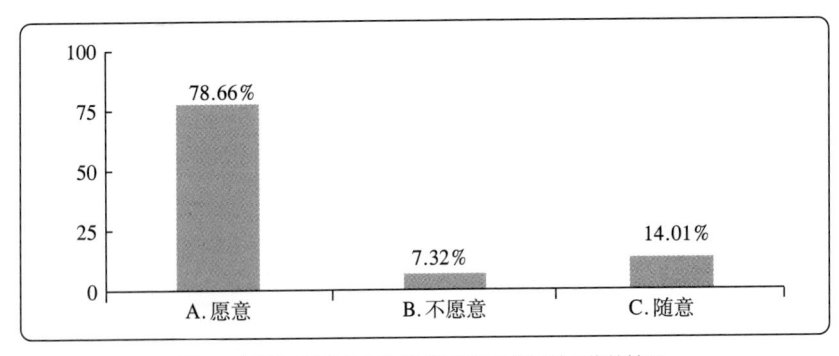

图8　大学生接受校共青团提供创新创业相关工作的情况

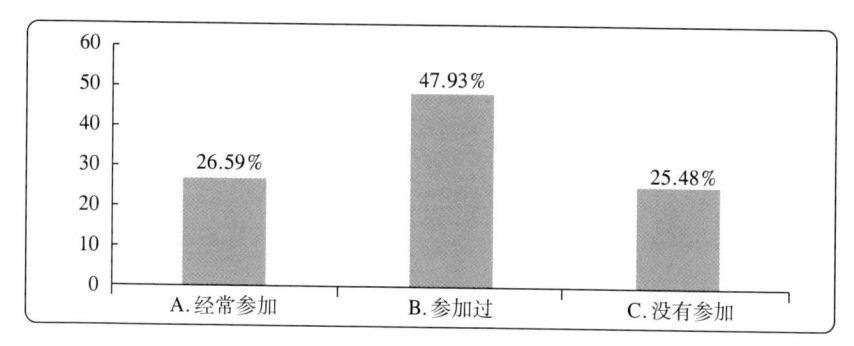

图9　大学生参加校共青团创新创业活动情况

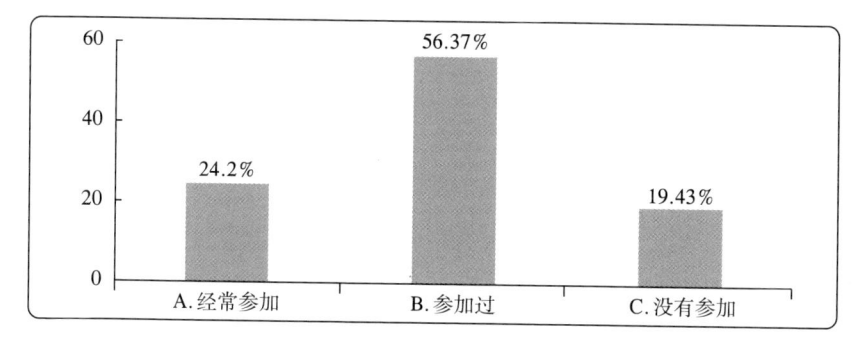

图10　大学生参加校院团委举办的创新创业讲堂情况

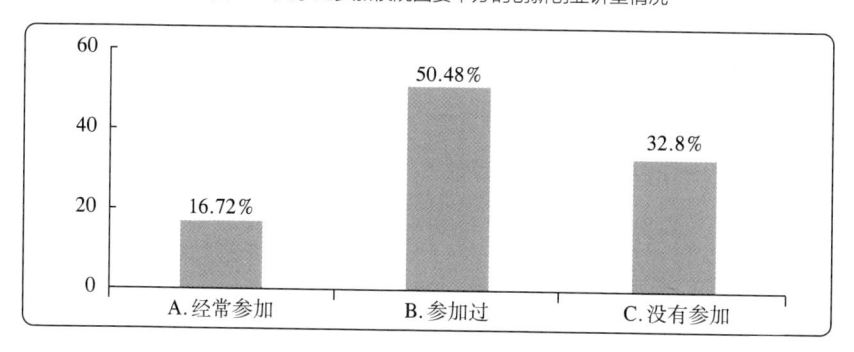

图11　大学生参加校院团委宣传创新创业活动情况

调查数据显示，大学生对于创新创业活动的热情普遍较高。从图8可以看出，92.68%的大学生是愿意接受由共青团提供的创新创业相关服务的。从图9可以看出，有74.52%的大学生参加过学校共青团组织的大学生创新创业活动，从图11可以看出，2/3的大学生参加过校院团委组织宣传创新创业典型的报告会、推介会等活动。但仍然有1/3的学生没有参加过共青团组织的创新创业活动，一方面说明学生创新创业意识还要进一步培养，另一方面，说明共青团服务青年学生创新创业工作还有较大提升空间。

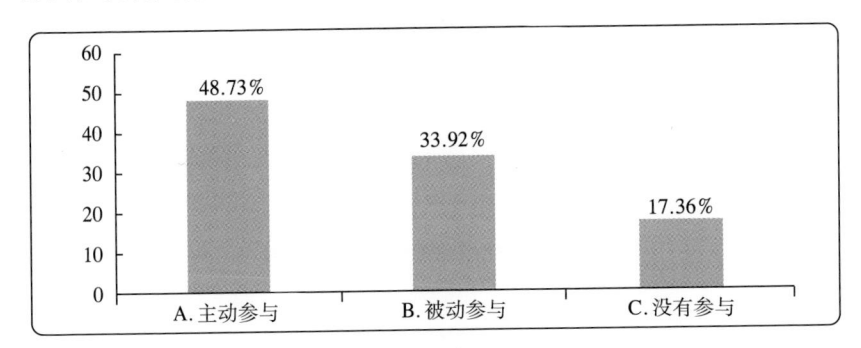

图12　大学生参加校共青团创新创业活动主动性分析

由图12可知，大学生对参加校共青团组织的创新创业活动的主动性为中等：主动参与的同学占总人数的48.73%；被动参与以及没有参与的同学分别占总人数的33.92%、17.36%。

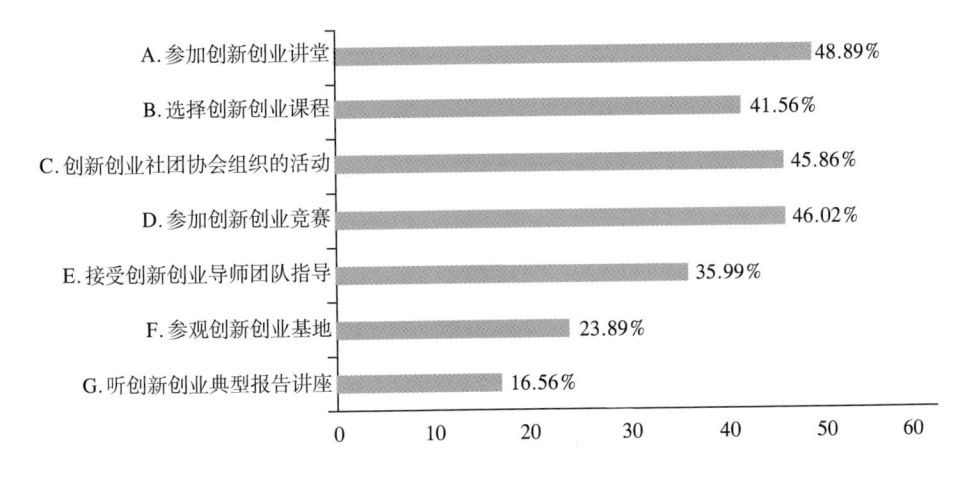

图13　大学生感兴趣的创新创业活动情况

由图13可知，参加创新创业讲堂、选择创新创业课程、参加创新创业社团协会组织的活动以及参加创新创业竞赛是大学生们最感兴趣的创新创业活动，分别占48.89%、41.56%、45.86%、46.02%；35.99%的学生对创业导师团队感兴趣。

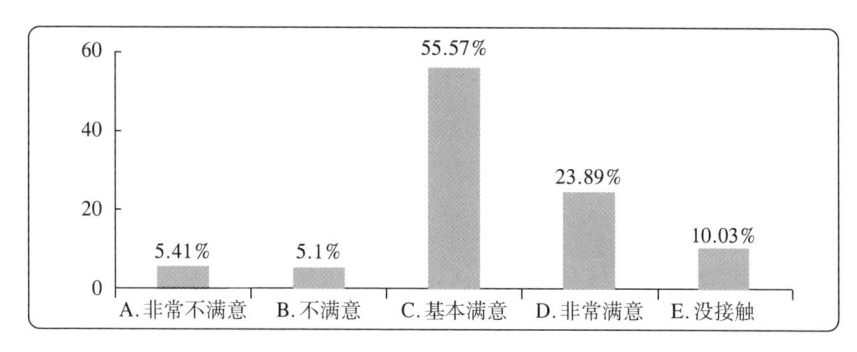

图14 大学生对共青团开展的大学生创新创业工作的满意度

由图14可知，对于共青团开展的大学生创新创业工作的评价，约八成同学持肯定态度，其中，55.57%的同学表示基本满意，23.89%的同学表示非常满意，了解过相关工作的同学一致对共青团干部开展工作的热情及负责的态度表示认可，但是仍然有10.03%的学生表示没有接触过共青团开展的创新创业活动，约10%的同学对于共青团干部开展的大学生创新创业工作不太满意。由此可见，共青团服务青年学生创新创业工作，仍有较大提升空间，一方面要培养学生努力提升创新创业能力的内在动力，另一方面要注重提高自身工作效率，确保制度供给、服务供给符合学生真实需求。

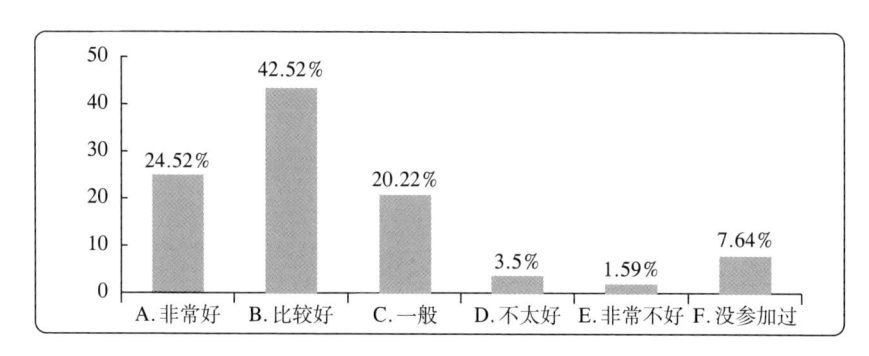

图15 参加校院团委组织开设的创新创业课程授课效果及学习评价

由图15可知，大学生对参加校院团委组织开设的创新创业课程授课效果及学习评价总体良好。有7.64%的同学表示未参加过校院团委组织开设的创新创业课程，也有极少数同学认为效果不佳，主要原因为参课人数过多，授课导师讲授内容接受程度参差不齐。今后校院团委可统筹校内外优秀创新创业导师，增加开课班级，建立导师及其授课评价制度，为大学生高质量创新创业保驾护航。

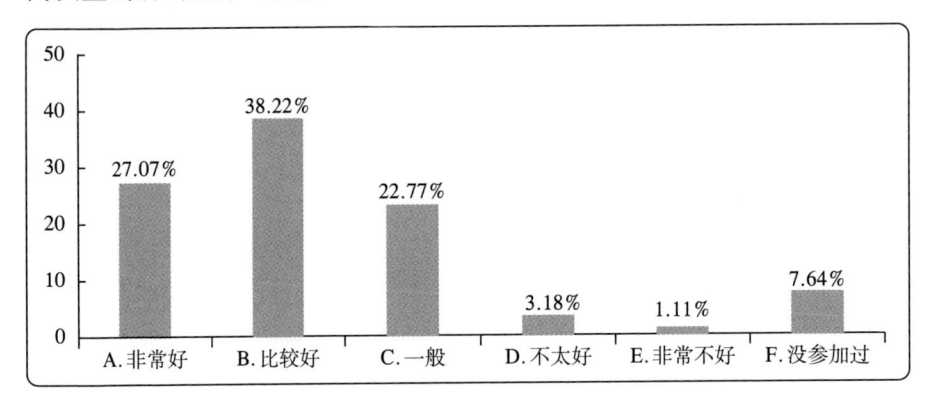

图 16　对校院团委组织培育的创新创业社团协会举办的活动评价

由图 16 可知，根据受访者对校院团委组织培育的创新创业社团协会举办的活动评价可见，大部分同学认可校院团委组织培育的创新创业社团协会举办的各项活动，如"互联网＋创新创业大赛"等，表示在活动中磨炼了自我，锻炼了创新创业思维，为自身创新创业能力提升奠定了基础。

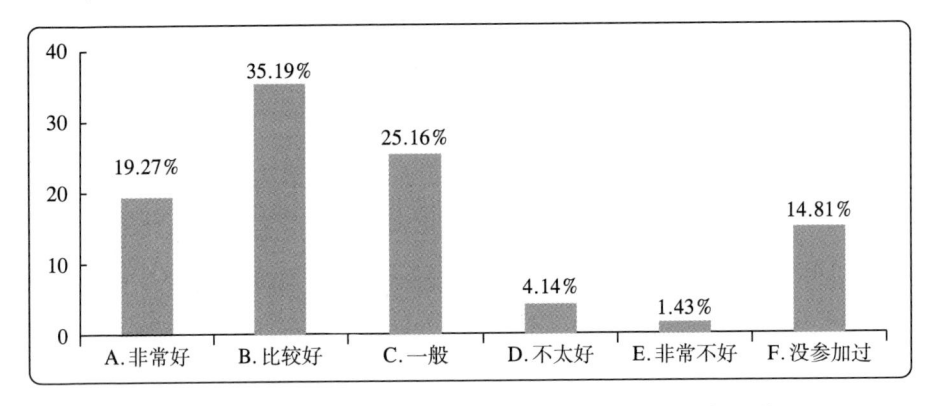

图 17　对校院团委打造的创新创业基地开展的实习、参观等活动的评价

由图 17 可知，大多数同学对于参加的共青团打造的创新创业基地开展的实习、参观等活动评价较高，认为活动为大学生提供了一个直观了解企业运作及创新机制的平台，在大学生专业认知、职业规划方面提供了较大的帮助。只有少数同学表示未参加过类似的实习、参观等活动。

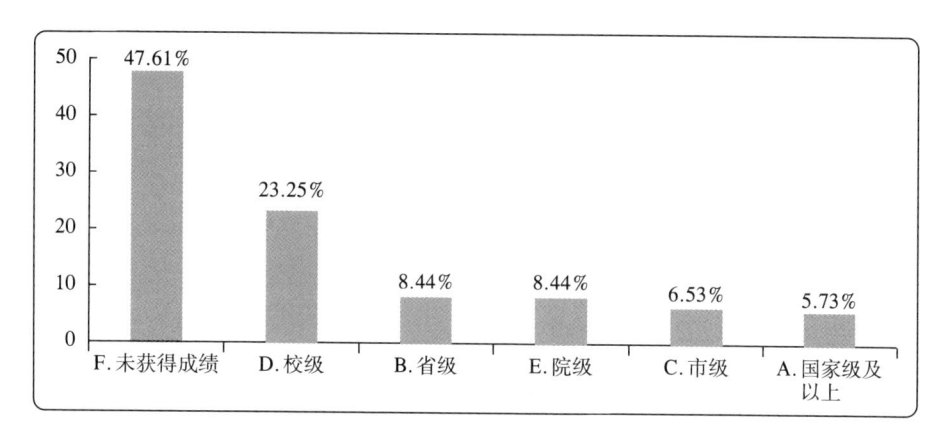

图 18　大学生创新创业比赛获奖情况

由图 18 可知，有 47.61% 的同学表示未在创新创业比赛取得好成绩，23.25% 的学生获得校级奖励，获校级以上奖励的占 29.14%。数据显示，有接近一半的学生从未参加过创新创业比赛或者在创新创业比赛中收获较小，在创新创业能力方面还有很大的提升空间，此外有接近 1/3 的学生曾经获得过校级以上奖励，在比赛中有较大的收获。

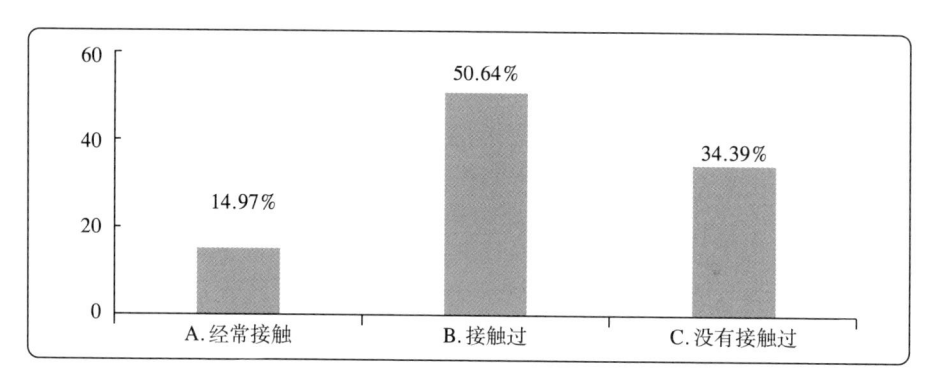

图 19　大学生接触创业导师团队并接受其指导点评的情况

由图 19 可知，有接近 1/3 的学生从未接触过创业导师团队，有一半的学生只是接触过创业导师团队，但沟通并不频繁，仅有很少一部分学生能够经常接触创业导师团队，说明要加强双创导师团队建设，切实提高学生的创新创业能力。

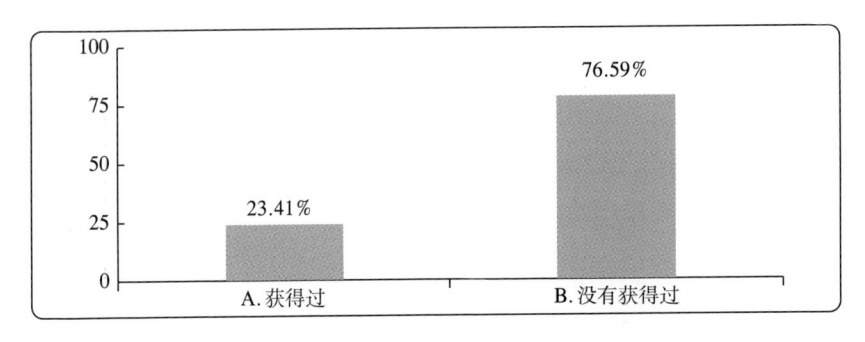

图20 大学生获得校院团委组织提供的创新创业基金或奖励情况

由图20可知，23.41%的受访者表示获得过校院团委组织提供的创新创业基金或奖励，而76.59%的受访者表示没有获得过校院团委组织提供的创新创业基金或奖励。造成这种情况的主要原因有两个方面：一是获得基金或奖励具备一定的门槛，不是所有学生都可以达到条件；二是共青团用于支持学生创新创业的基金或奖励的资金较为有限。因此，共青团组织一方面要加强双创教育，提升学生创新创业能力，另一方面，共青团组织要积极发挥自身作用和优势，筹措更多资金支持学生创新创业。

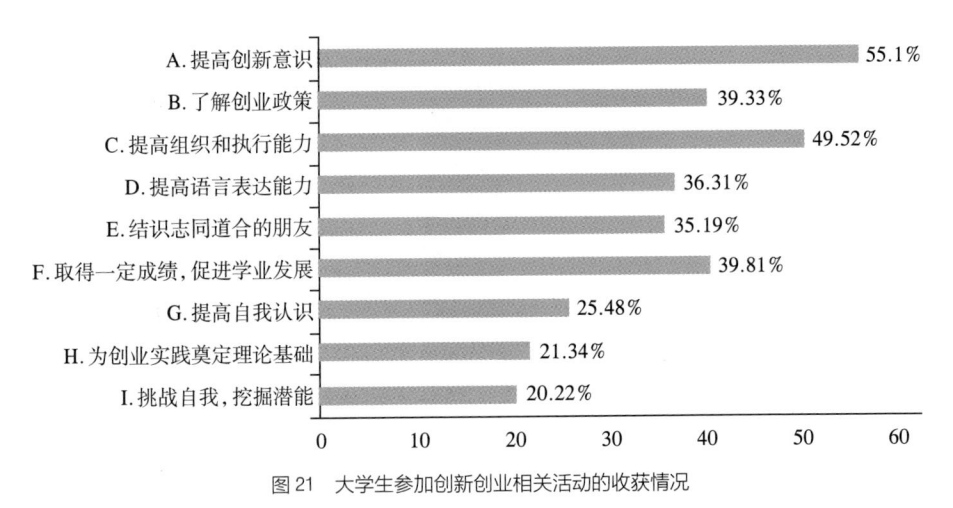

图21 大学生参加创新创业相关活动的收获情况

由图21可知，大部分学生希望通过创新创业相关活动提高自己的创新意识，提高自己的组织和执行能力，也希望在创新创业比赛中了解创业政策，取得一定的成绩，促进学业发展。学生内心是希望参加创新创业比赛的，这是一个积极的信号，也是学生创新创业的动力源泉，只要学生有这方面的想法，校团委就有很大的引导空间。问题在于如何能够让更多的学生了解创业团队。对此，高校共青团组织可以尝试开设创新创业教育课，创设学生创新创业基金等，从而培养学生的创新创业能力，增强学生的综合素质，促进学生全面发展。

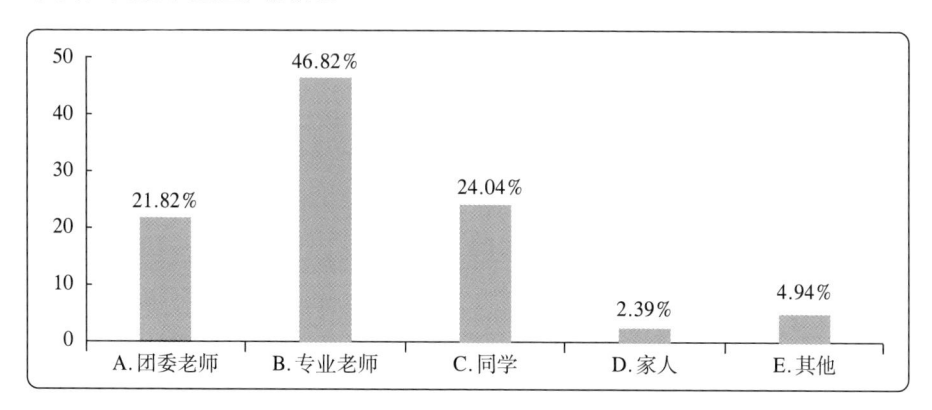

图 22　对大学生创新创业方面问题的帮助情况

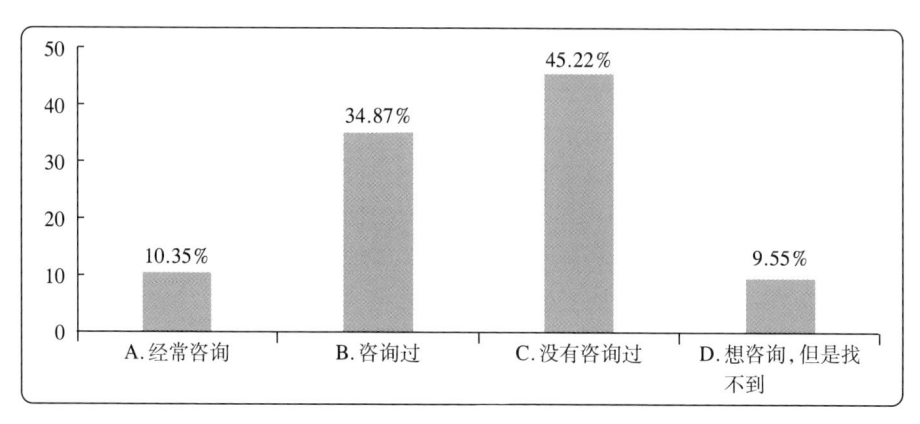

图 23　大学生咨询校院团委政策服务平台情况

由图 22，图 23 可知，学生在参加创新创业实践活动中遇到问题时，首先会向自己的专业老师寻求帮助，其次是身边的同学，再次是咨询团委老师。除此以外，调查数据显示，仅有 34.87% 的学生在校团委构建的政策服务平台咨询过创新创业相关的政策文件，没有在服务平台咨询过的学生比例高达 45.22%，还有 9.55% 的学生由于一些现实原因放弃了咨询，一方面是因为这些政策服务平台宣传不到位，学生不清楚具体的咨询渠道；另一方面很多高校共青团组织没有构建相关的政策咨询平台。因此，在今后的工作中，团组织应该加大政策平台宣传力度，除了联合科技类学生社团定期开展竞赛、知识讲座、经验分享沙龙等，平台还应该强化创新创业实践、加强与各专业实验室、虚拟仿真实验室、创业实验室和训练中心的合作，为全体在校学生提供科学实验平台，同时利用校内外各种资源建设科技园、创业园、创业孵化基地和小微企业创业基地。

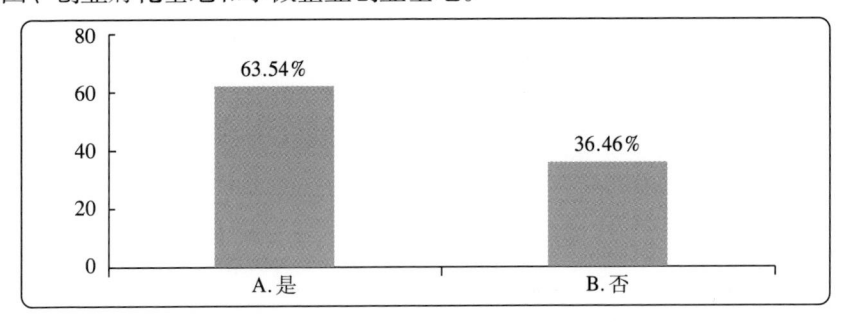

图 24　大学生对实施"第二课堂成绩单"制度的意向

由图 24 可知，对实施"第二课堂成绩单"制度或综合素质教育考核体系这一措施，约六成学生表示支持。支持者认为"第二课堂成绩单"制度或综合素质教育考核体系的实施促进了社会需要的合格的全面人才的培养，增强了学生人生发展内驱力，激发了学生学习兴趣，发展了学生个性，培养了师生创新能力。约四成同学认为此举无法加深师生沟通交流，课业疑惑难以独自克服，对实施"第二课堂成绩单"制度或综合素质教育考核体系持观望

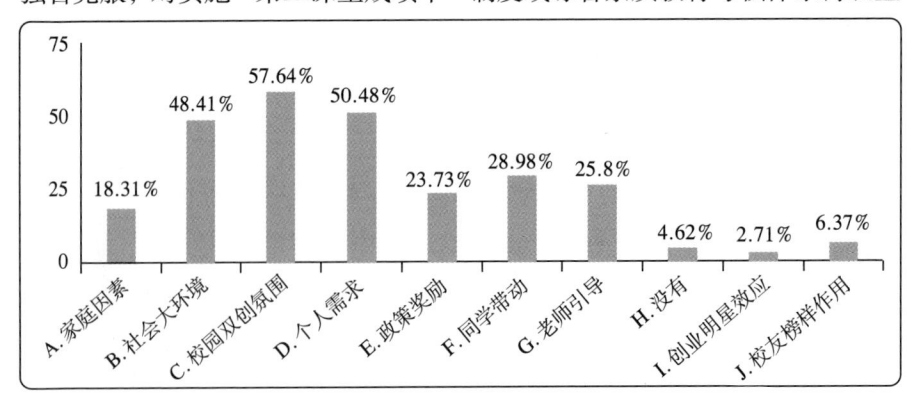

图 25　学生参加创新创业活动的主要动力

甚至不支持态度。

由图 25 可知，学生参加创新创业活动的主要动力有三个方面：学校的创新创业氛围、个人需求和社会大环境。其他类型的动力还包括同学带动、老师引导和政策激励。由此可见，浓郁的校园双创文化氛围是学生接受创新创业教育和提升创新创业能力的基础，要从氛围营造、过程指导、创业实践等多个维度构建良性的双创教育生态。

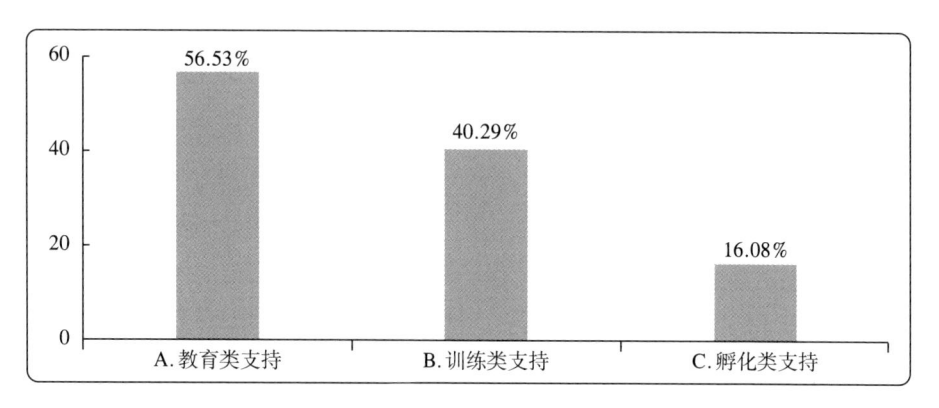

图 26　共青团在创新创业中提供支持的情况

由图 26 可知，高校共青团在促进大学生创新创业中多以提供教育培训和训练实践支持为主，项目孵化类支持供给不足。今后高校共青团组织可以发挥自身组织优势，整合政府、企业、社会等各方面资源，为学生创业项目孵化提供政策、资金、平台支撑。

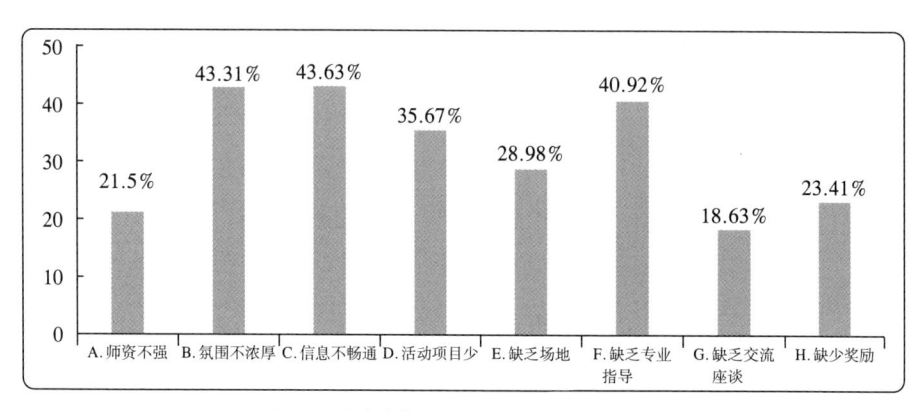

图 27　学生认为的学校创新创业工作的问题

调查显示，大部分学生认为学校双创工作存在着氛围不浓厚、信息不畅通以及缺乏专业指导的问题；还有一部分同学认为目前学校双创工作存在教育师资不强、活动项目供给少、缺乏双创场地、缺乏交流座谈、缺少奖励等问题。综合来说，高校共青团组织一方面要推动学校制定出台更多切实有效支持和促进大学生创新创业工作的政策文件，另一方面要整合多方资源，在过程服务上多拿实招，切实提高学生创新创业能力。

三、本课题调查研究发现的问题

随着我国高等教育的不断发展，科技创新教育也由原来的"课外选修课"转变为"课内必修课"。此次调研以"创新创业教育"为核心，以高校学生为调研对象，在"第二课堂成绩单"制度深入推进实施的背景下，通过问卷调查、个案分析和访谈调研的方式进行科学的数据统计，对陕西高校在"第二课堂成绩单"制度落实情况、创新创业教育现状等方面进行调研，发现存在的问题主要有以下几点：

（一）大学生群体对创新创业的认识较为片面

部分大学生对参与创新创业活动、提升创新创业能力存在认识偏差。部分学生认为创新创业与自己无关；部分人文社科类学生认为理工科专业才涉及创新创业；还有学生对创新创业能力素养培养不够重视，停留在文化知识的学习和考试分数的提升层面。与此同时，高校第二课堂创新创业活动供给数量偏少、质量不高，以致大学生难在实践体验中树立对创新创业的正确认知。部分学生参与创新创业功利心太强，目前，创新创业相关竞赛成绩和创新创业活动参与程度会直接关系到大学生的学分奖励、毕业条件、保研优先、荣誉表彰、奖金激励等，这导致部分学生在满足自身需求后，便不再继续参与创新创业的相关培养活动，不再重视创新创业能力的提升，而是投机取巧或走马观花地参与创新创业讲座、比赛等，对创新创业目标定位不清晰，这也导致了大学生群体对于创新创业认识片面。

（二）创新创业类课程建设及师资配置不够完善

调查结果显示，高校尚未形成系统性、针对性的创新创业类课程体系，在创新创业课程开设方面存在很大的随意性。主要体现在：一是缺乏专业化的课程教材资源，课程的系统性和科学性难以保证；二是缺乏针对性的实践教学平台，创新创业课程教学与学生的实际专业背景结合不够，甚至没有联系，没有很好地做到理论与实践结合；三是创新创业课程师资配置不够完善、专业性不强。

（三）高校创新创业氛围营造不够全面

调查结果显示，当前我国创新创业活动形势整体向好，创新创业活动已经成为当代青年学子学习、历练、提升的重要途径，是第二课堂的重要组成部分。与此同时，通过数据对比不难发现，创新创业活动氛围营造得不全面，直接导致部分青年学子对于创新创业活动的认识不系统、参与涉及面不广、涉及层不深等突出问题。如：从图9可以看出，有25.48%的大学生没有参加过学校共青团组织的大学生创新创业活动，从图11可以看出，将近一半的大学生没有参加过校院团委举办的创新创业活动，图12数据显示，学生对参加校共青团组织的创新创业活动的主动性为中等，主动参与的同学占总人数的48.73%；被动参与以及没有参与的同学分别占总人数的33.92%、17.36%。大学生作为创新创业的主力军，参加创新创业活动的积极性良好，但校院团委对创新创业类活动的组织力度不够，氛围营造不浓厚，未能让大多数的同学从学院了解创新创业的重要性并参与到创新创业竞赛中，因此高校共青团服务大学生创新创业工作还需在氛围营造方面下功夫。

（四）共青团服务促进大学生科技创新工作体系不够健全

当下，高校共青团服务促进大学生科技创新工作的体系不够健全。这种情况主要体现在共青团对大学生创新创业提供帮助的力度不够、学校和院系团委服务大学生创新创业工作的优势发挥不充分，未能提供信息完善且服务便捷的创新创业政策服务平台。从图22可以看出，参加过创新创业的学生在创新创业比赛中遇见问题时，首先会向自己的专业老师寻求帮助，其次才是咨询团委老师。除此以外，图23数据显示，有45.22%的学生没有在校团委组织构建的政策服务平台咨询过，还有9.55%的学生不知道如何通过平台咨询。综合以上数据可以看出，高校共青团促进大学生科技创新工作体系不够健全、指导力度不够，在构建创新创业政策服务平台方面力量薄弱且缺乏平台普及和宣传，未将"第二课堂成绩单"制度与高校创新创业教育联合起来创建出完善便捷的创新创业服务平台。

（五）共青团服务大学生科技创新工作的科学水平有待提高

调研发现，大多数学校近几年在双创工作方面都有了突飞猛进的发展，在创新创业类课程及创新创业竞赛等方面，都取得了不俗的成绩，校内也形成了良好的科创育人氛围。但在具体的访谈过程中仍然发现，学生们对于科技创新的认识仅停留在理论课堂层面或者竞赛活动，对于理论与实际工作的联系认识不够深刻全面，科创工作成果停留于学校层面，实际创业成果不多。因此需要进一步提高共青团服务大学生科技创新工作的科学化水平，增加全流程的前端调研、中期训练成果和后期的反馈调整，致力于服务大学生科技创新工作进一步落地转化，助力大学生就业创业。

（六）共青团服务大学生科技创新工作办法和措施需进一步加强

目前，共青团服务大学生科技创新工作成果丰富。一方面部分高校团组织采取多元化的方法，例如利用线上线下共同宣传、科创竞赛、创新创业通识课等来营造校园的科创氛围，另一方面通过制定一些激励制度，例如通过设立奖学金、奖励学分等激励措施来鼓励大学生积极参加科创竞赛。但在调研中发现还是有部分同学缺乏提升科创能力的内在动力，主要表现在参与积极性不高、目的性较强，只为获取学分，认为参与这样的活动意义不大等方面，因此需要进一步加强共青团服务大学生科技创新工作办法和措施，通过创新方法和措施，以学生喜闻乐见的方式方法，吸引大学生的参加，调动大学生的科创积极性，借用外部影响来调动大学生科创能力提升的内生动力。

四、高校共青团服务大学生创新创业优化路径

加强大学生创新创业教育和实施"第二课堂成绩单"制度有着相同的社会背景和政策支撑，可以说实施"第二课堂成绩单"制度，能够有效提高创新创业教育人才培养质量，提升学生创新创业能力和水平。

（一）加强顶层设计，激发制度活力

第二课堂是共青团服务国之大者、服务青年发展的载体，是为党育人、为国育才的路径。高校共青团应借"第二课堂成绩单"制度实施的有利契机，寻求制度保障和政策支持。首先是创新创业政策扶持方面，争取上级团委和党委的大力支持，为工作开展提供人、财、物保障。其次是对于创新创业导师的激励，通过提高绩效收入等政策，充分调动专业教师参与创新创业教育的热情，加大对科研转化为创新创业项目的扶持力度。最后是加大对学生的激励政策和奖励力度，激发广大青年学生参与创新创业的热情。

（二）完善考核机制，建立考评体系

高校第二课堂要从学分制度、考核标准及考核手段等方面入手，建立完善科学的考核体系。一是要进一步完善学分制度，根据奖项级别、团队成员名次及参与情况等因素，合理规划创新创业实践活动的学分，并明确学分认定的具体方法。二是要进一步量化考核标准，遵循总量适当、层次鲜明、鼓励创新的原则，针对学生发展特点与自身需求，制定具有可行性和可操作性的量化考核标准。三是要强化对过程的记录和评价，除设计日常考勤制度外，还要根据创新创业内容及形式的不同，增加类似对第一课堂考察、考试的方式，提高考核的实效性、合理性和多样性。

（三）培育专业人才，构建师资团队

创新创业教育是学校、学生、教师多位一体、上下联动的系统工程，从第一课堂的教学实践来看，构建结构科学的高水平师资团队在教育体系中尤其重要。一是加强校内教师多样化培养，坚持"走出去"，鼓励教师实践进修、挂职锻炼，强化教师创新创业实训实战能力。二是改革高校教师准入制度，坚持"引进来"，多渠道引进富有创新精神、有成功创业经验的校外导师。三是加强对教师理论知识和实践能力的培养，既要加强对教师创意性思维的培养和理论知识的完善，也要提升教师的创新创业实践经验。

（四）整合课程资源，健全培养体系

创新创业教育课程体系涵盖了专业课、通识课、课外科技实践活动等多个因素，根据系统性的思路，构建全面的创新创业教育培养体系。应根据学生发展特点，将校园文化活动纳入第二课堂活动课程，用课程的理念来设计和规划第二课堂。根据渐进性和分层性原则，在不同阶段实施不同培养目标。如在大一阶段重点唤醒学生创新创业意识；在大二阶段则致力于提升学生创新创业素养；在大三阶段让学生积极参加各类创新创业竞赛，模拟体验创新创业；大四则重点开展创新创业实践活动。通过分层分类指导，确保学生能够在"第二课堂成绩单"制度的有效指引下，更有效提升创新创业能力。

（五）丰富实践平台，推动项目落地

创新创业教育的目的就是培养学生的实际动手能力和操作能力，这就需要通过多元的方式方法，提供丰富的实践平台，促进项目成果落地转化，提升学生成就感，从而吸引更多的学生加入创新创业中来。例如高校共青团可以借助社会实践、公益项目、创新创业大赛等为学生提供思维训练类的模拟实践岗位，增强学生的创新创业意识、实践动手能力和团队协作精神；可以通过就业创业实训基地、大学生科技园、创客空间项目等为学生

提供实战平台，帮助学生积累实践经验，提升就业创业能力。

五、共青团服务大学生创新创业"四位一体"工作模式构建及应用

（一）共青团服务大学生创新创业"四位一体"工作模式构建

课题基于广泛、全面、深入、科学的调查研究，构建了共青团服务大学生创新创业"四位一体"工作模式，该模式以训练思维、传授知识、提高能力、培养精神为核心内容，通过构建教育教学、实践实战、项目孵化和服务保障四个工作体系，协同校内校外资源共同做好创新创业教育工作，提升学生创新创业能力，打造校园创新创业生态链循环系统。

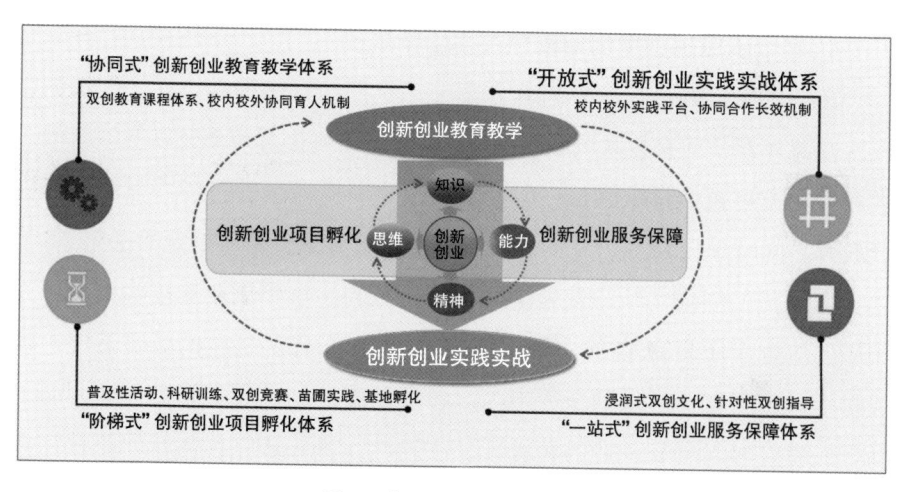

图28 "四位一体"工作模式

在构建"协同式"双创教育教学方面，共青团要有话语权，要主动融入学校人才培养中心环节，参与人才培养方案制定，用课程的理念来设计和规划第二课堂活动，明确第二课堂活动的方向和培养目标。在师资队伍建设，要发挥优势方面，建设多元融合的导师队伍。

在构建"开放式"双创实践实战体系方面，高校团组织要充分用好自己拥有的阵地，整合内外部资源，从实验教学到创客空间，从校内到校外，建立与政府、社会、行业、企业协同合作的长效育人机制。

在构建"阶梯式"双创项目孵化体系方面，高校团组织要根据项目的生成特点，从通识课程、讲座沙龙，到立项资助、举办比赛、开展高级特训班，再到创客空间、双创孵化基地，构建起阶梯式的孵化体系。

在构建"一站式"服务保障体系方面，高校团组织要注重营造浸润式创业文化，在课程、赛事、政策、培训、交流、孵化、资金、传媒等方面提供全方位一站式创新创业指导服务。

（二）共青团服务大学生创新创业"四位一体"工作模式应用成效

为了验证共青团服务大学生创新创业"四位一体"工作模式的有效性，课题组以西安建筑科技大学为试点，开展为期两年的试验。

1. 进一步完善创新创业教育人才培养体系

在学校修订的最新人才培养方案中，学校共青团推动设立"创新创业教育及课外素质教育模块"，明确规定本科生必须获得两个及以上创新创业教育学分方可授予学士学位，且在对学生本科阶段培养过程中强调创新创业教育。同时学校修订了《本科生综合素质教育学分考核认定办法》，将学生竞赛获奖、创新实验、发表论文、获得专利、学生创业等按等级折算为相应的综合素质教育学分，明确将创新创业学分作为授位的必要条件，确保学生对创新创业活动的全程参与。各项制度的制定和实施极大地调动了师生、学院参与创新创业的积极性、主动性，进一步完善创新创业教育人才培养体系。

2. 大幅提升学生参与创新创业实践的积极性

学校着力推进双创教育与课堂教育教学的深度融合，充分发挥课堂教学主渠道作用，形成了课赛一体化育人模式，并积极引导各学院结合学科专业特色统筹规划学生的双创活动，提高大学生的创新创业能力和水平。2021年度，该校学生参加竞赛人次数、指导老师人次数、获得国际和全国奖项数分别为27902人次、5825人次、1358项，较上年提升了17.13%、82.03%、32.88%，营造了良好的创新创业氛围。学校团委一方面通过校园文化、书院文化和社团文化在全校范围内营造富有科学精神、家国情怀的学术氛围，以及底蕴深厚、内涵独特的创新文化氛围，形成文化引领。另一方面依托学校"1+1+X"创新创业教育课程体系，构建课程教育、交流展示和菁英赋能三大育人平台。再次构建以"挑战杯"为龙头、以"粉体杯"为基础、以专利大赛为支撑的"创新+创业"闭环竞赛体系，形成"竞赛牵引—实训培育—项目孵化"的运行机制。通过完善激励约束机制、加强过程指导和强化跟踪培育孵化，使学生参与竞赛实践的积极性大幅提高，以2021年该校"挑战杯"校赛为例，全校共提交参赛作品682件，参赛人数达4552人，参赛人数和提交作品数量均创历史新高。

3. 进一步凸显创新创业教育育人成效

共青团服务大学生创新创业"四位一体"工作模式实施以来，取得了较为明显的工作成效，学校团委围绕学校中心工作，服务发展大局的贡献度进一步增强，服务青年学生创新创业的温度、深度、广度进一步提升。2022年2月22日，中国高等教育学会高校竞赛评估与管理体系研究工作组发布2021年全国普通高校大学生竞赛分析报告。西安建筑科技大学在2021年全国普通高校大学生竞赛排行榜中位列第40位，较2020年提升了10位，位列陕西高校第四。以"挑战杯"竞赛为例，2020年，学校获金奖3项、银奖1项、铜奖1项，金奖数量位居全国并列第十、陕西省并列第一，学校首捧全国"优胜杯"（陕西省属高校首次获得该奖），竞赛成绩位列全国第十八、陕西第三；2021年，在主赛道中，学校获特等奖1项、二等奖4项、三等奖1项，实现在该项赛事上"特等奖"零的突破，竞赛总成绩位列全国第十八、陕西第二，学校捧得全国"优胜杯"，学校首次成为发起高校。红色专项赛中，获特等奖1项（全国共25项，陕西省1项）、一等奖2项、二等奖1项和三等奖3项，竞赛成绩位列全国第六、陕西第一。在此过程中也涌现了很多学生创新创业典型，如全国"巾帼建功标兵"马娟，带领老区农民脱贫致富、助力乡村振兴的青年创业者王英、杨子怡等。

六、总结

本课题以理论文献研究为基础，以陕西省14所高校为调研对象进行了访谈调研，回收 68 份访谈记录，并以陕西高校为主，在全国范围内收集调查问卷 1422 份。通过文献研究、分析访谈和问卷统计，对当前高校"第二课堂成绩单"制度落实情况、创新创业教育现状等方面进行分析，总结大学生自身、课程师资设置、氛围营造、共青团服务双创工作体系等六个方面的问题。

对于现存问题，研究者提出了五个方面的优化路径，助力共青团服务大学生创新创业教育：（1）加强顶层设计，激发制度活力；（2）完善考核机制，建立考评体系；（3）培育专业人才，构建师资团队；（4）整合课程资源，健全培养体系；（5）丰富实践平台，推动项目孵化。从顶层设计、考评体系、师资队伍、课程资源、孵化转化五个方面，从上到下，从整体到局部优化共青团服务大学生创新创业教育的工作路径，以期为进一步提升共青团双创工作提供建议。

最后，对于课题的研究成果，总结并构建了共青团服务大学生创新创业"四位一体"工作模式，通过构建"协同式"教育教学、"开放式"实践实战、"阶梯式"项目孵化和"一站式"服务保障四个工作体系，打造共青团服务大学生创新创业工作生态链循环体系，将共青团服务大学生创新创业工作落到实处，并对西安建筑科技大学"四位一体"工作模式应用的实际效果进行了实例分析，进行了效果呈现，印证了该工作模式的实用性和可行性。

参考文献

[1] 宋萍，王云澍. 高校创新创业教育生态系统设计研究［J］. 设计，2021，34（21）：128-130.

[2] 张雷，刘晓莉. 大学创业教育生态系统构建路径研究：基于浙江省 10 所高校的调研［J］. 内蒙古科技与经济，2021（19）：44-46.

[3] 陈元媛. 基于生态系统理论的高校创新创业教育研究［J］. 学校党建与思想教育，2021（14）：94-96.

[4] 李亚员，牛亚飞，李畅. 我国高校创新创业教育生态系统建设研究的成效与展望[J]. 高校教育管理，2021，15（4）：115-124.

[5] 金伟林，吴画斌，王侦. 协同创新视域下高校创新创业教育优化升级路径研究[J]. 经营与管理，2021（4）：137-141.

[6] 张珵，李明，高航. 地方高校创新创业人才培养体系构建与实践[J]. 实验技术与管理，2020，37（12）：17-20.

[7] 尹国俊，都红雯，朱玉红. 基于师生共创的创新创业教育双螺旋模式构建：以浙江大学为例[J]. 高等教育研究，2019，40（08）：77-87.

[8] 吴疆鄂，唐明毅，聂清斌. 高校共青团"第二课堂成绩单"运行机制探究[J]. 学校党建与思想教育，2019（10）：91-93.

[9] 陶好飞，陈玲，黄戈林. 高校"第二课堂成绩单"制度关键结构及发展研究[J]. 新疆师范大学学报（哲学社会科学版），2019，40（4）：137-144.

[10] 丁彦，李子川. 高校"第二课堂成绩单"的构建：内涵、变革与实现路径[J]. 高教学刊，2019（8）：72-74.

[11] 周丽霞，赵欢. 国内外高校创新创业教育发展比较研究[J]. 创新创业理论研究与实践，2019，2（6）：4-6+19.

[12] 黎青青，王珍珍. 创新创业教育综述：内涵、模式、问题与解决路径[J]. 创新与创业教育，2019，10（1）：14-18.

[13] 张晶，孔笛. 基于第二课堂成绩单制度探索高校创新创业教育新路径[J]. 创新与创业教育，2018，9（6）：103-105.

[14] 张妍，王慧霞. 高校创新创业教育的现状、模式及发展策略[J]. 天津市教科院学报，2018（5）：22-26.

[15] 李树涛，李建，刘韬. 研究生创新创业教育的模式与教学实践：以湖南大学为例[J]. 学位与研究生教育，2018（9）：22-26.

[16] 王琳琳. 互联网＋背景下的大学生创新创业教育模式研究[J]. 品牌研究，2018（5）：149+151.

[17] 王鹂，刘晓闯. 高校共青团"第二课堂成绩单"制度量化评价体系建设研究[J]. 青年发展论坛，2018，28（2）：71-78.

实施全童分批入队　增强少先队员光荣感策略探究*

张翠琴　周巧　王欢　张俊　吴春梅

一直以来，一年级新生入队工作特别吸引学校、监护人和新生的关注。对于学校来说，这是开学以来第一次全校性的少先队活动，也是规范少先队组织管理、整顿队员纪律、培养队员良好习惯的开端。对于家庭来说，小学是孩子学习生涯的起点，也是孩子成长的基石。在父母看来，启蒙教育尤为重要，不能让孩子输在起跑线上。对于孩子们来说，加入少先队是从幼儿园升入小学，系统地学习文化知识，不断改善人格的重要事件，是人生的重要里程碑。

2019年12月，共青团中央、教育部、全国少工委印发了《关于构建阶梯式成长激励体系　增强少先队员光荣感的指导意见》（以下简称《意见》）。《意见》就树立和增强少先队员光荣感、构建少先队员阶梯式成长体系提出了具体的指导意见，明确了少先队员入队规程和实施方法。分批入队作为其中重要的措施，有助于从源头上培养少先队员的光荣感和组织归属感。

一、分批入队的价值

（一）分批入队符合当下辅导员和少年儿童实际发展的需要

分批入队是少先队组织赋予儿童政治身份的一种方式，是少年先锋队组织实行改革的重大措施。分批入队的时间节点是开展少先队入队教育的有效契机，有利于充分实现少先队入队教育的价值最大化。正确把握少先队分批入队的内涵，从仪式的角度思考、探讨其意义，进一步从教育性、政治性、自主性的角度分析分批入队教育引导的价值，从现实的角度反思分

---

* 陕西省哲学社会科学重大理论与现实问题研究项目，项目编号2021HZ-888。

批入队的实际问题非常必要。目前，学校的少先队组织存在缺乏全面的综合性教育评价体系，少先队大队辅导员、中队辅导员缺乏有效的入队教育指导，少先队员的外在功利性突出等问题。针对以上问题，从少先队辅导员的指导员水平和少年儿童自身发展水平引发思考，可促进少先队分批入队的有序推进。该项措施以"开展队前教育—确定入队队员—举行入队仪式"为周期，一年级的第二学期，6月1日儿童节时第一批儿童入队，对暂未入队的少年儿童继续根据学校入队评价指标开展队前教育，按照标准和流程分批次吸收入队，在二年级第二学期结束前完成全童入队。

（二）有助于从源头上培养少先队员的光荣感和组织归属感

以全童入队为背景，少先队员的组织光荣感不是孩子之间比谁先进，而是对少先队这个光荣组织的认可和爱，为自己成为少先队组织的一员而感到光荣。新时代少先队的工作面临的三个课题之一便是增强少先队员的光荣感和归属感。2016年，中国少年先锋队工作学会赵国强老师指出："现代少先队员的光荣感和对组织的归属感相比过去有所减弱。"2017年，《少先队改革方案》再次指出"少先队员对组织的光荣感不强是现在少先队存在的主要问题之一。"2018年，贺军科在全国少先队工作委员会七届四次全体会议的讲话中指出："少先队改革必须面对少先队员光荣感的问题，这不仅是组织的重要问题，也是改革的根本问题。"共青团中央、教育部、全国少工委印发的《关于构建阶梯式成长激励体系 增强少先队员光荣感的指导意见》以切实强化少先队员光荣感为中心任务要求，对少先队员光荣感的确立和强化以及阶梯式成长激励体系的构筑提出了具体的指导意见，明确了少年先锋队队员的入队、"红领巾奖章"授予等事项的规程和实施方法。综合一年级预备队员的各方面表现，通过学生自我评价、班级内相互评价、其他评价方式进行量化评价，得到组织批准后，学生分不同批次加入中国少年先锋队，"达标一批，吸收一批"。分批入队坚持全体少年儿童加入队组织的发展原则，做到教育到位，程序规范化，按照细化总要求开展少先队入队活动，根据入队标准进行科学评价，最终有组织地、顺利地将适龄少年儿童吸收到少先队组织中，不断改善和强化队前教育模式。分批入队是实现少先队组织改革的重要渠道，也是提高少先队组织影响力的实践途径。对于入队评价指标，有助于培养少先队员的光荣感和组织归属感。

（三）具有教育性、政治性、自主性价值

少先队组织建设的根本任务是立德树人，这体现了党和国家对少年儿童的迫切期望。分批入队作为落实《意见》的重要途径，目的是从源头上培养少先队员的光荣感和组织归属感。

首先，分批入队体现了少先队员思想政治启蒙的教育主线。少先队组织通过入队教育完善了少先队组织的思想政治启蒙教育，发挥了少先队组织的教育功能，实现了对少先队员的引导和教化，体现了分批入队的教育价值。分批入队的目的是通过思想政治的启蒙完善少先队员的自我教育，进一步提高少先队员的自我认同，促进少先队员的自我表现和自我约束。

其次，分批入队是通过开展少先队的队前教育，不断促进少年儿童的社会化，为共产主义事业培养接班人的过程。少先队员政治身份的阶梯式培育体系担负着党的价值理念体系和信仰的意义设定，分批入队的目的是重建少先队员的光荣感和对组织归属感，从少年儿童时期开始就把政治社会化的过程引入对少先队组织的认同和热爱中，让每一个少年儿童认识到加入少先队组织是一件光荣的事情，并愿意在入队过程中用自身的实际行动表达对少先队组织的热爱。

再次，分批入队可以实现把少先队组织自上而下的教育和队员自下而上的学习积极性联系起来。通过熏染和陶冶的方式激发队员对组织的热爱，体现少先队组织的生命活力，促进少年儿童自主地构建自己的理想和梦想，通过灵魂的滋养来发展儿童的心性。儿童在滋养美好心灵的同时，自主地萌生对少先队组织的感情。

二、区域分批入队现状分析

课题组选取汉中市部分小学作为调研对象，探究分批入队在该区域发

展现状。

汉中位于陕西省西南部，北依秦岭，南临巴山，与甘肃、四川毗邻，中部为盆地，全市辖汉台、南郑、城固、勉县、洋县、西乡、宁强、略阳、镇巴、留坝、佛坪11个县区，总人口373万。在11个县区中，课题组主要调研了宁强、略阳、汉台中心城区的部分小学生及家长、辅导员，通过调研结果可以看出，分批入队主要面临以下问题：

（一）少先队员对少先队的基本知识和光荣历史缺乏深入了解

少先队的基本知识包括两个方面，一方面是党对少先队员的要求和希望，一方面是少先队组织的相关知识。但少先队员对少先队的基本知识和光荣历史了解不深入。因此，加强少先队基本知识的教育和少先队历史的教育，对于增强少先队员的光荣感，提高少先队组织的吸引力和凝聚力，具有重要作用。

（二）少先队员入队以后缺少明确的梯度性目标

入队之后，少先队员的光荣感是一个逐渐降低的过程，这个过程大致可以划分为三个阶段，分别是：入队之前、入队之初和入队一年后。入队之前和入队之初，少先队员的光荣感较高；入队一年以后，少先队员的光荣感呈现出降低的趋势。

（三）少先队辅导员的专业化程度欠缺

《中国少年先锋队章程》（以下简称《队章》）中明确了辅导员的身份定位：少先队辅导员是少先队员在队组织中最亲密的朋友和指导者。辅导员的言传身教和以身作则是少先队员组织光荣感的重要来源，尤其是在当前实施全童分批入队的大背景下，少先队辅导员的作用愈加显得重要。在本区域内，小学的大、中队辅导员均为兼职人员，大多数城区学校的大队辅导员还承担着薄弱学科（音、体、美）等课程的教育教学任务和学校行政管理职务，乡镇及农村小学大队辅导员还承担着语、数学科教学工作，甚至兼任班主任、教导主任、德育主任等职务，由于受到教育教学质量的压力，加之个人精力有限，迫使他们不得不把更多的精力投入教学工作当中。

（四）少先队员自身自制力有待提高

小学阶段的少先队员大都处在 6 周岁到 12 周岁这个年龄段，从整体上看，这一年龄段的孩子心智发育都未成熟，他们具有感知表象化、孤立化，注意力不持久、不稳定，意志力薄弱，自身控制力欠缺，意识上以自我为中心等特点。因此，他们自身的自制力还有待提高。

三、区域少先队分批入队面临的困境

（一）学校少先队组织缺乏分批入队评价标准体系

构建全面综合和科学高效的评价标准体系是学校少先队组织解决分批入队的重中之重。少先队组织颁发的《入队规程》中对入队的基本程序做出了以下要求：在队前教育中开展过程性评价，根据评价结果公示达到入队标准的儿童名单。然而在《入队规程》中并未对评价的具体细节做出要求，学校在具体实施分批入队规划时，往往容易将成绩看作入队的评价标准，这种方式造成了理想和现实的冲突。2021 年 12 月全国少工委颁布的《少先队课程指导纲要》指出：坚持课程的表现性评价与阶梯式激励相衔接。开展发展性评价，关注少年儿童在活动中和活动后的价值取向、思想发展和行为表现，鼓励少年儿童进行自我评价和同伴间交流分享，要将少年儿童参加少先队活动的表现与少先队员阶梯式成长激励体系相衔接，避免将评价简单量化为分数或等级。评价标准是一个体系，包括不同方面的尺度，只有深化对分批入队的理性认识，才能丰富少先队组织的评价内容与方式，进而不断拓宽少先队组织的教育视野，为学校构建校本化、多元化的评价标准体系提供基础，促进评价体系不断完善。评价标准体系不仅包括构成要素、构建流程，还有依据的原则，这就对学校的少先队组织提出了具体要求，不仅要重视对入队的过程性评价，还要重视对儿童的多元评价，摆脱评价标准和方式单一带来的模式固定化，脱离学校场域下的被动参与，实现儿童在少先队组织评价标准和方式多元化基础上的主动发展。

（二）少先队辅导员缺乏行之有效的分批入队教育指导

分批入队是通过一边组织、一边教育的方式开展的入队工作。在此过程中，少先队辅导员借助阶梯式成长激励方式在组织和教育之间为儿童架起一座通往少先队的桥梁。在实际的分批入队工作中，辅导员往往缺少具体的分批入队教育指导，因而对入队过程中教育工作的观察不够敏感和细腻，甚至容易对儿童进行简单粗暴的阶梯式评价，导致第一批未入队儿童产生自卑心理，孩子的自尊心受到伤害；少先队辅导员缺乏分批入队的教育指导，还容易导致错过开展教育的最佳时机。辅导员要让分批入队工作既有尺度又有温度，辅导员的专业化程度和教育情怀对于分批入队的实施有重要意义。

四、区域内分批入队的实施策略

（一）强化学习，深入调研

课题组通过线上和线下结合的方式，采用理论学习、少先队活动实践、集中讨论、总结反省等方式，开展分批入队队前教育等少先队实践活动。通过熏染和陶冶的方式，激发少先队员对少先队组织的热爱，体现少先队组织的生命活力，促进少年儿童自主地构建自己的理想和梦想，向善向美发展，通过滋养灵魂发展儿童的心性，进一步规范分批入队工作，促进分批入队常态化。

（二）强化队前教育

队前教育是少先队组织对少年儿童进行的准备参加少先队的教育，是少先队教育的开端，是树立少先队员光荣感和组织归属感的源头环节，是少先队进行组织教育的关键和最佳时机。成功的队前教育往往会对少年儿童的全面发展与进步起到积极的促进作用，同时还会对其今后的少先队生活产生良好的影响。扣好人生第一粒扣子，将组织教育、自主教育和实践教育在队前教育活动中有机结合起来，引导少年儿童积极学习并努力践行社会主义核心价值观，是增强队员的光荣感和组织归属感的有效途径。

1. 加强《队章》和队史的教育

党的十九大报告为我们指明了方向："要加强价值引领，落实立德树人的根本任务。"《队章》是进行少先队组织意识教育、培养少先队员组织光荣感的基本内容和依据。少先队的基本知识均来源于《队章》，在队前教育中加强少年儿童对《队章》的学习，帮助少年儿童了解少先队的队名、队旗、队员标志、队礼、呼号、入队誓词、队员的权利和义务等，能使少年儿童对少先队组织有更深入的了解，启发他们积极入队并做好在入队以后遵守《队章》的准备。

少先队组织有70多年的光荣历史，加上中国少年儿童运动史，这将近百年的历史正是党带领少年儿童不懈奋斗、成长发展、走向幸福生活的过程，也是组织培养少先队员光荣感的生动教材。让少年儿童在入队之前了解少先队组织的光荣历史，可以激起少年儿童渴望加入少先队组织的归属感，在少年儿童入队以后也有助于提升他们作为队组织一员的自豪感。在少先队的队前教育中，切实加强少先队员对《队章》和少先队光荣历史的学习，对增强少先队员的组织光荣感具有重要意义，能起到事半功倍的效果。

2. 提高队前教育的实效性

队前教育简单化和形式化是导致少先队员光荣感不强的重要原因之一。提高队前教育的实效性，首先要保证队前教育的课时。小学的队前教育一般是在少年儿童入队前两个月进行，通常是由各个中队的辅导员开展两到三次相关的主题教育讲座，然后选拔、培训一些高年级的少先队员，在新队员入队前两周到各个中队再进行一次专题培训。然而全国少工委要求，新队员在入队之前必须接受4—8个课时的队前教育。因此，学校在少先队员入队以前，不仅要开设专门的队前教育课程，还应要求少先队辅导员不能挤占队前教育的时间，保证队前教育过程不低于4个课时。除此之外，还可以充分利用每周一的升旗仪式、日常集会及每周1课时的少先队活动课等机会，持续向少先队员输送少先队的相关知识。

3. 队前教育要采用少年儿童喜闻乐见的形式

一年级刚入学的少年儿童对学校和班级各项活动的基本诉求就是"有趣"。有趣的活动可以让他们在积极的思想状态中接受教育。针对一年级学生的年龄和心理特点，进行趣味化的队前教育活动非常有必要。

（1）环境布置趣味化，激发儿童入队动机。环境育人最大的优点就是可以在无声中对学生产生潜移默化的深刻影响。一年级的少年儿童刚刚从幼儿园大班毕业，还处在幼小衔接的关键期，通过趣味化的环境创设，能激发少年儿童的入队动机。辅导员可在教室内布置少先队活动角，设"红领巾向我招招手""我上一年级啦！""我会露一手""我的作品展示区"等活动角，布置应美观大方、侧重童趣，多图少字；辅导员向儿童介绍活动角的意义及作用，告诉他们近期的目标就是通过努力加入少先队，成为一名光荣的少先队员。这种环境的趣味化布置符合刚入学儿童的年龄特点，打破了以往入队教育刻板、刻意的弊端，在"润物细无声"的非语言暗示中影响学生的价值取向，从而激发他们积极的入队动机。

（2）教授内容趣味化，学习相关入队知识。新生入学后，班主任可请来高年级队员给学生讲少先队的故事。同时，可带领一年级的少年儿童参观学校少先队活动室，这是直观了解少先队的最佳方式。在队室里，学生可以看到队旗、队徽、队的章程、多彩的少先队活动照片等。实物的呈现比任何语言都具有说服力，直观鲜明的具体感受定会给学生留下深刻的印象。此时无须过多说教，就可以让学生明白少先队组织就在身边，自己也可以是其中的一员。

（3）学习形式趣味化，强化入队技能。少先队的基本知识听起来容易，学习起来很难。要真正掌握"六知""六会"，还是要开展形式多样、妙趣横生的活动，在活动中增强学生们的技能，深化他们对少先队知识的理解。如开展"我爱红领巾"——唱着儿歌系领巾，"我会敬队礼"——诵着童谣学敬礼，"教室是我家"——班里人人有事做等活动。学习少先队知识还可以与学生喜闻乐见的猜谜语、做游戏、比赛等方式相融合。

（4）评价过程趣味化，保护儿童入队心理。少先队是学生们共同拥有的第一个组织，作为教师，不要把任何一个学生排斥在组织之外。班主任应当尊重每一个学生，让每一个学生得到平等的关注，从而保护每一个学生的入队心理。

（三）构建阶梯式成长发展模式

当前，少先队员入队之后的光荣感不高，这与少先队员入队之后缺少明确的发展方向和具体的成长目标有着直接的关系。构建阶梯式成长发展模式，需要在少先队员入队之后，对他们实行分层教育，持续增强少先队员对组织的热爱。构建阶梯式成长发展模式，关键在于要将少先队员看作一个整体，认识到队员成长发展的层次性和阶段性。如果将增强少先队员的组织光荣感作为总体目标，那么要实现这一目标，就要从少先队员对组织的认同感、归属感、责任感三个方面逐一开展工作，尤其是在少先队员入队以后，更要关注少先队员的阶段化成长，通过阶段性目标的制定和实现以维持并增强少先队员的组织光荣感。

构建阶梯式成长发展模式，要注意以下几点。首先，要根据学生的年龄、年级划分阶段，并根据阶段性特点制定具体的、合适的分目标。2021版《少先队活动课程指导纲要》中将课程的分年级、分阶段目标体现得非常详细，可以借鉴和参考。目标具体、层级递进是实现少先队员阶梯式成长的关键。例如，可以将一年级少先队员的目标制定为：初步了解少先队，认识少先队的队旗、队徽，认识红领巾，会唱队歌，会敬队礼，会写入队申请书；二年级少先队员的目标就要在此基础上"上一个台阶"，要求他们要了解少先队的相关知识，知道队旗、队徽、红领巾和队礼的意义，明确少先队员的权利义务，初步了解党、团、队的关系，能够正确佩戴红领巾。只有让少先队员在入队之后的每个阶段都有努力的目标，才能激发少先队员的组织积极性，让不同程度的少先队员都能在目标实现的过程中得到发展，最终增强少先队员的光荣感。

（四）优化推动少先队辅导员的专业化成长

少先队辅导员在少年儿童的成长中扮演着重要角色。为了使少年儿童得到更加专业化的理论和实践指导，促进少年儿童的身心健康发展，就必须加强少先队辅导员队伍建设，实现少先队辅导员专业化发展，推进辅导员工作走上专业化发展道路。推进少先队辅导员的专业化发展，适应新时期教育发展要求，需要明确具体的辅导员专业化实现要素，并以此为根据，采用合理方式。

学校要在给辅导员的成长创建和谐宽松的外部环境的基础上，建立健全辅导员培养管理机制，保障专业化辅导员人才培养工作落到实处，完善辅导员及团干部选聘评价体系，给辅导员的人才选拔和发展提供合理空间。尤其是农村少先队辅导员大部分为兼职，且现在辅导员的工作量比以往大，辅导员工作难以做得细致，外出学习、交流的机会较少，因此，他们的理念不够先进，活动创新程度不够。现在，陕西省各市、县每年通过举办辅导员教学能手评选活动为一线的辅导员老师搭建了专业成长的舞台，但在农村地区，辅导员参加教学能手评选的积极性还不是太高。同时，受资源限制，部分学校少先队工作的形式较单一、层次较浅，以主题教育、口头说教为主要活动形式，打击了少先队员参与活动的热情，致使少先队活动效果提升困难。因此，开展常态化、多样化的少先队辅导员培训工作显得尤为重要。

基于少先队辅导员多为兼职的现状，加强其专业化培训，提升辅导员队伍的整体素质非常有必要。在大多数学校中，中队辅导员繁重的教学任务使他们没有太多的时间和精力进行自我学习，加上辅导员专业化培训工作的缺失，使他们在少先队工作中难以把握思想动态前沿和国家的大政方针，不能准确领会和解读领导人重要讲话的精神和内容以及上级文件的精神内核，因此，学校可以采用多种形式对辅导员开展专业化的培训：如可以邀请区域内少先队工作专家为中队辅导员做培训讲座，本校大队辅导员每月根据月计划对中队辅导员开展校内培训，推荐优秀中队辅导员参加域外研修或线上学习，关注全国少工委、陕西省的"三秦青年"等微信公众号，经常向中队辅导员推送少先队相关知识等，并将培训工作常态化，确保全体少先队辅导员都有机会参与培训，切实加强辅导员自身的功底。

五、实施分批入队后带来的改变

首先，分批入队的试行实施，强化了少先队员的光荣感、责任感、归属感。教育的起点是整个生命，在充分尊重每个人的独特价值的基础上，每个孩子都可以在少先队组织中找到自己的位置和角色。第一批队员入队后，辅导员老师要与未入队儿童监护人保持良好的沟通，适当应对儿童情绪变化，鼓励其积极努力。分批入队后，在少先队的组织生活中，辅导员为少年儿童创造自然成长的适宜环境，有利于少先队员感情的双向流动，是精神上、感情上的激励。

其次，教育单位要加强对分批入队前队前教育的重视，以政治启蒙、价值观的形成、组织意识的培养为重点，根据少年儿童身心的发展特点，持续开展队前教育，为一年级第二学期开展分批入队工作打下良好的基础。学校应探索并确立一套分批入队规范的流程和模式，将以前的"全童同时入队"过渡到"全童分批入队"，从而进一步强化了少先队组织对孩子健康成长和终身发展的基础作用。

再次，分批入队能够实现教育价值的最大化。少先队员组织光荣感的增强是开展少先队教育的原动力，在少先队教育的过程中，从教育目标出发，运用教育方法，遵循少先队组织教育的原则，以实践体验活动为基本途径开展少先队教育，明确少先队组织的作用，实现分批入队教育价值的最大化。

最后，在学校内部，充分构建校本化的分批入队评价标准体系。构建分批入队的评价以制度为出发点，遵循教育的逻辑与原则，遵循自评、互评、他评的常态化评价体系，评价体系不以甄别和选拔为追求，更注重发展和激励功能的发挥，注重发挥教育的评价激励导向作用，将儿童内在的生长需求与外在的政治教育目的相统一，实现了价值观塑造的主责主业作用，使儿童在成长体验中充满希望与活力，保持积极向上的主动性。学校在此理念基础上构建具有自身特性的标准体系，为有效实行分批入队提供制度化的工具，通过学校少先队教育评价激励体系不断激发少先队员对少先队组织的向往之情，唤醒少先队员的光荣感，实现组织的先进性感召。

总而言之，分批入队的试行实施，强化了少年先锋队员的光荣感、责任感、归属感。本文探讨了分批入队的重要价值，并且提出了分批入队实践的具体策略，旨在教育引导少年儿童记住党、团、队的组织要求，认识到今天的幸福生活来之不易，培养少年儿童对党和国家的朴素认同感，可以在辅导员老师的指导下自主参加实践活动、仪式活动，向往加入少先队。分批入队作为少先队的一个新课题，还有许多具体问题值得探讨和研究，如如何开展家长工作以及如何提高辅导员自身素质，如何对第一批次入队和第一批次未入队的少年儿童心理和行为进行关注等，课题组将继续对这些问题进行深入研究和调研，希望能有新的创新和发现。

参考文献

[1]《少先队改革方案》. 共青团中央，2017.

[2]《关于构建阶梯式成长激励 增强少先队员光荣感的指导意见》. 共青团中央、全国少工委，2019.

[3]《关于加强新时代少先队辅导员队伍建设的意见》. 共青团中央、教育部、人力资源社会保障部、全国少工委，2020.

陕西省青少年法治宣传教育模式创新、效果评价指数与监测体系建构研究[*]

蒋涛　李东豪　黄伶　李策　贺珂

青少年是国家法治宣传教育的关键对象，在国家推动普法教育效果考评科学化这一背景下，建构科学、合理、体系化的青少年法治宣传教育效果评价指标体系已成为必然要求。一是从知识的传递规律来看，贯穿"少年—青年—中年"一体化的教育路径，符合教育认知规律，从青少年开始进行法治教育有利于法治意识的内在增长；二是从管理大数据来看，青少年群体是违法违纪的高发群体，青少年犯罪占整个社会犯罪率的70%以上，因此急需提升这一群体的法治意识。

20世纪80年代第二次法律与发展运动时期，国际政策界对法治的热情催生了世界银行治理指数与世界正义工程的世界法治指数，对法治效果的评价产生了深远影响；钱弘道等著的《法治评估及其中国应用》开创了中国法治评价的先河，《全国法治宣传教育第七个五年规划考核评估指标体系（试行）》的出台对建设法治宣传效果的监测体系具有借鉴意义。因此，构建青少年法治宣传教育的效果评价指数与监测体系有迹可循。

一、陕西青少年法治宣传教育的基础及现状

陕西省青少年法治宣传教育基本上达到了"形"上的自足。从对基层县和乡镇的调研和访谈来看，青少年法治宣传教育的形式覆盖已基本达成，诸如开展重大主题普法活动、"谁执法谁普法"的法治宣传教育工作机制已基本形成，法治乡村建设有序推进，法治文化阵地的覆盖面持续扩大。

---

[*] 陕西省哲学社会科学重大理论与现实问题研究项目，项目编号2021HZ-884。

具体表现形式有：为学校配备法治副校长，创建一批依法治校示范校、建立一批法治教育实践基地、研究一批教育科研课题，着力提升法治教育队伍素质，加强法律顾问制度，落实法治宣传专项督导，开展法学家"以案说法"，强化"开学第一课"法治教育等。

但正如国家"七五"普法总结谈到的，面向青少年开展的普法工作，其针对性和实效性仍有待提高，高质量普法内容供给不足，社会力量参与力度还需加大。这种情况通过一些数据得以验证，比如陕西省某市青少年犯罪人数经过前些年的下降，近几年并未因"形式"覆盖和"形式"创新而减少，新兴犯罪尤其是与互联网相关的犯罪率又呈上升趋势。尤其在基层，法治教育内容与社会发展产生的新兴法律有所脱节，仅在刑法新罪名的认识上就有宣传不到之处，对其他与青少年息息相关的网络方面的法律知识等也宣传不足。

二、陕西青少年法治宣传教育的比较劣势分析

（一）青少年法治宣传教育课程创新性有待提升

《青少年法治教育大纲》提到，法治宣传教育的"神"应来源于内容，来源于课程，《法治社会建设实施纲要（2020—2025）》也强调课程的重要性，要把案件依法处理的过程变成普法公开课。上海市创新授课内容和形式，研发了一系列以"互联网微课"为主题的法治教育课程，教育部青少年法治教育协调创新中心在上海进行的实验校建设，紧扣教师培训，大力推进"课程法治"等，近几年取得了不错的效果。从公开数据来看，2009年至2018年，上海市未成年人犯罪数量逐年下降，受理审查逮捕和审查起诉的涉罪未成年人人数分别下降了74.1%和72.4%；未成年人犯罪案件占全部刑事案件的比例，从10%下降至1.5%。

（二）缺乏青少年法治宣传教育效果考核指标

自《全国法治宣传教育第七个五年规划考核评估指标体系（试行）》实行以来，很多省份都据此建立了本省考核指标体系，以广东为例，不仅建

立了考核指标还修订了《广东省法治宣传教育条例》，以此保障考核指标的有法可依和普法工作开展的支撑体系。广东省高级人民法院发布的《广东未成年人刑事审判白皮书（2013—2018）》显示，2013年至2018年，全省法院共判处未成年罪犯33058人，约占全省同期全部罪犯人数的4.4%。未成年罪犯人数在全省罪犯中的占比大幅下降，并呈逐年下降的趋势。2018年较2013年减少3344人，降幅达44.5%，在校学生犯罪人数下降逾75%，未成年人犯罪低龄化势头得到遏制。

相比上海和广东，陕西省在青少年法治宣传教育课程的创新上显得力度不足，难以有效匹配青少年犯罪的新形势；在条例修订上也显得有些滞后，现有条例还停留在1997年，相配套的考核指标也没有更新或细化。

三、陕西青少年法治宣传教育模式的创新路径分析

"七五"普法总结中提到，"十四五"时期要以使法治成为社会共识和基本准则为目标，以持续提升公民法治素养为重点，以提高普法的针对性、实效性为工作着力点，完善和落实"谁执法谁普法"等普法责任制度，以高质量普法推动高质量发展，为全面建设社会主义现代化国家营造良好法治环境。陕西也要在总结问题、解放思想上围绕上述目标创造性地开展工作。

（一）紧抓课程创新，从法治宣传教育的本质入手

从上述分析可以看出，青少年法治宣传教育模式创新的本质应是内容和课程上的创新，即如何通过传统和现代的新载体呈现法治的新变化、新要求、新内容，紧扣时代普法，让法治宣传教育工作者活动起来，让青少年从知法到用法。法治宣传教育，要通过实体法与程序法相结合的方式进行，可以借鉴的是，国外为了干预青少年网络暴力行为，推出了一系列教育类课程，如I-SAFE课程项目、Missing计划、HAHASO项目、"媒体英雄计划"、网络计划2.0、校级网络使用宣传与网暴预防、网络友好学习计划等，多以学生、教师和家长为对象开展培训，并反馈相关使用结果。这给我们的启示就是要紧抓课程创新，从法治宣传教育的本质入手，提升法治宣传教育水平。

（二）紧抓制度创新，把法治宣传教育纳入政府治理的关键环节

从现阶段国家治理水平提升的经验来看，"项目制"不失为一种较为有效的方式。青少年法治宣传教育作为政府治理的重要指标理应纳入"项目"实施治理，把它看成一项整体指标，再分入各项评估指标中。比如从法治政府评估的角度把它作为重要环节，从教育评价的结果导向来看，把它作为教育治理的重要部分，从政府文明评估角度把它和社会主义核心价值观教育结合起来进行评估，等等；从立法建设来看，应对有关法治宣传教育的法律做全面审视，从法律的适应性、引导性及科学性方面进行制度改良，让关于法治宣传教育的制度活起来。

（三）紧抓机遇，率先制定青少年法治宣传教育效果评价与监测指标体系

通过对现阶段法治宣传教育评价的经验做法进行分析，可以看出其评价和监测体系并没有完全形成。从最初的全国普法办公室制定的《全国法治宣传教育第七个五年规划考核评估指标体系（试行）》来看，尽管有评估指标体系设计的考虑，但其内容主要以自上而下的工作推进为宗旨，还远远没有达到法治宣传效果评价的目的。《广东省法治宣传教育条例》从立法上确定了法治宣传的要求和保障，但对如何评价尚未有确定的指标体系。以上这些做法或经验都可以视作在试图探索建构法治宣传教育效果评价体系，虽了有一定效果但却没有形成完整的体系，因为从上文分析来看，课程内容的创新和持续改进、传播能力的实施和反映等都是评价和监测体系的重点，却没有被完全纳入评价体系。陕西若能率先制定出青少年法治宣传教育效果评估与监测指标体系，或许将成为创新青少年法治宣传教育模式的重要路径之一。

四、建构青少年法治宣传教育效果评价指数与监测体系的作用

（一）指引作用

青少年法治宣传教育效果评价和监测指标体系在设计上涵盖了法治宣传教育的任务和教育目标，所以，具有指引法治宣传教育工作者开展宣传

教育工作、提高宣传教育对象对法治的认知，最终建立法治宣传目标的作用。如指引法治宣传教育工作者既要保证基本宣传教育任务的完成，又要保证宣传教育任务重点突出、内容到位和课程及实践模式的创新；既有法治教育任务，又有帮助犯罪者回归社会生活的任务，还有对自身工作能力提升的要求；又如指引宣传教育对象既要在思想上敬畏法律，又要在行动上弃恶从善；既要在社会关系上正常相融，又要在社会生活中做到将权利义务铭记于心。

（二）检验作用

青少年法治宣传教育效果评价和监测指标体系最直接的作用就是通过评估考察宣传教育者的工作效果、行为模式、模式创新及宣传教育对象的法治素养效果提升程度如何，对法律的认知从自身行为、思想、心理方面是否得到全面的提升。犯罪者是否悔过自新弃恶从善，成为守法公民，是否能顺利适应社会生活，是否还有犯罪的危险性，等等。法治教育效果检验的是一个变化、一个过程，所以，评价指标体系在设计上要体现前后对比这个功能。

（三）调整作用

依据法治宣传教育效果评价指标体系进行评估，其结果还能作为普法机构总体调整宣传教育方案、确定宣传教育重点、选择宣传教育措施的参考依据。如根据评估结果，将被教育对象分成针对性教育对象和非针对性管教对象；根据某方面教育效果调整教育内容的措施等。

（四）决策作用

对法治宣传教育效果的评价指标体系进行评价，其评价结果可以为党和政府制定、修订法治宣传教育法律、法规、政策、意见等提供决策参考，为法治宣传教育机构的设置或调整、经费预算的增减、教育对象的立法扩大、运作模式改革、路径创新等各方面起到参考作用。

五、陕西省青少年法治宣传教育效果评价指数与监测体系构建

（一）效果评价指数与监测体系设计

表 1　陕西省青少年法治宣传教育效果评价标准

一级指标	二级指标	评价指标	分值	打分标准	打分依据
法治宣传教育实施能力	组织领导与保障	1.普法组织建设与人员配备； 2.普法经费筹集与科学投入； 3.教育工作队伍建设中有各层次人员参与。	6	1.各场域全覆盖的得6分、有2项以上的得4分、1项以下的得2分或0分； 2.经费较上年降低，扣3分。	查看文件、统计数据和相关资料
	法治宣传条例等法律法规的完善和执行	1.法治宣传教育条例的制定与修订有青少年单独条款； 2.地方围绕条例制定的决议、普法规划，有青少年单独条款； 3.法治宣传教育有考核措施。	6	1.各场域全覆盖的得6分、有2项以上的得4分、1项以下的得2分或0分； 2.缺乏第2项的扣2分。	查看文本
	普法工作者知法学法的能力	1.领导干部、普法工作者、谁执法、谁普法人群学法情况； 2.以案释法工作开展情况； 3.重点或革新法治内容的掌握情况； 4.青少年法治教育的重点和趋势掌握情况。	8	各场域全覆盖的得8分、有2项以上的得5分、1项以下的得2分或0分。	会议记录+文本考察+试卷测试
	法治文化场域的建设	结合青少年身心特点设计的法治文化实践教育基地、法治文化广场建设情况，法治文化作品创作情况，媒体公益普法的完整性情况。	4	各场域全覆盖的得4分、有2项以上的得2分、1项以下的得1分或0分。	现场考察
	深化依法治理的能力	地方法治制度建设，依法治理情况，行业部门依法治理情况，基层依法治理情况，政府依法行政过程中对青少年的特殊政策。	4	各场域全覆盖的得4分、有2项以上的得2分、1项以下的得1分或0分。	座谈会+文本考察

续表

一级指标	二级指标	评价指标	分值	打分标准	打分依据
法治宣传教育实施能力	传统传媒+网媒传播指数	法治宣传教育内容在传统媒体如电视、广播、报刊上的订阅数、阅读数、点击率等以及在网站上的原创量、发稿量和被转载量。	4	两者总量上升得4分、平衡得2分、下降得0分。	调阅统计数据
	B站传播指数	特色作品原创量、弹幕数、活跃用户数等。	5	取B站类似模块中间值,在中间值以上的得5分、以下的得2分。	调阅统计数据
	APP传播指数	更新量、浏览量(阅读数/总观看数)、评论量、对评论点赞、对评论回复转发(分享)、原文(原视频)点赞数、粉丝量、收藏、回帖、点赞回帖、回复跟帖、收藏跟帖、转发跟帖搜索量等等。	5	总量较上一年度上升的得5分、平衡的得3分、下降的得0分。	调阅统计数据
	青少年对法治传播的满意度	考察青少年对传统媒体和新媒体关于法治教育传播内容、方式方法、优劣势、改进程度等的满意度。	4	按照满意度百分比计算	根据问卷调查结果打分
	大中小学法治教育一体化衔接的水平	1.对课程内容衔接的逻辑性、合理性、科学性、连贯性等做出评价; 2.考察衔接后的法治宣传教育效果。	8	1.课程内容按打分的百分比计算; 2.测试教育效果:提升的得5分、基本平衡的得3分、降低的得0分。	1.邀请普法工作者、受教育者、高校、中小学专家、行业骨干、媒体从业者等有关人群对课程进行打分; 2.用试卷测试同一批学生在不同阶段的法治教育学习效果。

续表

一级指标	二级指标	评价指标	分值	打分标准	打分依据
法治教育课程创新及可持续改进	矫正教育课程的开发及效果	1. 开发矫正课程，对青少年有单独内容； 2. 矫正效果。	6	1. 开发的得1分，其中对青少年有单独教育内容的得2分； 2. 测试矫正效果：提升的得4分、基本平衡的得2分、降低的得0分。	1. 查看文本； 2. 用试卷测试矫正效果或用二次犯罪率计算。
	法治热度事件的释义能力	1. 有没有结合区域实践进行二次释义； 2. 有没有进行传播。	5	两项都有的得5分、仅有一项的得2分、都无的得0分。	查看文本。
	谁执法谁普法专项课程的开发	各执法部门各自专项普法课程的开发	4	有且内容有创新的，得4分；有且内容没有创新的，得2分；无得0分。	查看文本。
	家长课程的开发	家长普法类课程的开发	4	有且内容有创新的，得4分；有且内容没有创新的，得2分；无得0分。	查看文本（有无专门针对青少年家长开发的普法课程）。
青少年法治素养提升效果反馈	青少年犯罪率、违法数	分门别类考察本区域常住、外来、城镇户口、农村户口，重点城市、落后城市的青少年犯罪率、犯罪数和行政处罚率、处罚数。	7	升高的得0分、基本平衡的得3分、降低的得5分，降低率超过5%的得7分。	查看统计数据并相互印证。
	青少年二次犯罪率、违法数	分门别类考察本区域常住、外来、城镇户口、农村户口，重点城市、落后城市的青少年二次犯罪率、犯罪数和行政处罚率、处罚数。	6	升高的得0分、基本平衡的得2分、降低的得4分，降低率超过5%的得6分。	查看统计数据并相互印证。

续表

一级指标	二级指标	评价指标	分值	打分标准	打分依据
青少年法治素养提升效果反馈	青少年法治素养提升效果	考核上述不同类别、区域青少年掌握法律知识、增强法律意识、法律观念,以及学法用法的能力。	5	没有提升的得1分、提升的得3分、降低的得0分;	调查问卷并对结果进行综合处理(用上一年度同一张调查问卷选取同一类别、同一区域上一年度未被调查的青少年进行调查)。
	青少年价值素养	1. 青少年对社会主义核心价值观的认可度; 2. 青少年正确价值观的提升率。	5	1. 第一项保持不变得1分,提升得3分、降低得0分, 2. 第二项保持不变得1分,提升得2分、降低得0分。	改造、利用中国社会综合调查问卷进行对比和反馈。
	家长对社会主义核心价值观认可度以及自身法治素养提升度	1. 家长对社会主义核心价值观的认可度; 2. 家长自身法治素养的提升度。	4	1. 第一项保持不变得1分,提升得2分、降低得0分, 2. 第二项保持不变得1分,提升得2分、降低得0分。	以不同的问卷,用上述两项考察青少年指标的方式考察其家长。

注:不同传播方式和传播评价指标增加,相应指数也随之变化;指标权重按照区域人均GDP的不同分别设置,如区域人均GDP从低到高变化,则一级指标权重从高到低依次下降,以此类推。

(二)指标体系建构的依据

1. 教育与犯罪间的关系理论为指标体系建构提供了理论依据

教育对犯罪具有消解作用。意大利刑法学家贝卡利亚在他的名著《论犯罪与刑罚》中生动地论述过改善教育、普及知识对预防犯罪的作用。他说:"预防犯罪最可靠的,但也是最困难的手段,是改善教育。"国内外很多学者用不同学科理论,比如社会心理学的动机理论流派中的标签理论、控制理论流派中的依附理论等,从逻辑上论证了教育对预防和消解犯罪有积极作用;国外学者从实证研究的角度出发,通过对犯罪人和非犯罪人进行长期跟踪观察得出数据,从中也可以看到教育对犯罪的发生具有积极影响作用。

2. 法治宣传条例和普法规划为指标体系建构提供了制度依据

建构体系时中要坚持查阅各省法治宣传教育条例,无论是最新制定、修订的还是出台较早的版本,内容要全面涉及法治宣传教育的对象、机构和经费保障、依托的实践平台、教育侧重的内容、法制传播的路径等方面。还可以从"一五"到"八五"普法规划,青少年法治教育大纲、法治宣传教育规划的文本入手。尽管不同时期规划或教育的侧重点有所不同,但大体框架和主要内容都包含教育实施能力和传播能力的内容。

3. 法治宣传教育的实践为指标体系的建构提供了实践依据

《法治社会建设实施纲要(2020—2025年)》强调法治教育首先要注重课程的重要性,要把案件依法处理的过程变成普法公开课。实践证明,课程的创新对法治教育大有帮助。具体可以借鉴上海创新授课内容和形式,该课程体系为在青少年法治宣传教育评价指标体系中加入"课程创新及持续"一条提供了实践依据。

4. 指标体系的后续研究和检验

要确认指标体系,需要对指标体系的可操作性即数据或内容获取方式,以及获取方式的客观性展开论证;对指标体系的设计逻辑和完整性予以讨论;对指标体系的计分权重和计分方式予以讨论。应和司法部门或共青团中心合作,选择一个地区进行成果检验。指标的设计与运用是一个较为复杂的过程,结合理论和实践设计出来的指标初稿仅仅是一张蓝图,此后需要对其科学性和可操作性,设计的逻辑性和完整性展开反复讨论,并确定所建构的指标在实践中的适宜度和有效性。之后还应根据将来一段时间各方面建设的重要程度安排指标的权重并给出评价计分。最后应将理论应用于实践，通过区域试行的方式检验理论的恰当与否，以便再修改再实验，最终适用推广。

六、对陕西省青少年法治宣传教育工作的几点建议

（一）科学修订《陕西省法制宣传教育条例》，为青少年法治宣传教育提供立法支持和保障

《陕西省法制宣传教育条例》于 1997 年 8 月 2 日颁布并实施，24 年来经历了多个普法规划宣传年。在此期间，这一条例为陕西省法治宣传教育工作的开展打下了必要基础，但"法制"已更迭为"法治"，法治宣传教育的内容、层次和深层治理已发生全方位的变化。比如在互联网的作用下，法治宣传教育的载体发生了明显变化；在法治社会建设的助推下，法治宣传教育的主体和对象分类更加精细化、工作要求更加深层和丰富；在社会政治经济变迁融合过程中，价值观转变对教育治理的内容要求更加广泛，等等。因此，适时启动《陕西省法制宣传教育条例》修订工作显得非常必要。修订工作不仅要结合当下的国情、省情，参照国家和区域最新法律法规，也要把法治宣传教育最新的研究和实践成果纳入其中，不仅要保障法律的科学性和可操作性，也要和社会主义核心价值观有效融合。

（二）成立陕西省青少年法治与道德教育课程研发中心

针对上述各类问题，研究者建议相关单位成立陕西省乃至西北地区青少年法治与道德教育课程研发中心，负责开发和改进三类课程。首先对大中小一体衔接的法治与道德教育课程进行改进，即在已有课程体系基础上探讨其内容的适宜性和衔接性，结合教育内容和不同人群的认知规律，融合普遍性案例和陕西乃至西北地区特殊性案例；二是开发服刑青少年矫正教育专门法治课程，融心理学、社会学、法学等课程于一体，针对不同犯罪类型青少年开发有侧重的法治教育课程，强化以案说法的思维；三是开发普法工作者专项法治教育课程，提升普法工作者的法治教育能力和法律素养，强化"谁执法谁普法"这一工作安排的内涵要求。力争通过课程创

新及持续改进，提升陕西省青少年法治宣传教育工作的质量。

（三）将青少年法治宣传教育评价交于独立于普法部门的监督部门或第三方机构，并将其评估结果纳入法治政府评价

首先，要将法治宣传教育评价和监测体系的结果真实展现在公众面前，适时地引进第三方机构或者将此职能交予独立于普法部门的监督部门进行评价就显得必要。在当前普法模式下，很多监督部门承担者普法的职责或义务，这样就可能影响评价和监测结果的客观性。因此在开展此项工作时，应委托独立的第三方机构进行评价或者选择主导立法、对条例有解释权的陕西省人大常委会进行评估。其次，要将青少年法治宣传教育评价和监测结果纳入法治政府评价体系。这样做有助于调动开展此项工作的合法性，也对评价结果有所反馈，进而影响法治宣传教育经费的下发和工作机构的调整，等等。

参考文献

[1] 林荫茂. 上海法治调研报告［M］. 上海. 上海社会科学院出版社，2008.

[2] 贝卡里亚，黄风译. 论犯罪与刑罚［M］. 北京. 中国大百科全书出版社，2003.

[3] 郑丁华，郭星华. 西方干预青少年网络暴力的有效措施及其启示［J］. 中国青年研究，2021（2）：113-119.

陕西省中小学法治宣传教育模式研究[*]

褚宸舸　李芳　焦文静　安东

青少年法治教育的实施主体是学校，中小学生是青少年法治教育的主要群体。所以，青少年法治教育，即针对中小学生的学校法治教育。中小学法治教育在我国已经开展了40余年，是我国青少年法治教育中的核心内容。党的十八届四中全会通过的《中共中央关于全面推进依法治国若干重大问题的决定》提出："把法治教育纳入国民教育体系，从青少年抓起，在中小学设立法治知识课程。"[1] 2016年，教育部与司法部、全国普法办共同印发《青少年法治教育大纲》，从国家层面对青少年法治教育进行定位。2021年6月，中共中央、国务院转发《中央宣传部、司法部关于开展法治宣传教育的第八个五年规划（2021—2025年）》（以下简称《国家"八五"普法规划》）。2021年10月，中共陕西省委、省人民政府转发《省委依法治省办、省委宣传部、省委普法办、省司法厅关于在公民中开展法治宣传教育的第八个五年规划（2021—2025年）》（以下简称《省"八五"普法规划》）。

近年来，共青团陕西省委在法治宣教方面积极搭建工作平台，聚合工作资源，联合法检和教育行政部门，推动"红领巾法学院"创建工作，依托学校阵地开展普法宣传教育活动。2021年5月至11月，课题组受共青团陕西省委、省社科联委托，聚焦如何提升陕西省"红领巾法学院"法治宣传教育模式的效能问题，针对参与全省"红领巾法学院"创建的12个地市，抽样38所学校进行书面采访，并向23所学校发放有效问卷2649份（其中初中8年级1476份、高中11年级1173份），形成以下报告。

---

[*] 陕西省哲学社会科学重大理论与现实问题研究项目，项目编号2021HZ-883。

一、研究过程

（一）2018年调查的回顾[2]

2018年4—6月，课题组曾受共青团陕西省委委托，通过问卷调查、座谈等方法，对陕西省的小学、初中、高中学生法治教育情况进行调查。2018年4月中下旬，课题组先后前往西安市航天二一〇小学、西安市第十七中学、西安市第四十六中学进行实地调研，并在西安市航天二一〇小学、西安市第十七中学、西安市第四十六中学分别召开由中小学德育副校长、思政课教师、团委书记、大队辅导员和学生代表参加的座谈会。6月初，课题组在西安市、榆林市、汉中市共发放有效问卷897份。其中小学高年级（4—6年级）304份、初中（7—8年级）297份、高中（10—11年级）296份。根据问卷调查和座谈会的情况，并参照《青少年法治教育大纲》的要求，研究人员发现陕西省青少年法治教育仍存在着很多不足，如：缺乏整体规划，教育的方式方法有待创新；评价体系不健全，教育的针对性和实效性不强；学校、社会、家庭的多元参与网络还没有形成；教学师资、教育资源的保障机制尚不健全等。

第一，人财物资源欠缺。首先，教育实践基地硬件配备普遍不够。目前青少年法治教育实践基地的覆盖率还比较低，这导致一部分中小学法治教育出现了模式单一，缺乏实践性的倾向。其次，经费保障不足。有一部分学校没有开展法治教育的专项经费，学校开展各种形式的法治教育（例如讲座）要挤占其他经费。再次，基地缺乏专业师资。目前绝大多数开设法治教育课的学校基本由思想品德课教师或者班主任兼任法治课教师。这些教师没有经过正规的法治教育培训，也很少接触法律书籍。在少数已经配备了法治教育专职教师的学校中，教师的专业背景也是思想政治教育。多数学校无专职的法治副校长。对法治课教师缺乏系统化培训。

第二，教学过程虚化。多数学校为法治课选用的教材不规范，各学校各自为政，没有统一的教材和教学体系。在课程安排上，法治教育课并未得到真正重视。大多数学校每年举办几次讲座就算完成了法治教育任务。很多学校教育方法单一，只有少数学校能让学生走出去学习或邀请专家和学生互动交流。

第三，内容定位不准确。首先，把禁毒教育、安全教育等同于法治教育。有老师表示，学校法治教育课程通常仅涉及交通、食品、饮食、卫生、防火、地震等安全方面的知识和夏天防溺水的问题，对校园暴力也多有强调。但对宪法、刑法、民法等基础法律知识，以及相关的法治价值观的培养明显不足。其次，把法治教育限缩于预防青少年犯罪行为，对其他的法治教育内容涉及很少甚至没有涉及。认为法治教育的目的只是预防犯罪，将预防青少年犯罪当作青少年法治教育工作的主要甚至唯一的目的。这其实曲解了法治教育的要旨。

第四，制度保障体系不完备。首先，法治教育评价体系尚未建立。目前，法治教育缺乏相应的考核、评价制度和工作机制。对于法治教育效果也缺乏评价或考核制度。其次，家庭法治教育缺位。有些学生家长很少给孩子传授法治方面的知识，甚至传递错误信息。

（二）书面采访

课题组采取书面采访的方式，即通过团省委权益部发函给各地市、学校收集书面资料。2021年9月，课题组抽取参与全省创建"红领巾法学院"的12个地市38所学校（表1）进行调研，具体抽样的做法是：分别抽取地处榆林、商洛两市的省级学校4所；抽取12所市级学校（西安和9个地级市、杨凌示范区、韩城市各1所）；抽取22所未获得省、市命名但参与创建的学校（西安和九个地级市各2所，韩城市、杨凌示范区各1所）。

采访内容包含但不限于学校开展法治宣传教育的现状和改革创新的做法、成果和经验，以及存在的问题和亟待解决的难题；"红领巾法学院"开展活动的基本情况及其建议，校园法治文化氛围；组织教师进行法治学习、培训的情况；学校对法治宣传教育的人财物保障以及考核、评价标准；学校教师和学生因为违法犯罪被处理的情况及数量；学生欺凌的发生情况及防治的做法；等等。调查的目的一方面是掌握全省中小学法治宣传教育的现状，特别是了解"红领巾法学院"在校内开展的情况。另一方面是分析全省中小学法治宣传教育存在的问题及其产生的原因。

表 1　书面采访的 38 所学校

所属地市	学校
西安	西安市黄河中学
	西北工业大学附属中学
	西安市第三十八中学
	西安市第十二中学
安康	汉滨初级中学
	平利初级中学
	平利县城关小学
宝鸡	麟游县两亭镇初级中学
	扶风县绛帐初中
	凤县凤州镇初级中学
韩城	西安交大韩城学校
	韩城市实验小学
汉中	汉中市第四中学
	宁强县胡家坝镇中心小学
	镇巴县黎坝镇中心小学
商洛	山阳县城区第一小学
	柞水县城区第三小学
	丹凤县第三小学
	镇安县城关小学
铜川	铜川市第一中学
	耀州区塔坡小学
	铜川市第二中学
渭南	临渭区滨河小学
	阳郭中心小学
	育红小学

续表

所属地市	学校
咸阳	渭城区金旭学校
	渭城区果子市小学
	风轮初级中学
延安	甘泉县第三小学
	洛川县北关小学
	新区第二小学
	宝塔区青化砭中学
杨凌	杨凌高新小学
	杨凌高新第二小学
榆林	靖边县第十五小学
	定边县第五中学
	定边县第八小学
	清涧县第二小学

（三）问卷调查

2021 年 6 月，课题组编制《陕西省中学生法治教育调查问卷》（初中版和高中版），向 12 个地市 23 所学校共发放有效问卷 2649 份。绝大多数问卷通过问卷星系统发给抽样学校的教师，由教师组织学生在网上填答。少量问卷委托抽样学校的教师发放纸质版，中学生填答纸质问卷之后，由课题组安排专人把问卷录入问卷星系统，最后利用问卷星系统作图并分析。本次调查问卷发放的基本情况如下（见表 2）：

表2 调查问卷发放的基本情况

单位：份

所属地市	参与学校	初中问卷数	高中问卷数
西安	西安市第十二中学	559	356
	西安市黄河中学		
	西安市第三十八中学		
	西北工业大学附属中学		
安康	安康高新中学	92	4
宝鸡	岐山县蔡家坡初级中学	122	57
	金台区石油中学		
韩城	芝阳中学	50	50
	司马迁中学		
汉中	汉中市南郑区城关第一中学	100	61
	汉中市南郑中学		
商洛	商南县初级中学	94	42
	洛南县永丰中学		
铜川	铜川市第一中学	63	72
渭南	渭南市前进路中学	66	241
	渭南市瑞泉中学		
咸阳	渭城区第二初级中学	121	87
	渭城中学		
延安	宝塔区青化砭中学	47	103
	甘泉县高级中学		
杨凌	杨凌高新初级中学	50	50
	杨凌高级中学		
榆林	榆林市第十中学	159	50

三、中学生的法律常识和法治意识现状

课题组按照《青少年法治教育大纲》的要求设计了调查问卷,针对不同学段设计了不同的法律常识题。法治教育在不同阶段的目标与任务不同,"在义务教育阶段,应以掌握生活规则和自我权益保护为重点,在高中阶段应以认识国家体制和理解公民责任为重点。"[3] 面向初中阶段的学生,问卷中设计了 8 道法律常识类问题,涉及宪法、义务教育法、未成年人保护法、知识产权法。面向高中阶段的学生,问卷中设计了 11 道法律常识类问题,相较初中增加了刑事诉讼法和行政诉讼法的问题。通过对问卷进行回收与数据分析,课题组发现如下问题:

(一)中学生对权利义务的认知水准提高

初中生对公民基本权利和义务的认知能力普遍提高。(表 3)。

表 3 初中生对公民基本权利和义务的认同率

单位:%

基本权利	2021 年	2018 年	基本义务	2021 年	2018 年
财产权	84.32	67.34	维护国家的统一和民族的团结	89.42	78.79
人格尊严	86.15	84.18	遵守宪法和法律	93.47	88.22
劳动权和社会保障权	85.70	74.07	保护祖国的安全、荣誉和利益	83.47	58.59
批评建议权	46.64	36.03	保卫祖国,依法服兵役和参加民兵组织	80.99	62.29
政治权利	74.00	63.64	依法纳税	80.34	57.91
宗教信仰自由	25.34	16.84			
人身自由权	93.21	88.22			

表 4 高中生对公民基本权利和义务的认知率

单位：%

基本权利	2021 年	2018 年	基本义务	2021 年	2018 年
财产权	80.37	73.31	维护国家的统一和民族的团结	91.31	92.91
人格尊严	83.93	93.24	遵守宪法和法律	94.30	95.27
劳动权和社会保障权	82.62	75.68	保护祖国的安全、荣誉和利益	84.49	80.74
批评建议权	39.44	40.88	保卫祖国，依法服兵役和参加民兵组织	82.43	53.38
政治权利	73.27	63.18	依法纳税	75.79	77.70
宗教信仰自由	18.88	9.12			
人身自由权	93.64	96.28			

高中生对财产权，劳动权和社会保障权、政治权利和宗教信仰自由的认知均有所提高，对其余基本权利的认知程度与 2018 年相比基本相同。公民基本义务方面，选择保卫祖国、依法服兵役和参加民兵组织的比例较 2018 年有大幅提升（表4）。

（二）初中生对法律常识认知的正确率有所下降

初中生除对《宪法》和义务教育的法律地位有更好的认识外，回答其他题目的正确率与 2018 年基本持平（表5）。

表 5 初中生回答法律常识的正确率

单位：%

题目	2021 年	2018 年
父母应送孩子接受义务教育	94.54	92.95
人民法院是我国的审判机关	85.56	87.21
宪法是我国的根本大法	84.00	76.77
五星红旗是中华人民共和国的象征与标志	87.07	89.9
未成年人是指 18 岁以下的公民	86.22	86.53

（三）高中生对纠纷解决方式和行政法的认知度较低

与 2018 年相比，高中生仍然对行政复议等解决纠纷方式不熟悉，对行政法的认知和接受程度仍很低（图 1、图 2）。这种情况不利于构建我国的多元化纠纷解决机制。了解矛盾纠纷处理方式，应该是青少年社会化过程中建设良好社群关系必备的知识，学校应该加强这方面的法治宣传教育。

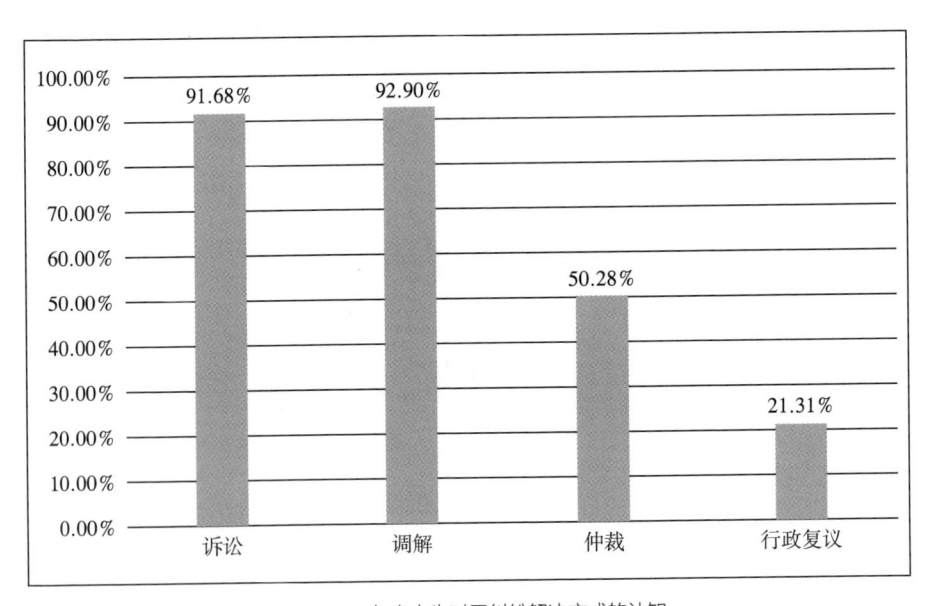

图 1 2021 年高中生对于纠纷解决方式的认知（诉讼 91.68%，调解 92.90%，仲裁 50.28%，行政复议 21.31%）

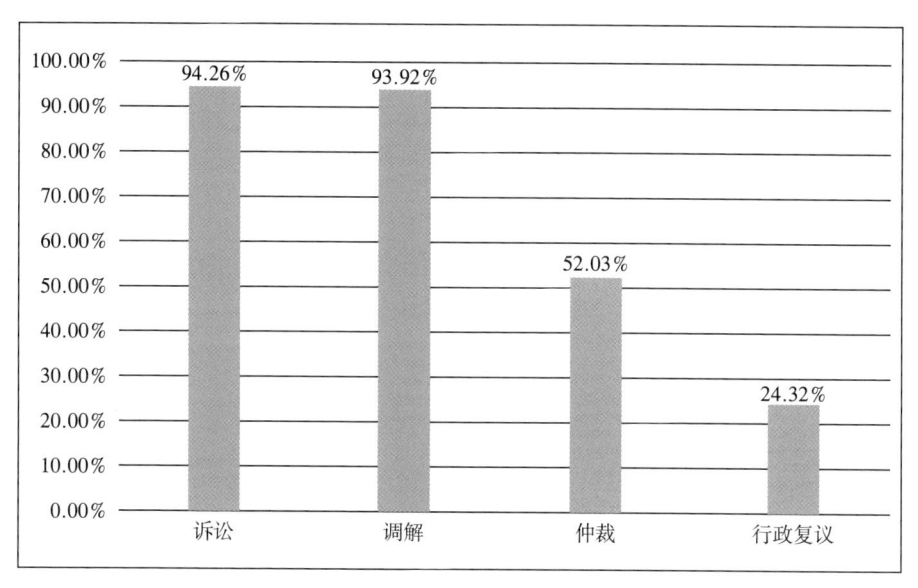

图2 2018年高中生对于纠纷解决方式的认知

（四）中学生学习法律知识的意愿比较强烈

超过半数的初中生群体有较强意愿学习法律知识。55.14%的高中生有愿意学习法律知识（见图3、图4）。

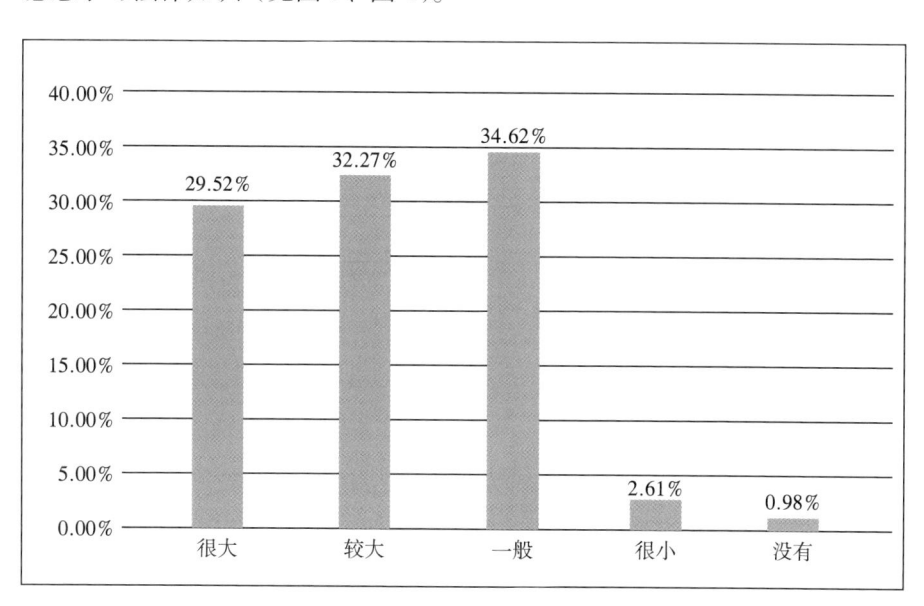

图3 2021年初中生学习法律知识的兴趣和意愿

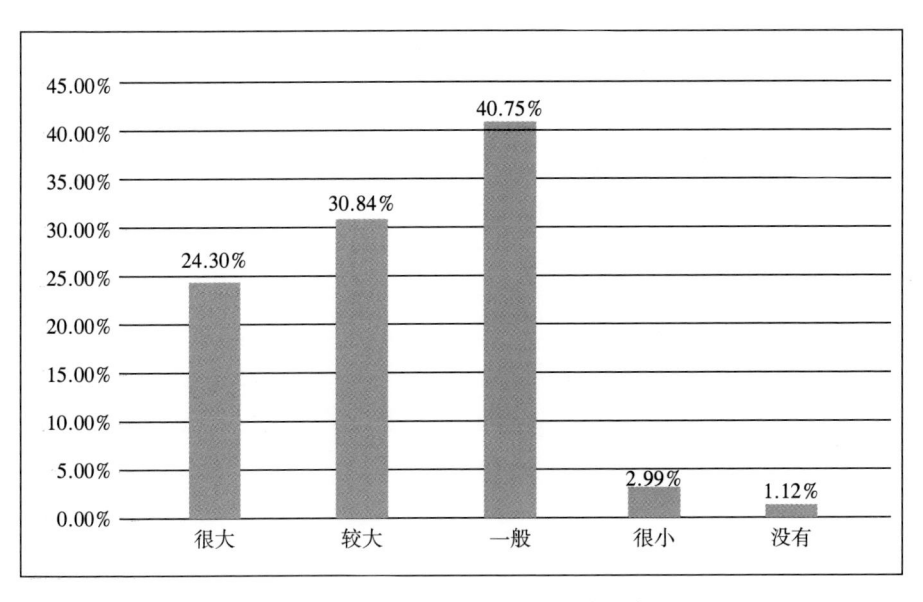

图 4　2021 年高中生学习法律知识的兴趣和意愿

调查发现，超过 84% 的中学生会在课外主动阅读与法治相关的课外读物（图 5、图 6）。

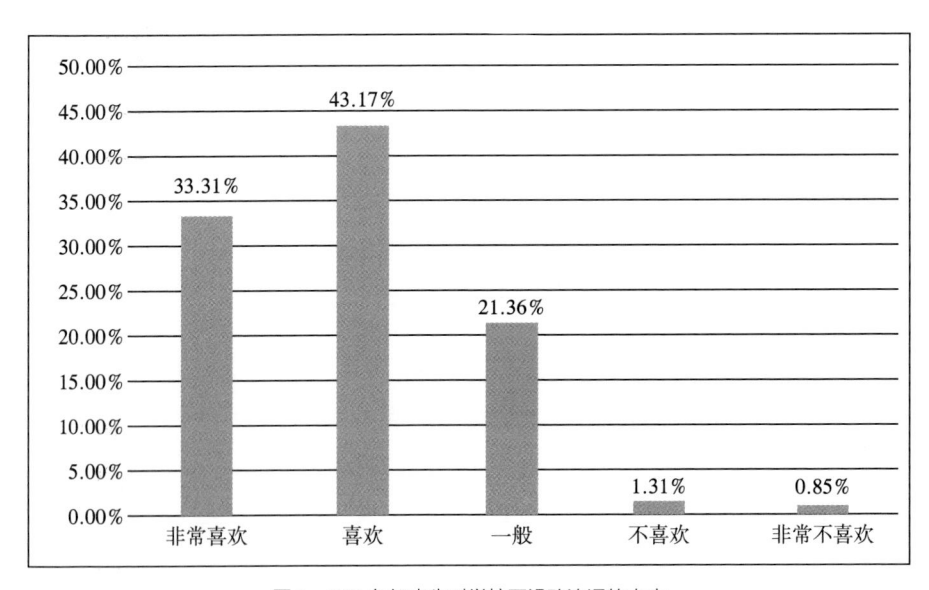

图 5　2021 年初中生对学校开设政治课的态度

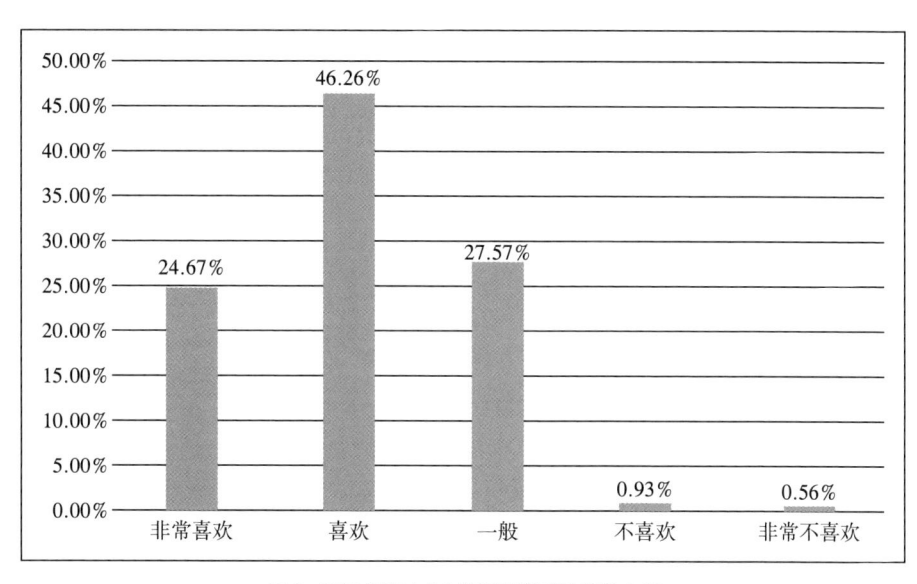

图6 2021年高中生对学校开设政治课的态度

（柱状图数据：非常喜欢 24.67%；喜欢 46.26%；一般 27.57%；不喜欢 0.93%；非常不喜欢 0.56%）

通过统计问卷结果可以看出，近年来陕西省青少年法治宣传教育取得了一定的成效，中学生对学习法律知识有了较浓厚的意愿和兴趣，也有相当比例的中学生能够主动阅读与法律知识相关的书籍。但是，也存在一些需要进一步解决的问题。所以，应该以《国家"八五"普法规划》《省"八五"普法规划》《青少年法治教育大纲》为依据，着力建构具有陕西特色的青少年法治宣传教育模式。

四、我国青少年法治宣传教育的模式

有关我国中小学法治教育的讨论最先出现在思政、教育界。一般认为，中小学生法治教育是公民教育的重要组成部分，通过公民教育课程、学校公共生活和民主学校的建设，构建学校公民教育的实践体系。[4]从法治传播学角度而言，普法工作要从公众法律需求着手，知晓对象需求、明确普法主体、改善普法形式，真正将法治理念内化于个人行为之中。从"法制教育"到"法治教育"反映出教育内容从知识层面提升到了意识层面。[5]大多数学者认为，法治教育实效性不强的重要原因是过于抽象和形式主义盛行。[6]然而，我国关于中小学法治教育模式的理论研究不多。有学者认为，在我国法治宣传教育过程中，先后出现过灌输模式、公众参与模式和对话模式。[7]

《国家"八五"普法规划》关于"加强青少年法治教育"部分指出：全面落实《青少年法治教育大纲》，教育引导青少年从小养成遵法守法习惯。充实完善法治教育教材相关内容，增加法治知识在中考、高考中的内容占比。推进教师网络法治教育培训，五年内对所有道德与法治课教师进行一次轮训。探索设立"法学＋教育学"双学士学位人才培养等项目，加强法治教育师资培养。持续举办全国学生"学宪法讲宪法"、国家宪法日"宪法晨读"、全国青少年网上学法用法等活动。推进青少年法治教育实践基地建设，推广法治实践教学和案例教学。深入开展《未成年人保护法》《预防未成年人犯罪法》等法律的学习宣传。进一步完善政府、司法机关、学校、社会、家庭共同参与的青少年法治教育新格局。

《陕西省"八五"普法规划》关于"全面加强青少年法治教育"部分指出：加强与青少年相关的法律法规教育，重点围绕防范欺凌、性侵、猥亵、电信诈骗、非法传销、校园贷等突出问题做好未成年人法治宣传教育。全面落实《青少年法治教育大纲》要求，持续组织开展学生"学宪法讲宪法"、国家宪法日"宪法晨读"、青少年网上学法用法、秋季开学"法律进学校"云普法、"红领巾法学院"创建、农村留守儿童关爱等活动。推进青少年法治教育实践基地建设，推广法治实践教学和案例教学，确保每个县（市、区）建成一个青少年法治教育基地。强化校园周边综合治理和校园安全工作，预防和减少青少年违法犯罪。

《国家"八五"普法规划》《陕西省"八五"普法规划》确立了三种法治宣传教育模式。

第一，以"课程"为中心的模式。其核心是课程建设和教师队伍建设。以课堂教学为载体，包括法治内容进教材、进中考高考，教师培训、轮训、学科师资教育等方面的内容。主要是通过增加法治内容在考试中的比重和提高教师课堂教学水平来加强效果。

第二，以"活动"为中心的模式。全国性的品牌活动有"学宪法讲宪法"、国家宪法日"宪法晨读"、全国青少年网上学法用法等。在"七五"普法期间，陕西省在中小学法治宣传教育的有效性方面做了很多工作。陕西省的品牌活动有每年秋季开学的"法律进学校"云普法、"红领巾法学院"、农村留守儿童关爱等活动。

类似的活动，全国其他地方也有开展。例如，由关工委议事协调、政法委牵头抓总的"少年法学院"，该项目由关工委落实党建带"关建"工作机制，在党委领导下，发挥议事协调机构作用，政法委履行牵头抓总职能，明确教育局、司法局、团委、法学会等部门按职责分工，在领导体制上形成工作合力。各区、街道（园区）参照这一组织架构，成立少年法学院建设领导小组，出台了规范性文件。

"少年法学院"起源于2008年南京市雨花台区法院退休干部、全国"十佳少先队校外辅导员"孙以智同志动员组织退休的司法干部，以关工委的名义到学校免费开设法治教育课。后来区关工委会同教育部门建章立制，提出创办"雨花台区少年法学院"，在法治教育内容、课时、教员、方法等方面进行创新突破，主要利用"五老"的力量在中小学开展法治课。2019年，南京市关工委把"雨花台区少年法学院"作为市关工委的品牌之一，进行重点培植和打造。2020年初，西安市委政法委发文件，把全市加强少年法学院建设纳入第四届"关爱明天·普法先行"青少年普法教育活动的实施意见，明确要求区级层面年内组建完成，有条件的逐步向基层延伸拓展。"少年法学院"实行统一"派课制"，负责属地中小学生法治教育。30％的退休公安民警、基层检察官、法官直接成为法治辅导员，退休思政课教师100％直接成为"五老"志愿者，抽调专家学者成立法治报告团。把渗透教育、体验教育和养成教育融为一体，增强法治教育的吸引力感染力。设立"模拟法庭"，让学生亲自参与真实案例的模拟开庭审理。成立法治学习兴趣小组，组织模拟听证会、法治夏令营等法治教育活动。[8]又如，无锡"啄木鸟模拟法庭"把情景体验与日常教育相结合，开展了以学生情景体验为核心，以角色扮演、现场演绎为主要形式的综合性实践活动。

从"活动前期进行的案例收集调查,活动中期开展的分析探究,活动后期呈现的最终演绎";走向"学生有话可说,并且有说的欲望,主动付诸行动,多重交互";最终达到"学以致用"。活动目标层层丰富,爬坡生长。[9]

第三,以"法治教育实践基地"为中心的模式。以推广法治实践教学和案例教学为主要教育手段。2016年9月1日,教育部、最高人民法院、最高人民检察院、公安部、司法部、全国普法办、共青团中央联合发布《关于加强青少年法治教育实践基地建设的意见》,提出要针对当前学校法治教育存在的法律知识以传授为主、教学模式单一、教育资源不足等问题,切实转变法治教育方式,充分利用校内外教育资源,形成以法治观念养成为中心,实践教学、探究学习等多种模式相结合的法治教育格局,全面提高青少年法治教育的针对性、实效性。实践基地建设要突出法治教育的资源整合和方式方法的创新,注重利用各种教育技术和手段,提供实践性、互动式的法治教育内容;要注重适应中小学组织学生参与的需要,具备相应的活动场地和设施,设立多种功能区域,满足学生参与实践的需要。实践基地要具备开展综合性学生法治教育及教学效果评价、教师培训等功能,要建设成为贴近法治实践、贴近青少年生活和认知特点的校外法治教育中心,成为中小学开展法治教育的重要支持系统。到2020年,在各地统筹建成六十所左右的国家级实践基地,各地争取在中等以上城市建立至少一所符合标准的实践基地,在县(市、区、旗)因地制宜、结合实际建立相应的实践基地。

上述三种法治宣传教育模式都强调政府、司法机关、学校、社会、家庭共同参与。法治宣传教育模式的核心是主体多元和整合资源、力量。正如有学者所说的,中小学对法治教育资源的开发缺乏能动性,开发手段滞后,致使中小学法治教育资源处在荒废状态。中小学法治资源未被有效利用,法治教育课程之外,中小学校也并未对大量的法治教育资源进行开发。同时,中小学缺乏对法治教育资源深度开发的动力,其对法治教育资源进行利用时往往具有一定程度的摆姿势、走过场的心理,致使丰厚的法治教育资源没有被高度重视和有效开发。实践证明,"课堂讲授、讲座、报告等传统形式的法治资源利用方式不能有效地转化成教育成果，应采用实践、参与、互动等方式将法治教育资源激活，采用多媒体教学、现场教学、角色扮演等'体验式'的教学手段高效利用法治教育资源。故事教学、情景模拟、角色扮演、案例研讨、法治辩论、价值辨析等有益的教学方法没有被充分采用，真实的法治案例进入课堂教学仍然流于形式。当前中小学法治教育资源利用的方式近身性稍差，让中小学生有一种'他人事情'的感觉，缺乏感同身受的认同感、共鸣感和共情感。"[10]所以，为构建全方位的青少年法治教育体系，需要广泛组织和动员国家机关和社会力量支持和参与青少年法治教育工作，建立法治教育的网络体系；法院、检察院、公安机关、司法行政机关、律师协会等，要通过各种形式和途径进行法治宣传。法治副校长、法治辅导员等要积极开展法治宣传教育，引导学生学会保护自己、远离伤害和犯罪；法官、检察官、律师及法学院校教师应参与开发法治教育课程、提供法治教育资源、为法治教育活动提供支持；报刊、广播电视、网络等媒体和企业要积极承担起法治教育责任，开发体现法治精神、弘扬法治理念的图书、杂志、动漫作品、少儿节目等文化产品，营造法治文化氛围。[11]

五、"红领巾法学院"法治宣传教育的模式

（一）产生及创建过程

陕西省"红领巾法学院"源于基层的实践，是由咸阳市风轮小学在2010年探索出的法治教育经验。在教学活动中，风轮小学教师发现部分学生有一些不太健康的行为，便找大学生进学校宣讲、让教师给孩子讲法并做家长工作，但都收效甚微。为了调动学生学习法律知识的积极性，就带领学生走进法庭参观，发现学生们的兴趣有很大提高。2012年2月22日，法院和学校进行合作，"红领巾法学院"正式挂牌，发展成"通过模拟法庭、普法情景剧、法治演讲、听爸爸妈妈讲法治故事等载体开展法治宣传教育"的系列普法活动。[12]

风轮小学的经验做法后来被共青团陕西省委发现、总结，2016年年

底作为共青团牵头开展法治教育的模式予以推广。共青团陕西省委首先选取其他地市中小学进行试点。2018年3月,陕西省"红领巾法学院"创建活动正式启动。2018年7月,共青团陕西省委和陕西省高院下发通知就省级创建工作进行安排部署。2018年10月,完成对省级8所学校"红领巾法学院"的命名,举行了创建工作推进会,使创建活动在全省迅速推广。

"红领巾法学院"采用试点先行、模范带动的方式在全省循序推进,首先命名了8所学校为首批"红领巾法学院"。在模式规范化以后,采取"地方创建—市级命名—省级命名"的模式,适应了陕西省法治教育的需要,省级优中选优,市级大力创建。在刚性标准要求下,明确了各地创建工作的考核。

经过全省共青团4年的推广,"红领巾法学院"创建工作卓有成效。截至2020年12月,被命名为"红领巾法学院"的学校有1362家,其中省级"红领巾法学院"命名学校43家,受益中小学生300余万人。法治教育方式的革新,调动了学生们学法的积极性,在模拟法庭的角色扮演过程中,学生不仅了解了审判程序,学习了相关法律知识,而且产生了对法治的敬畏。"红领巾法学院"广受学生、家长、教师、社会各界的赞扬,基本形成了陕西省中小学生法治宣传教育的品牌。

(二)"红领巾法学院"模式的特点

1. 在动力机制上由共青团牵头协调,多部门协同。"红领巾法学院"最初由共青团陕西省委和陕西省高院联合发文,各市县团委与各级人民法院积极合作。2019年7月,陕西省教育厅成为"红领巾法学院"创建工作的指导单位,各地教育行政部门积极参与。目前,加入的单位和团体有团委、人民法院、人民检察院、公安部门、司法行政部门、教育行政部门、少工委和省预防青少年犯罪研究会等。"红领巾法学院"强调政府、司法机关、学校、社会多元主体共同参与,体现了整合各方资源、力量的基本思路。在多元主体背景下,"红领巾法学院"由共青团牵头,一方面利用了共青团自身的组织力和联系青少年的政治团体属性，另一方面也成为共青团"大权益"工作的重要抓手，强化了共青团长期以来在预防青少年违法犯罪和未成年人保护工作方面的优势。

2. 在形式上体现法治实践教育活动参与和体验的特质。"红领巾法学院"以"模拟法庭、以案说法、普法情景剧"等形式为主，让中小学生在职业法律人指导下，积极主动参与到法治宣传教育活动中来。"红领巾法学院"设计了体验式、参与式的活动，改变了以往传统灌输式、说教式的宣教方法。体验式、参与式的形式将老师、学生双主体互动，变为学校、司法机关、教育机构、学生多方互动，有利于调动学生学法积极性。

根据问卷调查，有超过89.33%的初中学生和超过82.94%的高中生喜欢"红领巾法学院"（图7、图8）。

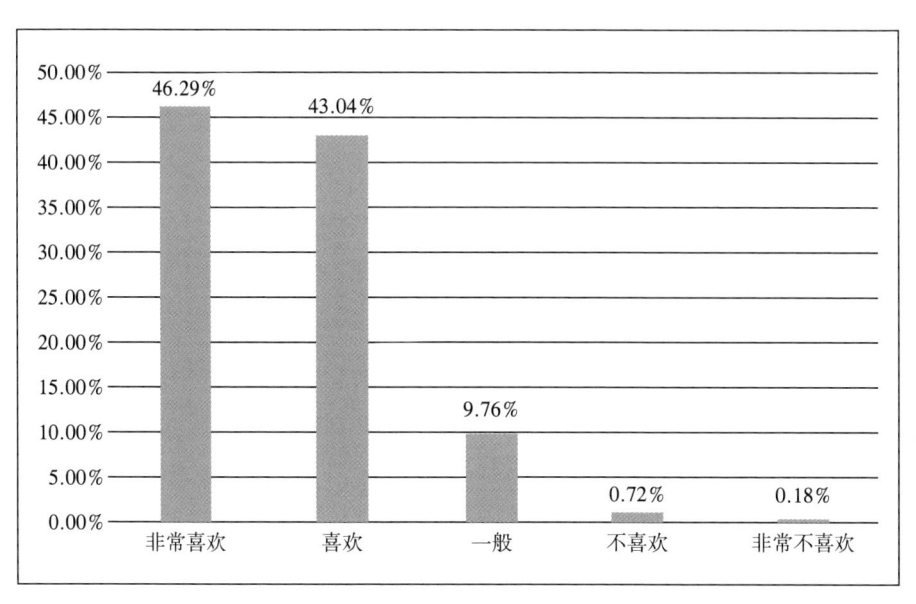

图7 初中生对"红领巾法学院"的评价

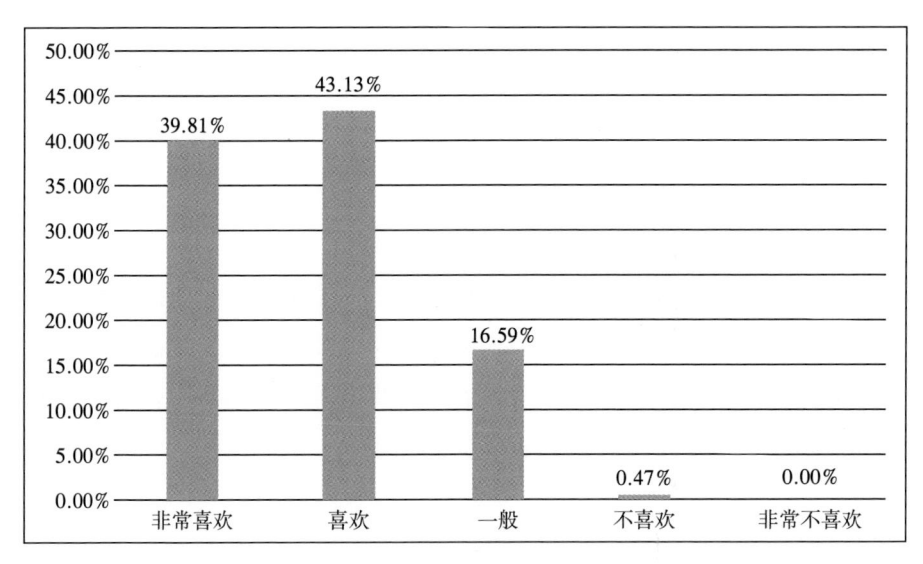

图8 高中生对"红领巾法学院"的评价

3. 在实施主体以学校力量为主，引校外专业资源进学校。不同于过去法治实践教育主要活动在校外，以校外社会力量为主体的做法，这种模式有利于调动学校积极性，加强学校的主体责任，也更方便、安全、易行，更容易和学校法治教育相结合。例如，当学校出现学生欺凌事件时，就可以排演以学生欺凌为主题的模拟法庭节目，以此达到宣传教育的目的。

4. 在教育方式上重视发挥同侪教育的独特功能。"红领巾法学院"是部分学生表演，部分学生观看。相较于陌生人，自己的同学成为故事主人翁更能引起中小学生的兴趣。同辈人之间相互教育和自我教育，更能激发学生的自我成长力量，让学生更好地在实践中反思。

（三）"红领巾法学院"创建中存在的问题

1. 学生参与面不够广泛

模拟法庭活动开展难度大、耗时长。活动时间跨度长（一年一次），再加上实际参加表演的学生占比只有15%左右，这导致"红领巾法学院"受众面比较有限。值得注意的是，近年来陕西中学生法治实践教育活动的开展有不同程度的下降。据我们调查，中学里开展法治教育的方式主要是开班会、传统授课、特定时节普及专项法律知识、召开教育大会、多媒体教学、组织法治实践活动，在课堂上情景模拟、角色扮演等。初中学校开展法治教育的形式更趋向班会，其他形式的法治教育都有不同程度的减少，尤其是选择以法治实践活动或情景模拟形式的比率减少较多。导致该方式减少有两方面原因：一是相较于其他方式，以法治实践活动或情景模拟进行法治教育需要更多时间、资源的投入；二是受新冠疫情影响，学生和校外人员入校参加活动受到限制。与2018年相比，高中生法治教育形式中，除情景模拟的选择率略有提升外，选择其他方式开展法治教育的比例都有不同程度的降低，实践教学方式占比下降最多（图9）。

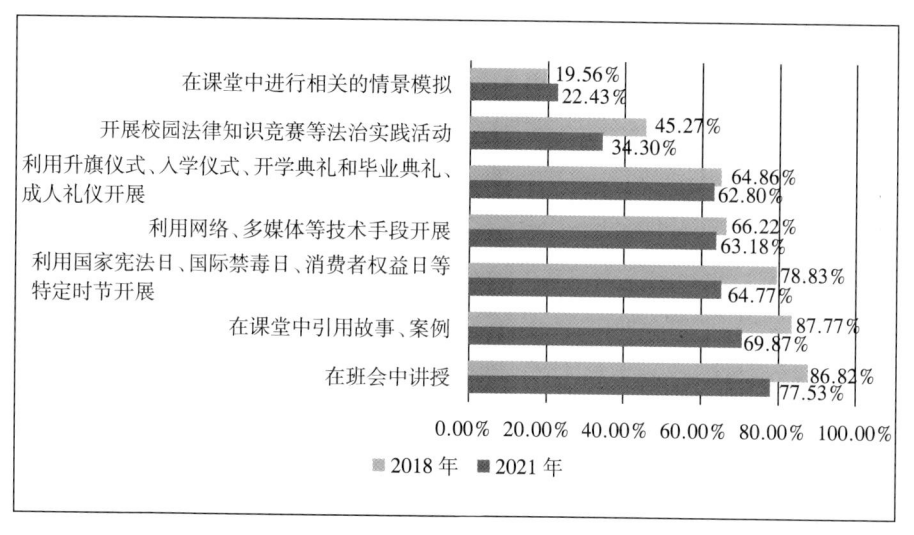

形式	2018年	2021年
在课堂中进行相关的情景模拟	19.56%	22.43%
开展校园法律知识竞赛等法治实践活动	45.27%	34.30%
利用升旗仪式、入学仪式、开学典礼和毕业典礼、成人礼仪开展	64.86%	62.80%
利用网络、多媒体等技术手段开展	66.22%	63.18%
利用国家宪法日、国际禁毒日、消费者权益日等特定时节开展	78.83%	64.77%
在课堂中引用故事、案例	87.77%	69.87%
在班会中讲授	86.82%	77.53%

图9　学校对高中生开展法治教育的形式

2. 各主体分工职责不够明确

首先，从校内力量看，道德与法治课的教师人数在全校教师中占比很小。"红领巾法学院"工作小组由校内领导和各级班主任组成，大都不具备法律专业知识。在设计、举办活动环节上不具有专业优势。部分学校重"挂牌"而忽略实质建设。共青团陕西省委规定的创建标准"四有三明确"更多强调外部保障，但学校应当更重视内涵式发展，重视学生的真正收获。

其次，从校外力量看，各部门之间联动较差，未能形成合力。一是司法机关工作人员参与活动不够，例如法官精力不足，指导不够。二是模拟法庭呈现明显成人化的趋势。案例脚本过于晦涩和专业，未能考虑学生们的实际接受程度。三是教育行政部门和学校缺乏投入创建活动的专项资金。四是绝大部分学校的法治宣传教育活动中缺乏家长的参与，家长们缺乏对于活动的积极性，学校教育与家庭教育之间未能很好地衔接。

六、完善"红领巾法学院"模式的建议

（一）不断扩大覆盖面

由于模拟法庭活动的自身局限性，能够参与活动的学生比例较小，有75%的学生属于观看者。因此，在开展"红领巾法学院"宣教活动过程中，应尽量结合学生特点，保证更多学生的参与。建议以2021年年底的数字为基础，按照每年增加25%的增速，逐步扩大建立"红领巾法学院"的地区和受众的覆盖面。同时，应当鼓励学生配合活动，策划法治宣传海报、组织撰写心得体会，并在同学中进行分享，以充分发挥同侪教育的自我教化作用，形成良好的校园法治氛围。

（二）构建"互联网+法治教育"新模式

各学校依靠科技，创新活动形式，切实改变目前法治实践教育活动数量少的问题。例如，通过线上与线下相结合的方式，充分运用微信、微博、微电影、客户端，构建"红领巾法学院"资源库和新媒体平台，提高"红领巾法学院"活动的效能和影响力。健全法治教育和舆论宣传工作机制，运用各类新媒体新技术开展"红领巾法学院"活动的宣传。向全体学生播放"红领巾法学院"活动视频，并通过小班或小组形式组织学生进行讨论。

（三）创新评估考核方式

第一，加强对学校工作的评估。学校应当建立"红领巾法学院"工作小组，并设置宣传、活动策划、运行等部门，将小组任务分解到人，对活动进行及时总结，定期上报各指导单位。省级创建学校每年至少举办一次

"模拟法庭",市级创建学校每年至少组织学生现场观看一次或举办一次"模拟法庭"。区县级、乡村在条件足够的情况下,至少组织观看一次视频或创建新的实践活动形式。学生的法治实践教育课时每年至少二课时。法治实践基地建设达到每一万学生至少一个,鼓励各个学校基于原有的场地进行多方面资源利用。

第二,对"红领巾法学院"创建工作进行第三方评估。把学生的满意度、参与度、法治意识高低作为创建工作的重要考核指标。教育行政部门和学校制定实践类课程的专门性的考核标准。建立考核反馈机制,不断修改完善评价标准。建立"红领巾法学院"的退出机制,对于已经挂牌的学校,适时开展评估考核,对于考核不合格的限期整改,对于整改不力的予以摘牌。

(四)加强各指导主体的职责

省、市"红领巾法学院"指导单位应做好制度供给和政策支撑。对各指导主体每年完成职责情况,由共青团陕西省委、省高级人民法院、省人民检察院、省司法厅、省教育厅在系统内部进行通报。区县团委和学校团委应承担"红领巾法学院"活动的协调职责,加强区县司法机关、司法行政机关、教育行政机关对"红领巾法学院"的业务指导。教育行政、司法行政、法院、检察院等具有普法任务的单位,每年至少与学校联合举办一次实践教育活动。每个区县法院和检察院落实至少一名法官、检察官作为指导人员,对活动进行指导。

(五)以基金方式强化经费支持

多方筹措资金或通过募捐方式设立"红领巾法学院"基金。通过评估,以小额项目方式资助创建工作,给每个学校提供1000—3000元不等的经费支持,并向老少边穷地区的学校倾斜。基金对于具有创新性的法治宣传教育措施、方法,给予5000元经费的支持或对学校及个人进行通报表彰,对效果显著的项目及时予以总结推广,定期编写、下发创新案例选编,通过典型示范和引领,不断推动"红领巾法学院"的创新发展。

参考文献

[1] 中国共产党第十八届中央委员会第四次全体会议文件汇编[G].人民出版社，2014：49.

[2] 褚宸舸，任荣荣.陕西省青少年法治教育调查报告[M].//李林，田禾，吕艳滨等.法治蓝皮书：中国地方法治发展报告 No.7（2021）.社会科学文献出版社，2021.

[3] 李红勃.学校法治教育的阶段性目标、内容与方法：基于大中小学德育一体化语境下的讨论[J].现代教学，2019（2）.

[4] 冯建军.学校公共生活与公民教育[J].苏州大学学报（教育科学版），2014（2）.

[5] 王树荫，房玉春.试论从"法制教育"到"法治教育"的转变[J].甘肃社会科学，2017（2）.

[6] 林凌.法制宣传教育：从普法模式到公众参与模式[J].编辑学刊，2015（5）.

[7] 高雅雯.法制宣传教育模式初探[J].编辑学刊，2016（5）.

[8] 江苏省南京市关工委.抓住关键就有效果：创办少年法学院预防减少青少年犯罪的经验[J].中国火炬，2021（1）.

[9] 徐芳.青少年法治教育活动的实践与探索：以校园"啄木鸟模拟法庭"为例[J].中国德育，2021（8）.

[10] 晋涛.中小学法治教育资源的现状、整合与共治[J].青少年犯罪问题，2020（5）.

[11] 李红勃.依法治国背景下的青少年法治教育[J].教育家，2020（20）

[12] 薛应军."红领巾法学院"：青少年法治教育的"陕西名片"[J].民主与法制时报，2019-12-8（2）.

陕西共青团大公益体系建设实践路径探索*

丁芝娟　叶润泽　王铭　张腾　谢雨阳

一、研究背景

国家治理作为世界各国执政党和政府最关心的问题，与国家兴衰、社会发展和人民福祉息息相关。党的十八大以来，以习近平同志为核心的党中央主动应对当前我国治理发展面临的新趋势、新任务、新要求，聚焦全球，把握全局，运筹帷幄，正视重大问题，积极采取一系列重要制度安排、体制创新，持续提升治国理政水平，全方位多角度推动党、国家、社会各方面事务管理制度化、规范化、法治化，加速推动我国治理体系和治理能力现代化建设，为我国长治久安提供更成熟的体制保障。

十九届四中全会审议通过了《中共中央关于坚持和完善中国特色社会主义制度、推进国家治理体系和治理能力现代化若干重大问题的决定》，阐明了社会公益组织在推动国家治理体系和治理能力现代化中的作用。中国共产主义青年团作为党的助手和后备军，具备群团属性的同时又联系党委政府，是党领导的先进青年群团组织，在引领大众参与社会方面具有独特优势。展望未来，在中国特色社会主义进入新时代的伟大背景下，如何借助公益力量有效延伸共青团联系青年、服务青年的工作臂膀，进一步提升团组织为党政中心工作服务、引导青少年事务、助推社会经济发展的能力，探索出一条陕西省独特的共青团大公益工作体系势在必行。

二、国内外公益事业现状分析

公益社会组织成员大多数由青年组成，是共青团必须争取的工作对象。

---

* 陕西省哲学社会科学重大理论与现实问题研究项目，项目编号2021HZ-886。

针对我国青年群体现状及公益事业的发展现状，部分学者已经做了相关研究。齐鹏程[1]（2022）指出，在时代飞速更替的当下，"Z时代"青年群体呈现需求多样化、价值多元化的发展趋势。黄艳群[2]（2019）提出，社会公益组织是共青团在新形势下发挥枢纽作用的重要载体，共青团应当充分发挥自身优势，为公益性社会组织参与社区治理牵线搭桥，真正发挥共青团的枢纽作用。汪敏[3]（2017）深入分析了中国公益事业发展中面临的种种困境，针对起步晚、理念落后、体制不优、专业素养较差、工资待遇较低的现状指出公益组织未来的发展方向是提升整合资源、策划项目的能力，打造良好的公益发展生态环境。蔡勤禹[4]（2016）指出我国在进行公益体系创新时，政府针对事业单位应采取灵活多样的管理机制，促使以公有制事业单位为主，私有制事业单位为辅的局面形成。简化政府部门职能的同时，促进社会公益性事业的进步。伏玉林[5]（2007）针对如何完善公益服务体系的问题，指出要通过民营化来提供公益服务。宋世明[6]（2019）指出，公益服务应该与政府合作，以此提高服务质量，助推社会组织发展。薛澜[7]（2012）通过系统分析影响我国社会公益事业发展的主要原因，针对准入问题、资金问题、人才问题、生存空间问题以及监管问题提出了相关建议。

现代慈善事业最早起源于欧洲，针对公益事业及志愿服务，国外学者往往更注重制度的优化。英国于1869年在伦敦成立慈善组织协会（Charity Organizmion Society），系统整合调配社会资源帮助城市贫困大众。法国的托克维尔（2017）[8]通过研究美国社会制度，对美国提倡的民主与自由进行分析，找到自由和志愿服务之间的联系，使互帮互助成为一种公民习惯，利他主义成为每个人的行为准则，发挥志愿服务的良性作用。美国彼得·德鲁克[9]（2009）从公益组织与志愿者的关系入手，通过对利奥·巴特尔神父的访谈，教给人们如何在公益组织中对志愿者进行管理，从而使志愿者变成组织内的人，真正成长为一名义工。

总的来看，国内外研究更多围绕公益发展历程，探讨公益活动的存在价值，在公益体系建设、构建长效机制方面的研究较为薄弱。因此本文以陕西省共青团为切入点，探索构建一种凝聚合力、运转流畅的大公益体系，为公益发展提供新思路。

三、陕西省共青团公益发展基础

近年来，陕西省共青团在整合社会资源、打造品牌、理论研究和制度建设方面有了突破性进展，成效显著。

（一）阵地建设

2012年，共青团陕西省第十二次代表大会召开，会议强调了要在全省范围内实施"枢纽构建"计划，把工作重心调整到青年社会组织相关工作上，创新性提出"青年之家阵地+青年社会组织"工作模式，吸引凝聚青少年力量，逐步形成具有陕西特色的青少年社会工作综合服务平台——青春驿站。5年来，陕西省已在省、市、县各级建成青春驿站798个，吸引汇聚各类青年社会组织1500余家，服务全省青少年60余万人次，实现服务阵地全覆盖，为陕西省青年社会组织健康成长提供了非常重要的空间。

（二）品牌建设

按照"党政关注、社会认可、青年喜欢"的原则，设计公益项目的种类，及时向社会发布信息，引导全省青年社会组织积极参与优秀青少年公益项目比赛。设立公益创投资金120万元，支持优秀公益项目推广，通过举办全省青少年公益项目大赛，累计评选出近千项具有创新性、专业性、可持续性的优秀公益服务项目，凝聚了一批公益人才和公益社团。

（三）理论研究

以希望工程公益研究院为依托，强化青年社会组织培育。陕西共青团多方调研查找问题根源，组织专家研讨措施，依托陕西高校的师资力量，成立了陕西希望工程公益研究院。积极与民政、教育部门沟通，设置青年社会组织研究课题，着力提升其在社会动员、人才培养、项目设计、品牌推广、决策咨询和社会评估等方面能力。增强陕西青年社会组织的核心竞争力，着力培养更多的公益人才，助力陕西青少年公益事业飞速发展。

（四）制度建设

协调民政、财政等部门出台《关于加强全省青年社会组织工作的意见》《关于做好政府购买青少年社会工作服务的实施意见》等，为全省公益事业发展提供政策支撑。2017年以来，共青团陕西省委制定"陕西希望工程三年攻坚计划"，为脱贫攻坚全面胜利助力，整合一切可利用资源，引领全省青年社会组织服务于脱贫攻坚中心大局，累计募集捐款6821万元，专项教学设备物资款5347万元，资助家庭贫困学子1.9万人，援建希望小学、希望图书室、希望厨房等共计192个项目，救助先天性心脏病等重症患儿260人。

四、陕西省青少年公益事业发展困境分析

在我国进入全面建设社会主义现代化国家新征程上，经济社会发展迅速，青年群体的现实需求也与日俱增。传统的公益体系吸引力减弱、影响力不强，逐步暴露出以下四点困境，制约和影响着青少年公益事业发展。

（一）理念落后

张晓刚[10]（2020）指出，伴随着经济、社会的不断发展，我国的主要矛盾已经变为人民日益增长的美好生活需要和不平衡不充分的发展之间的矛盾。而社会公益事业作为缓解社会矛盾的重要力量，在思维转变和角色扮演方面明显存在滞后的问题，旧的公益理念作为缓和社会矛盾的润滑剂来说，已无法发挥其真正力量。

（二）资源分散

公益社会组织非营利的性质决定了其在发展初期，必须依靠政府部门的扶持，开展各类行政化活动来维系组织生存。从公益社会组织本身看，资源筹集能力有限，日常活动经费紧张，不少组织的正常活动和业务难以开

展，影响了组织的成熟发育。

（三）项目不优

评判一个公益项目的优劣，最重要的就是对其进行项目评估。让公益组织对自身项目有充分的了解，知悉优劣，准确地评估自身能力，进而提高项目运作能力和社会影响力，为后续项目发展与改良创造基础条件。现阶段我国的项目评估手段已经相对成熟，然而在公益领域的应用却比较少，缺乏独特的具有针对性的评估方法。

（四）人才不足

一方面我省高等院校大多不设公益类专业，很多公益组织的从业人员长期把持着重要的岗位却缺乏相关的能力经验以及专业知识储备，没有较高的专业素养，形成权责不匹配的局面。另一方面，很多公益组织依靠自身发展困难重重，工作人员工作量大、待遇低，缺乏后勤保障与制度保障，使其难以吸引到优秀的专业人才。

五、探索构建"1+2+3+4"陕西共青团大公益工作体系

针对以上青少年公益事业发展遇到的困境，探索构建"1+2+3+4"陕西共青团大公益体系，打造具有陕西特色、中国一流的"大公益"品牌，促进美好和谐的社会治理格局形成。

"1"是围绕一个核心：牢记共青团作为助手和后备军的使命，持续巩固和扩大党执政的青年基础，努力使青少年感受到社会主义大家庭的温暖，奋力谱写陕西高质量发展新篇章。

"2"是加强两个建设：组织建设和制度建设。一方面发挥共青团的桥梁和纽带作用，利用共青团的组织优势，建立起党政与社会组织之间的沟通和联系；另一方面联合政府职能部门，推动出台有利于青少年公益事业发展的政策措施。

"3"是发挥三个功能：吸引凝聚、服务联系、组织引领。

吸引凝聚即通过公益大赛吸引公益组织关注和参与共青团工作，使其成为共青团的服务对象。聚阳生焰，拢指成拳，凝聚起所有公益组织的力量，方能最大限度地发挥出公益力量，为推动国家治理体系和治理能力现代化献出青春力量。

服务联系即通过青春驿站等平台服务一批热衷于共青团事业的公益组织，使其成为共青团的工作伙伴。培育、催生孵化和扶持整合一批青年社会组织为主的骨干力量，解决新形势下青年社会组织和青少年多层次需要的需求，加强共青团组织对青少年社会组织的引导，吸引凝聚广大青少年积极投入团组织的温暖怀抱。

组织引领即通过社会组织团工委、青年志愿者协会等团属组织，吸纳优秀青年社会组织，使其成为共青团的得力助手。

"4"是着力提升"公益理念＋打造品牌＋聚集队伍＋整合资源"四个能力，奏响公益大合唱。

创新"受助、自助、助人"公益理念。立足中国特色社会主义新时代，以新的视角，探寻光彩出路，有针对性地解决社会上亟待解决的问题，为社会打造公平正义的氛围，进而推动社会文明与进步，为人类的美好未来进行有意义的探索。

夯实"三全"品牌。树立共青团服务的工作品牌，努力做到服务"全事件、全过程、全人群"，紧扣我国发展重大战略目标，把公益行动与精准扶贫、城乡振兴、美丽中国、"一带一路"等国家重要政策相结合，把服务对象优先定位于贫困户、留守儿童、残疾人等重点扶贫人群。进一步增强共青团在广大青年社会团体和青少年中的领导力与凝聚力，以达到习近平总书记不断扩大共青团的服务工作有效覆盖率的要求。

建立健全"两青"队伍建设。以"发现—吸引—培育—落地"模式为基础，促使青年社工人才队伍和青年志愿者队伍齐头并进。积极与教育部门、相关高校开展合作，充分发挥各级团校作用，推动设置公益类专业课程、完善相关理论研究、学科体系建设、教学规范等；提升青年志愿者的理论素养，建立一批规模稳定、种类科学、服务专业的常规服务与应急服务相结合的青年志愿者队伍。

整合团内资源。大力推行"陕西公益项目大赛",增强陕西省公益项目创新能力。适时出台扶持政策,通过推动政府购买、网络众筹和创投大赛等激励方法,畅通社会公益工作资金来源。

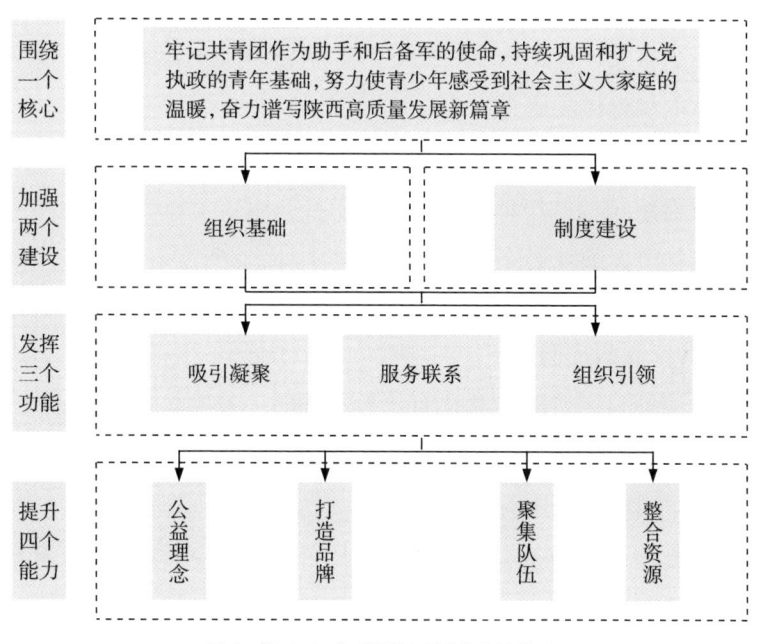

```
围绕一个核心 ── 牢记共青团作为助手和后备军的使命,持续巩固和扩大党执政的青年基础,努力使青少年感受到社会主义大家庭的温暖,奋力谱写陕西高质量发展新篇章

加强两个建设 ── 组织基础 | 制度建设

发挥三个功能 ── 吸引凝聚 | 服务联系 | 组织引领

提升四个能力 ── 公益理念 | 打造品牌 | 聚集队伍 | 整合资源
```

图1 "1+2+3+4"陕西共青团大公益体系

六、共青团推动公益社会组织发展的建议

(一)建立孵化培育机构

立足陕西省青年驿站,批准专项资金打造专门的公益组织孵化机构,以线上线下相结合的方式开展常态化培育,促使各社会组织的云端活动互通、培训互助、项目互融、资源互享、成长互进,让公益组织在共青团大平台上快速成长、服务社会。

(二)搭建孵化培育平台

一是组建孵化载体。用活用好新媒体网络平台,借助 VR、AR 等手段设立"青有你"等线上平台,探索开展元宇宙公益活动,通过线上体验、线下展示等方式引导区域内公益社会组织免费共享孵化基地的各类优质资源。

二是实现政策落地。以孵化基地名义定期邀请专家、学者成立社会组织专题研究组,深入研究社会组织培育发展相关文献资料,帮助初创期的公益社会组织享受"直接登记、免税申请、取消一业一会"等政策红利,并为入驻团队提供打包注册服务。

三是促进能力提升。依托社会组织孵化基地、团校、志愿者培训学院,定期举办社会组织领袖培训提升班,组织社会组织工作者和社团领袖赴广州、深圳等社会组织发展先进地区参观学习。

(三)培育社区服务项目

一是挖掘项目。协调中共陕西省委宣传部、省委文明办等部门,形成合力,共同开展陕西公益项目大赛、陕西公益小额资助等活动,为广大优秀公益社会组织提供展示自己的平台,吸引更多人参与到公益行动当中去。

二是培育项目。团组织要定期推出各类受群众欢迎的项目,组织具有成熟服务项目的社会公益组织,为各类社区提供菜单式的公益项目。

三是提升项目。依托孵化基地项目推介中心的智力支持,为每个社会组织量身打造"社区养老、应急救援、低碳环保、助残扶残"等不同类别的成熟公益项目,支持其以项目化形式承接政府职能转移,推动政府部门、基层组织、基金会以及爱心企业等向公益社会组织购买服务。

(四)优化社区服务路径

一是构建联盟抱团服务体系。发挥孵化基地聚合效应,组建各类专业较强、行业明显的公益社会组织联盟,实现抱团发展。

二是全面参与社区志愿服务。发挥孵化基地枢纽作用,有效凝聚各社会组织的志愿力量,全面推广志愿者社区派遣模式,打造"共青团搭台倡议、社会爱心奉献、志愿力量凝聚"的志愿者服务模式。

（五）凝聚社会草根力量

社会公益组织作为以兴趣爱好和情感为联系纽带的非层级化组织，传统的行政组织体系无法有效覆盖影响这一群体，其自身发展也面临政府政策缺失、社会支持缺少的困境。共青团应当以开展项目评选为手段，让各类志愿服务队伍、草根社团、民间非政府组织浮出水面、进入视野，为其提供交流、沟通、展示平台，并对优秀的项目予以小额资助，帮助初创型公益社会组织开好局、起好步。

（六）扶持社会公益项目

社会公益组织不同于市场主体、不等于职能部门，资源整合能力相对较弱。共青团应当立足"数量多、分布散、热情高"的草根社会公益组织发展特点，以青春驿站为纽带，整合各部门和社会各界资源，引导公益基金支持社会公益组织发展，指导社会公益组织开展社区公益项目申报工作，解决项目资金短缺问题。

（七）规范提升公益团队

资金不足、管理不善、项目不优、人才不足等问题一直是制约社会公益组织参与社会治理的瓶颈。共青团应探索成立社会公益组织采购中心，举办社会公益组织公益创投活动，推动政府部门进行项目投资。

（八）用活用好交流平台

共青团要建立统一便捷的信息交流平台，有利于提高志愿者的参与率和受众的有效求助，也是扩大公益组织社会影响力的有效途径。统一便捷的信息交流平台，能让民众轻松获取所在区域公益项目信息，方便随时随地加入志愿者队伍参加志愿服务，选择最适合自己参与的项目，让民众在衣食住行等各方面需要帮助的时候，通过线上信息交流平台能便捷查到自己需要的志愿服务，从而获取帮助。

七、成果运用

团队以共青团长安大学委员会为试点,以"1+2+3+4"大公益体系为抓手,在协助开展第十四届全运会(以下简称"十四运")志愿服务活动期间,对本体系进行了成果运用。

(一)盛世全运手牵手 志愿服务心连心

2021年9月15日20时,"十四运"开幕式在西安奥体中心体育场举行。长安大学作为"十四运"志愿者定点招募高校,自2020年10月以来,在学校党委的领导下,校团委牵头开展志愿者"选、培、管、用"工作,构建了"团干部+辅导员+志愿者"的"1+1+N"联系架构,形成了"报名—遴选—培训—宣传—激励"的工作流程,成立了志愿者临时团支部,共选拔培训657名志愿者,累计服务时长11万余小时,位居陕西前列。此外,还通过评奖评优、补助津贴、志愿服务时长、第二课堂学分等手段健全激励体系,真正实现了活动的吸引、服务和引领。

1. 高度重视,服务大局,层层选拔保质量

校党委高度重视,校团委迅速落实,第一时间面向在校本科生、研究生发布志愿者招募通知,全校学生踊跃报名,经过严格考察,最终在报名的2000余名同学中遴选出657名志愿者服务"十四运"与残特奥会,累计开展校院两级笔试、面试50余场次,构建了"体育引领,专业配套"的选拔导向,充分发挥了长安大学人文、外语、体育等学科专业优势,组建了一支专业素质硬、综合能力强、精神面貌好的志愿者队伍参与赛事服务。

2. 强化培训,提升素质,入心入脑提水平

为全面提升长安大学志愿者的服务水平、专业能力等综合素养,校团委积极做好志愿者管理团队骨干、入选志愿者培训工作。学校邀请国内志愿服务领域知名专家进行授课,以如何做好志愿服务组织和管理为出发点,从志愿服务团队领导力、管理工作实务、志愿者管理与管理工具、媒体宣传与新媒体管理、沟通与礼仪训练、文化建设与实时激励、志愿服务救护安全等方面对管理骨干进行专题集中培训。赛前，共计开展志愿者主题宣讲会、培训会60余场次。

3. 积极动员，广泛宣传，线上线下齐发声

充分利用校园网、微信微博等新媒体途径广泛宣传长安大学全运会志愿者招募情况、培训进展，如系列志愿服务活动系列报道、"十四运"与残特奥会专题介绍推文等系列宣传；引导学校青年志愿者服务总队等学生社团发挥其在学生中的带动作用，如布设桁架、张贴海报等。营造校园中人人关注、积极参与志愿服务的良好氛围，调动广大学生参与赛会志愿服务的热情。招募工作期间，累计发布活动通知与新闻稿件160余篇。

4. 精心组织，强化保障，多措并举强服务

赛会举办前期，学校对确定入选的志愿者完成了新冠疫苗集体接种、志愿者个人信息核对、志愿者配套物资发放、"全运通"小程序注册、签订志愿服务承诺书等配套工作。赛会举办期间，学校各相关职能部门多方协作，严格遵照长安大学"十四运"与残特奥会志愿者保障方案，对志愿者在上岗服务期间的课程教学、课业考试、医疗卫生与后勤服务提供必要保障，确保全体志愿者顺利有序上岗服务。

5. 总结经验，加强影响，理论研究促发展

"后全运"时代，长安大学共青团组织乘势而为，着力探索公益文化向社会文化转变的新方式。一是推动公益活动与城市文化有机结合。将西安十三朝古都的深厚文化底蕴与公益活动有机融合，让活动参与各方充分了解西安厚重的历史文化，增强爱校荣校情怀，打造出具有长安大学特色的"公益+"公益文化体系。二是提升品牌文化影响力。立足专业化、规模化、品牌化的整体策略，以"十四运""小秦宝"、社区服务"小蜜蜂"、保护环境"小卫士"等公益服务品牌为"基数"，不断完善项目体系，打造兼具标志性和独特内涵的品牌形象，不断扩大品牌文化影响力。三是充实公益文化的理论内涵。组建理论研究队伍，群策群力，形成一批高质量的研究成果，丰富公益文化的理论内涵，为实现陕西公益事业高质量发展提供强大的理论支撑。

八、结论

通过分析 15 年来陕西省公益事业发展现状，我们可以发现公益组织迅猛发展，已经成为经济社会发展中一支不可小觑的力量。随着经济社会进入新发展阶段，青年日益增长的需求同公益事业发展速度不匹配，逐步暴露出理念落后、资源分散、项目不优、人才不足的问题。

为此本文以陕西省共青团公益体系为切入点，通过工作研究、座谈交流、随机访问等方法对这些问题进行深入分析，总结了造成这些问题的原因。提出"1+2+3+4"陕西共青团大公益体系，通过一个核心确立共青团主要服务对象，两个指标体系梳理结构脉络，三个手段明确工作思路，四个能力明晰未来发展目标。最后以长安大学参与"十四运"志愿服务为例，应用"1+2+3+4"陕西共青团大公益体系，验证体系的可行性和优越性。

参考文献

[1] 齐鹏程，张凌，黄孝岩. Z 时代大学生开启"元宇宙"社交的心理特点及行为分析 [J]. 教育导刊，2022（6）：69-77.

[2] 黄艳群. 社会公益组织与高校学生社团融合发展问题研究 [J]. 区域治理，2019（48）：191-193.

[3] 汪敏. 中国公益究竟缺什么？[J]. 红岩春秋，2017（2）：72-75.

[4] 蔡勤禹. 探索中国特色公益服务体系的创新之作 [J]. 中共青岛市委党校. 青岛行政学院学报，2016（3）：128.

[5] 伏玉林. 事业单位改革：公共服务提供与生产的民营化 [J]. 学术月刊，2007（1）：70-72.

[6] 宋世明. 推进国家治理体系和治理能力现代化的理论框架 [J]. 中共中央党校（国家行政学院）学报，2019，23（6）：5-13.

[7] 薛澜，邓国胜. 鼓励社会力量兴办公益构建公益服务新格局 [N]. 光明日报，2012-08-30（7）.

［8］托克维尔. 论美国的民主［M］. 北京：商务印书馆，2017：10.

［9］彼得·德鲁克. 非营利组织管理［M］. 北京：机械工业出版社，2009：72.

［10］张晓刚. 新时代我国社会主要矛盾转化的生成逻辑和现实意蕴［J］. 理论视野，2020（11）：35-40.

陕西共青团大公益工作体系构建路径研究*

姚文静

一、研究目的和意义

（一）理论层面

第一，研究陕西共青团大公益工作体系，有助于深化公益项目实施，推动公益工作的开展。从公益活动、公益组织、大学生志愿服务活动的含义入手，透过现象挖掘本质，将陕西共青团大公益工作体系上升到理论高度。通过对陕西共青团大公益工作体系的社会价值进行具体分析总结，从理论的高度研究公益工作体系，为全省共青团公益工作的发展提供理论支持。

第二，通过对大学生志愿服务工作体系的价值研究，充分发挥大学生在公益活动中的重要作用。开展大学生志愿服务工作是对大学生进行思想政治教育的有效载体和全新探索，可通过理论研究指导大学生走出课堂，走向社会实践，积极开展志愿公益项目。

（二）实践层面

第一，研究大公益工作体系，能够对大学生和公益人士参与公益活动过程中遇到的问题进行梳理，并提供合理的应对策略。同时可以有效地指导大学生等群体规避在参与公益活动的过程中容易产生的错误，确保全省青年公益活动的顺利进行。

第二，大公益工作体系对大学生等青年群体参与公益活动现状进行调查和研究，不但有利于高校加强对大学生公益教育的重视程度，还可以帮助大学生在思想上重视公益的理念及精神，在行动上树立正确的参与动机，

---

* 陕西省哲学社会科学重大理论与现实问题研究项目，项目编号2021HZ-885。

从而使高校公益活动能够规范性、持续性开展。

二、理论基础与研究方法和过程

（一）国内外研究现状

1. 国外研究

从国外研究者的研究现状可以发现，欧美国家在立法、公益精神培养、公益组织管理体系和经费保障等方面已经拥有丰厚的经验。有研究显示，本土文化、个人经历等都是影响建立公益体系和大学生参与公益活动意愿的主要因素。Meijs（2003）等人通过对不同国家、不同文化背景的志愿者参与公益活动的研究，发现政府政策、政治环境、本土文化、历史等都会对大学生参与公益活动起着显著的影响。Ty M. Cruce 和 John V. MooreIII（2007）通过对美国大学一年级学生参与公益活动的现状进行调研，认为个人背景、大学生活的经历和所加入的公益组织的类型是影响大一学生参与公益活动意愿的主要因素。LouisA. Penner（2004）认为，影响大学生参与公益活动意愿的主要因素有个人背景、社会压力和情感刺激等。Debbie Haski-Leventhal（2008）通过对12个不同国家的不同专业的大学生进行实证研究，发现专业背景也会影响大学生公益活动的参与意愿，且人文专业大学生的参与度最高，经济学专业的其次，社科类大学生的参与度最低。各类文献显示，构建一个较为完善的公益工作体系对发展公益慈善事业有着良好的促进作用。

2. 国内研究

国内对公益体系的研究集中在对我国慈善事业发展的历程、慈善意识与公益伦理等方面。近年来，随着大学生对志愿活动参与度的提高，志愿者活动中存在的问题也依次浮现，急需寻求相应的对策，因此，大学生公益创业理论的研究逐渐受到重视。朱强在《浅谈大学生公益教育》中，介绍了对大学生进行公益教育的必要性，详细地论述了公益问题关系到我国繁荣富强，公益事业的发展水平是人类文明进步程度的重要标志。公益事业是社会文明的一个标尺，培育大学生的公益理念，对推动全社会的公益实践，对青年美好人格的塑造，对构建社会主义和谐社会具有十分积极的意义。文章对大学生公益教育应该如何开展进行了论述，并从四个方面进行了分析。文章提出，首先要加强大学生社会责任感教育，其次是加强中国青年志愿者队伍建设，再次是积极拓展大学生社会实践的途径、增强大学生的责任意识，最后是在教学中掌握正确的公益教育途径。孙晓云、刘秀英在《应当培养青少年热心公益的习惯》一文中，也强调了对青少年进行公益教育的重要性，应当积极地培养青少年热心公益的习惯。

（二）研究内容

本课题依托西安培华学院陕西希望工程公益研究院进行陕西共青团大公益工作体系研究。

在推进陕西青少年公益事业的实践中发现，当前青少年公益领域存在着"孵化公益组织难""发掘优秀项目难""公益项目落地难""公益项目筹资难""执行项目监管难""公益资源整合难"等问题。

本课题通过对陕西希望公益的深入调研探索，着力构建陕西"1113大公益体系"（1个"秦青筹"公募平台，1个"公益研究院"，1项"三年攻坚成果案例"，3项品牌项目：公益大赛、公益微超市、数据库），有效破解"六难"问题是本项目的重点及难点。

（三）研究思路

课题组按照"找出问题—分析问题—提出解决方案及具体措施"的思路（见图1）开展课题研究。首先，课题组成员利用陕西省共青团提供的相关资料以及网络资源，梳理总结大公益工作现状以及相关的理论支撑。其次，广泛开展对陕西省共青团大公益项目工作体系情况的调研，结合高质量发展要求，进行数据分析，总结提炼当前大公益项目工作体系存在的主要问题。再次，认真学习国家和陕西省相关政策，找准政策依据，借鉴卓越绩效管理办法，从坚定社会主义核心价值观、坚持锤炼青年公益实践观念、强化青年公益反哺社会意识等方面，构建具体工作体系。最后，基于以上资料，课题组着重研究如何实施陕西共青团大公益项目工作体系，形成理论报告。

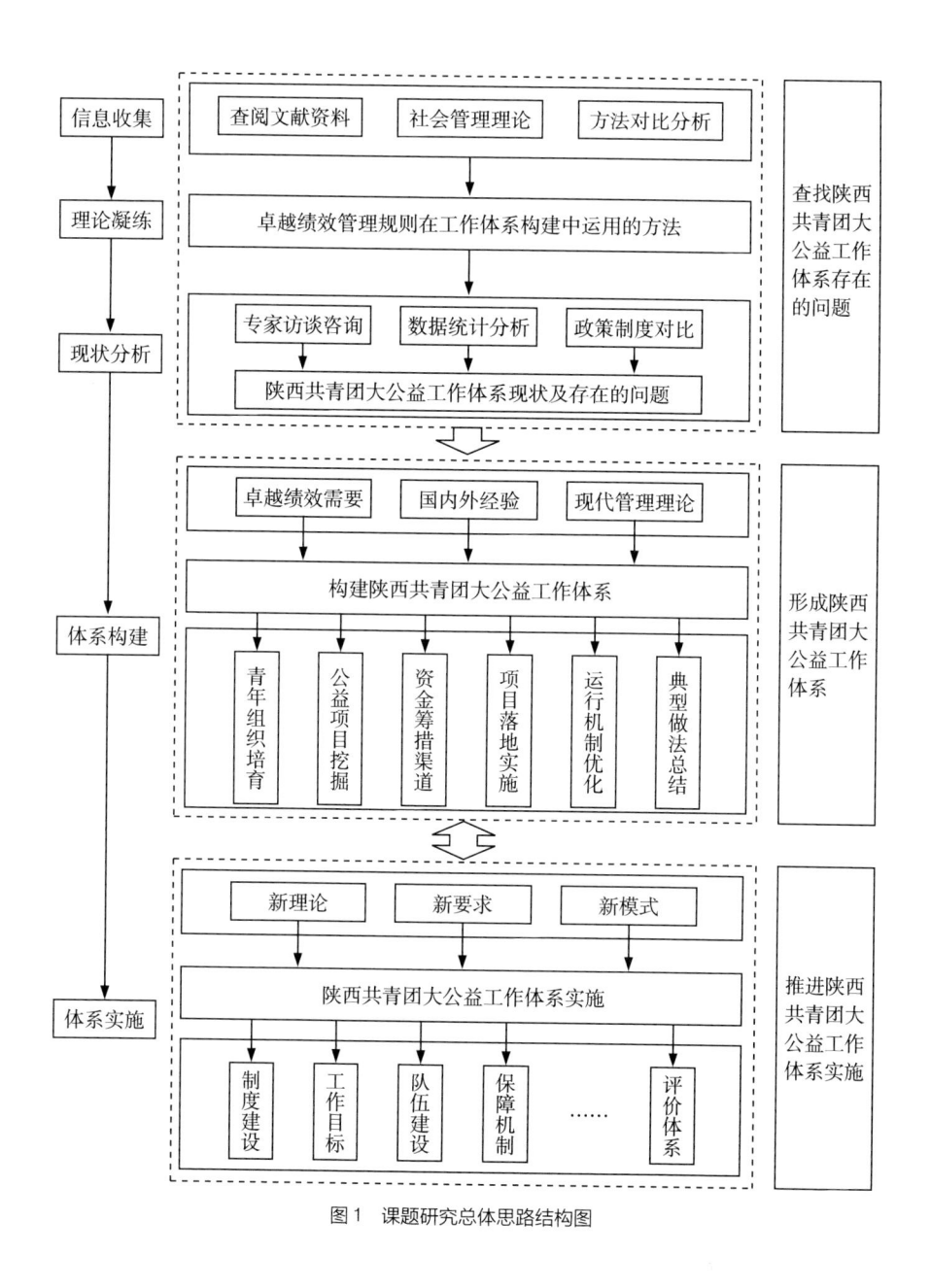

图1 课题研究总体思路结构图

(四）研究方法

1. 模型构建法。确定各类公益活动评估指标，设定指标权重，将统计的数据录入指标系统内，通过系统评估和数据分析，具体问题具体分析。

2. 实证研究法。依据现有的科学理论和实践的需要，提出设计方案，利用现有的数据资料，通过有目的有步骤的操作，根据观察、记录、测定来分析确定优质生源和培养质量之间的关系。

3. 文献研究法。通过查阅相关书籍、论文，在中国知网上下载并阅读国内外优秀硕博论文，获得大量的相关资料。分析整理相关资料，找出各位学者值得本课题借鉴的理论，进而扩充课题内容。

4. 问卷调查法。编制关于大公益工作体系的调查问卷，通过问卷星免费调查软件，对西安培华学院在校大学生等群体展开抽样调查，根据不同群体的问卷答案，分析总结大学生和社会公益人士等参与公益活动的现状，总结目前公益活动存在的问题，进而为大学生等群体公益活动的价值发挥研究提供依据。

5. 理论研究方法。本文采用归纳演绎、类比推理、抽象概括、思辨想象、分析综合等方法，对大学生等群体的公益活动行为进行分析。

三、陕西共青团大公益工作体系调研情况

课题组通过编制关于大公益工作体系的调查问卷，对在校大学生、市民、社会志愿者等群体展开抽样调查，共计发放有效问卷 2649 份。其中 90% 的问卷是通过问卷星系统发给高校师生进行网上填写的，10% 的问卷是线下征集的，由课题组成员录入问卷星系统。最后利用问卷星系统作图并分析。

问卷的群体样本情况是：女性 2033 人，男性 616 人（见图 2）；年龄主要集中在 25 岁以下，占比 97.09%（见图 3），职业以青年学生为主，占比 95.92%（见图 4）。

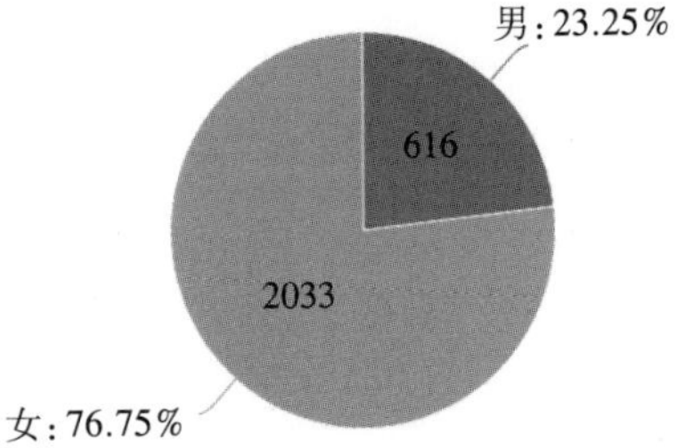

图 2 调查群体的性别比例

图3 调查群体的年龄段

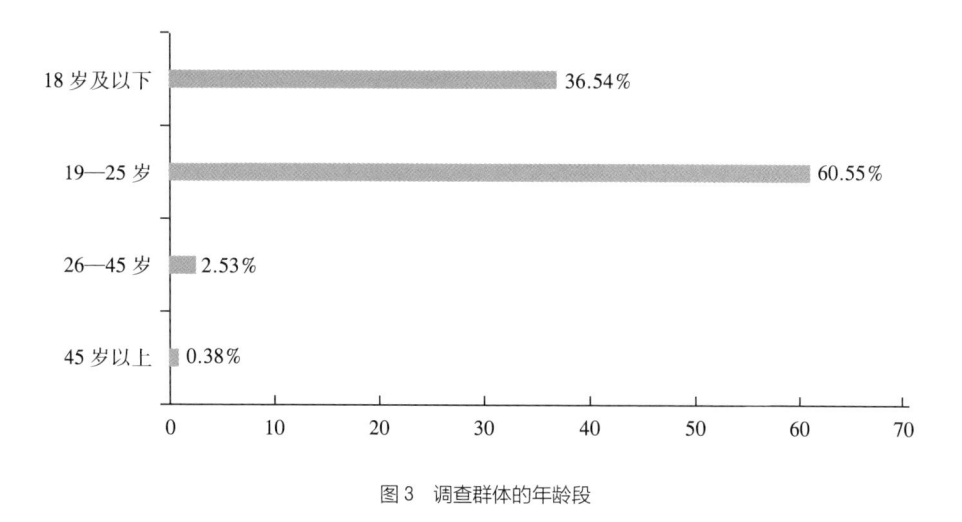

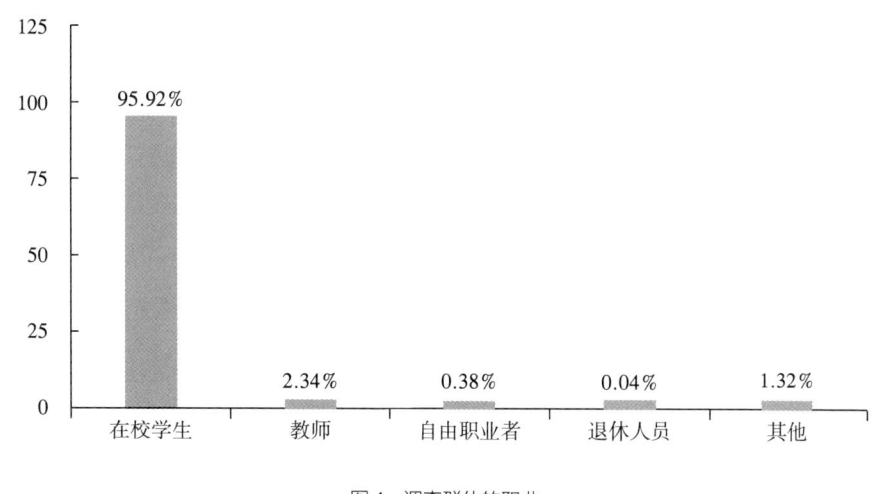

图4 调查群体的职业

在调查受访群体是否参加过志愿服务或者公益类活动这一问题上（见图5），有67.84%的人表示自己参加过志愿服务或者公益类活动，32.16%的人表示没有参加过。其中有71.61%的人表示没有时间，个人学习、生活和工作与参加志愿服务冲突，40.2%的人表示自己在经济方面没有能力帮助他人，34.54%的人表示是由于自身能力不足，不能帮助别人（见图6）。

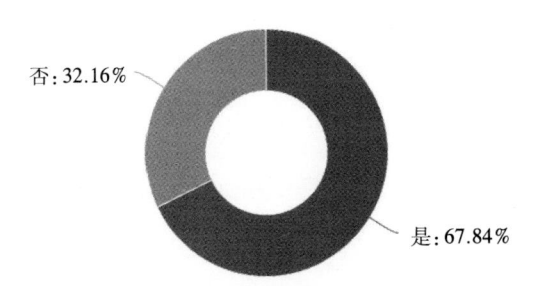

图5 是否参加过志愿服务或者公益类活动

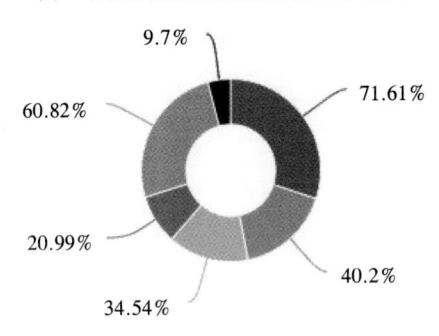

图6 阻碍参与志愿服务和公益类活动的因素

调查结果显示，受调研群体中，58.17%的人表示愿意在双休日参加志愿服务活动，25.71%的人认为在工作日、双休日及节假日期间均可参加（见图7）。

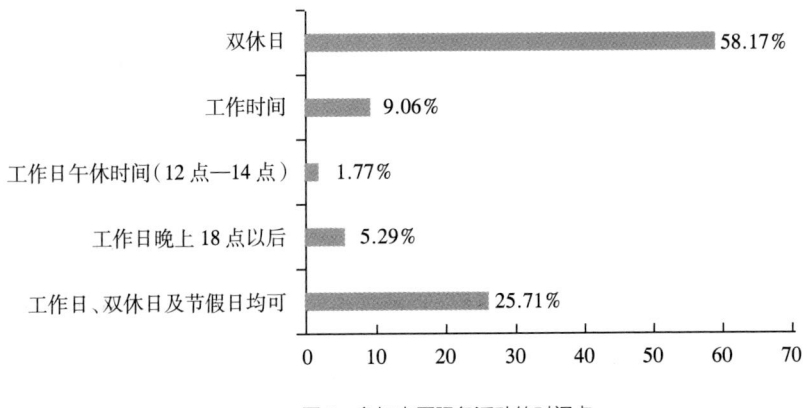

图7 参加志愿服务活动的时间点

调查结果显示,受访者参加公益活动的方式及其占比按照从高到低的顺序排序如下:各种类型的志愿服务占比81.05%,慈善捐款捐物占比44.96%,利用微信等网络平台传播公益活动及理念占比48.62%,其他占比6.8%(见图8)。

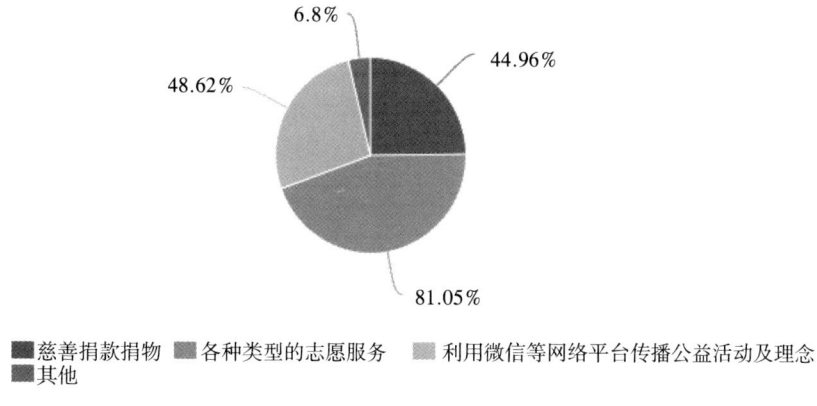

图8 参加公益活动方式

目前受访者参与的公益活动主要涉及环保节能、教育助学、扶贫救灾、义卖型、心理健康公益等类型。问卷调查结果显示,在各类公益活动中,77.8%的人更愿意参加环保节能公益,65.65%的人愿意参加教育助学公益,62.55%的人愿意参加扶贫救灾公益,61.38%的人愿意参加心理健康公益(见图9)。

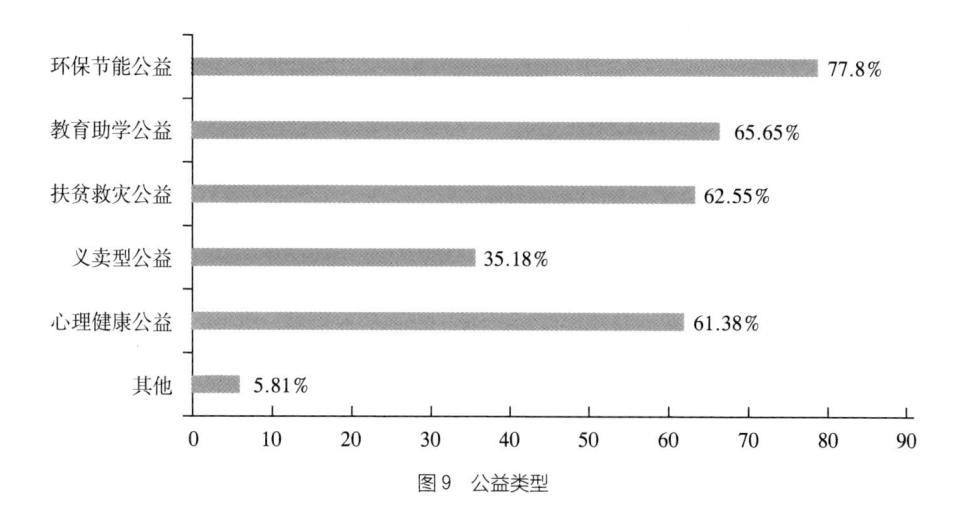

图9 公益类型

四、陕西共青团大公益工作体系存在的问题

陕西共青团大公益工作体系尚未成熟，目前存在着"孵化公益组织难""发掘优秀项目难""公益项目落地难""公益项目筹资难""执行项目监管难""公益资源整合难"等"六难"现象。

（一）陕西志愿者联合激励政策不够完善

在大公益工作体系涉及单位中，目前仅共青团陕西省委多方联系打造了志愿联名卡，形成了志愿者联合激励政策的"雏形"，其余公益组织未能形成有效的激励政策。即便如此，志愿联名卡在推广中遇到了很大的困难。由于陕西志愿者体系化培训覆盖面不大。公益类的培训体系尚未形成，导致目前接受系统培训的公益人士和志愿者较少。

（二）对公益事业的宣传力度不够

"秦青筹"公益众筹平台由共青团陕西省委、陕西省青少年发展基金会联合建设银行陕西省分行共同搭建。作为团省委构建大公益平台的组成部分，"秦青筹"将在线发布公益项目，募集社会各界爱心善款，为在教育、健康、生活等方面遇到困难的青少年提供援助和服务。问卷调查结果显示，56.66%的受访者不了解共青团陕西省委"秦青筹"公益众筹平台，只有43.34%的人表示非常了解和了解（见图10）。

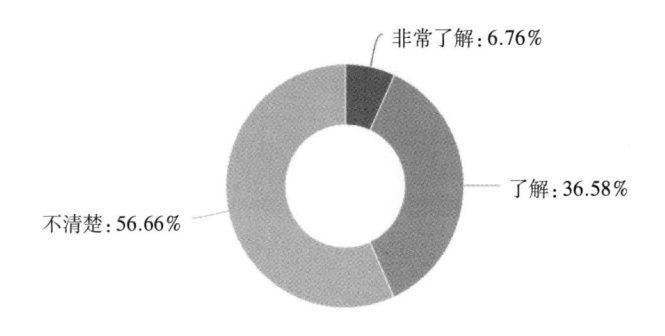

图10 大众对"秦青筹"公益众筹平台了解程度

"公益微超市"活动,是于 2018 年 3 月 5 日,由团省委、省希望办、省青基会联合壹基金、陕西联合救灾网络、西安市绿世界环境宣传教育发展中心、未央区环保志愿者协会等陕西青年社会组织共同启动的陕西共青团希望工程三年攻坚公益计划。活动充分发挥共青团组织化、社会化动员优势,面向全省扶贫工作重点县(区)首批发布了助力教育脱贫攻坚"公益微超市"项目,其中包括儿童关怀、社区发展、灾害救助和陪伴成长等四大类共 10 个公益项目。调查结果显示,超过 60.21%的受访者不清楚不了解该项活动,33.26%的人表示了解,只有 6.53%的人表示非常了解该活动(见图 11)。

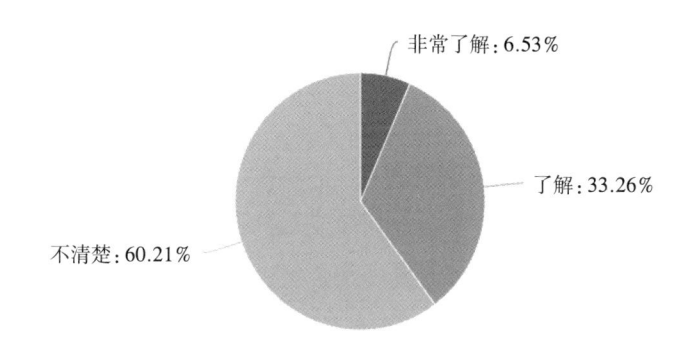

图 11 大众对"公益微超市"活动了解程度

(三)参与公益活动的途径和形式相对比较单一

调查结果显示,大学生等群体了解公益活动的渠道来自电视、广播和报刊的宣传,来自身边的家人朋友和校内外的组织宣传。针对问卷中"参加公益活动的渠道和途径"这一问题,80.75%的受访者选择了通过学校组织参加公益活动,由此可见,学校组织的志愿活动是大学生群体参加公益活动的重要途径。但学校每年约举办一至两次公益活动,活动频率较低,且学生通过学校参加公益活动,主要是捐款捐物,形式相对单一。此外,还有 65.31%的受访者选择通过志愿者、义工等形式参与公益活动,64.55%的受访者会因大型公益组织发起而参加公益活动(见图 12)。

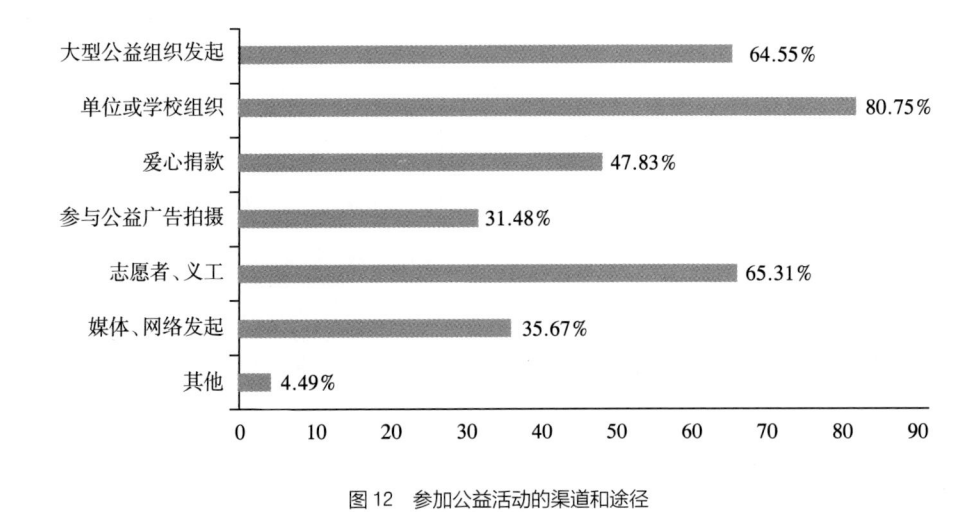

```
大型公益组织发起  ████████████████ 64.55%
单位或学校组织    ████████████████████ 80.75%
爱心捐款          ████████████ 47.83%
参与公益广告拍摄  ████████ 31.48%
志愿者、义工      ████████████████ 65.31%
媒体、网络发起    █████████ 35.67%
其他              █ 4.49%
                  0  10  20  30  40  50  60  70  80  90
```

图 12　参加公益活动的渠道和途径

（四）相关政策欠缺，法规不够完善

公益事业的发展需要政策法规的规范与推动。目前，我国公益事业法律和行政规章搭建起了公益事业发展的政策法规环境，主要有《中华人民共和国公益事业捐赠法》《基金会管理条例》《民办非企业单位登记管理暂行条例》及财政部、国家税务总局、民政部等部门制定的有关规章。但从总体上来看，我国公益事业的政策法规仍滞后于公益事业发展的客观需要。

（五）社会意识淡薄，公益诚信缺失

目前，我国大多数人认为公益活动是政府的事。一些政府官员也认为青少年参与公益活动属于隐性政绩，上级看不到，以务虚为主，认为只要不出事就行，甚至认为这是学校应该负责的事，这种落后的观念使青少年公益活动陷入困境。过去几年，一些典型事件的出现，引起了青少年在内的社会公众对公益活动公益性的反感，挫伤了青少年参与的积极性。这也暴露出我国慈善资金使用情况信息反馈滞后、资金去向精确统计缺失、民众自发捐助物资无人受理等问题，导致青少年对一些发起公益活动的机构产生了信任危机，甚至质疑（见图13）。

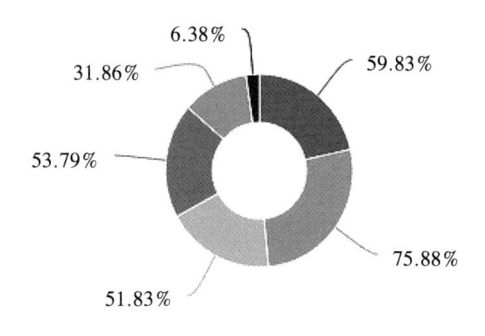

```
                    6.38%
         31.86%           59.83%



     53.79%


                              75.88%
           51.83%

■ 资金使用透明度低,资金流向不明确  ■ 宣传力度小,大众接收的公益信息太少
■ 需要救助的人太多,投入公益的人太少  ■ 有关公益事业的体制不健全,法律不完善
■ 公益组织信用度低           ■ 其他
```

图 13 导致青少年对公益活动出现信任危机的原因

五、陕西共青团大公益工作体系的对策优化

（1）以希望工程公益研究院为依托，强化青年社会组织培育。青年社会组织是青少年公益事业的生力军，如何加强青年社会组织的健康成长是公益事业的重点。陕西共青团多方调研查找问题根源，组织专家研讨措施，依托陕西高校的师资力量，成立了陕西希望工程公益研究院。

陕西希望工程公益研究院进一步健全组织机构，完善规章制度，积极与民政、教育部门沟通，结合学校寒暑假的社会实践，联合各地市共青团组织，通过问卷调研、抽样调研、基层申报、专项实践等方式，收集陕西省希望小学现状材料，组建动态数据库；开展抗疫志愿者能力建设线上培训，动员 187 家青年社会组织积极参加，聚心凝力同心抗疫；开展"'陕'耀未来希望少年宫"——青少年美育网络公开课，进一步增强陕西青年社会组织的核心竞争力，培养出更多的公益人才，助力陕西青少年公益事业飞速发展。

（2）以青少年公益项目大赛为载体，挖掘优秀公益项目。公益项目是青年社会组织服务青少年的重要载体，为促进陕西青少年公益项目质量提升，目前连续举办了五届全省青少年公益项目大赛，按照"党政关注、社会认可、青年喜欢"的原则设计公益项目的种类，及时向社会发布信息，引导全省青年社会组织积极参与优秀青少年公益项目比赛。在公益项目大赛结束后，根据比赛结果，持续打造集项目展示、资源配置、组织交流和文化引领于一体的全省公益建设综合平台，推动陕西省公益事业实现科学发展。

（3）以"秦青筹"众筹平台为渠道，探索社会动员新方式。公益项目资金是公益项目能否执行的关键。传统公益项目发布、宣传、捐款渠道的单一性，难以适应现代社会运行方式的深刻变化，成为制约公益项目推广发展的"瓶颈"。针对这一问题，陕西共青团积极搭建"秦青筹"公益众筹平台，充分发挥项目发起、认领、募捐、资助的"一站式"救助功能，极大地提升了公益项目的筹资能力，特别是在疫情期间，共青团陕西省委、陕西省青少年发展基金会响应省委、省政府的号召，积极与陕西社会组织合力抗疫，发挥自身优势，引导社会力量，开展"抗击疫情希望同行——陕西希望工程紧急救助行动"，以实际行动体现社会组织的责任和担当。青年社会组织、爱心企业踊跃伸出援助之手，凝心聚力、众志成城打赢疫情防控战。

（4）以"公益微超市"为阵地，推动公益项目落地实施。为推动更多青少年公益项目落地实施，共青团联合多家青年社会组织，共同启动"公益微超市"项目推广工作，致力于创新青少年公益项目落地方式。2018年以来，陕西省落地实施青年社会组织"净水计划"等18个教育扶贫项目，捐赠物资和资金1350余万元，项目实施涉及的6市12个县（区）8万余名贫困地区学生在校园文化、卫生健康、环境保护和安全教育等多个方面受益。在总结以往做法的基础上，建立工作落实流程。

（5）以项目动态管理为手段，建立全面优化的公益项目运行机制。为确保青少年公益项目的顺利实施，强化青少年公益项目日常化和制度化管理，陕西共青团试点创建"省、市、县三级希望工程援建项目数据动态管理系统"，建立了建档立卡户家庭教育阶段子女资助和国家扶贫工作重点县

（区）、深度县教育扶贫项目援建信息库，实现了团组织公益服务向"项目化"转型。同时，进一步建立完善的工作机制，将工作制度化，采用"定期通报、季度督查、年度考评"的工作机制，对实施的青少年项目进行系统化的跟踪，定期掌握各级团组织开展实施公益项目的工作进度，及时进行工作指导，确保希望工程的各项工作稳步推进。并通过各类项目大赛，吸收大赛评委、大赛项目指导老师等领域专家，将其聘为公益研究院的研究员，不断充实队伍，组成"理论研究＋实践执行"专家智库。

（6）统筹协调各类社会公益资源，总结项目建设经验做法。持续培育合格"接班人"——助推青少年铸魂育人行动，通过开展经典诵读、主题队会、走进爱国主义教育基地等系列活动，让青少年感受中华优秀传统文化、革命文化和先进文化经典，以思想引领提升青少年的理想、情操、品格、素养；开展锻炼"强健之体魄"——助推青少年健身强体行动，发展青少年体育运动，通过赛事举办、体育支教、装备捐赠、场地捐建等项目，让孩子们经过体育运动强身健体，建立自信、享受快乐、成就梦想；开展培养"未来科学家"——助推青少年科技强国行动，坚持以培育青少年的创新精神、实践能力为目标，培养青少年的科学兴趣，让他们了解科学知识、掌握科学方法，用科技帮助他们插上理想的翅膀。

大公益体系的建立，将碎片化、片段式、力量分散的各种公益活动统一整合。陕西共青团通过总结推广"希望小学""希望卫生室"等品牌项目经验做法，积极做好"希望厨房""希望图书室""音乐体育园地"等项目的援建工作，加大希望工程捐资助学筹资力度等方式，做大做强希望工程品牌，示范引领青少年公益事业发展。并通过做好志愿服务宣传、意识培养和教育培训工作，大学生服务西部计划、大型赛会、应急救援、海外服务计划等志愿者招募工作，深入开展"微心愿"认领、助残"阳光行动"等志愿服务项目和载体，深入实施青年志愿服务行动，辐射带动全社会投身公益事业，不断创新公益模式，积极营造青少年公益事业新生态。

六、结论与展望

总之,为使广大青少年更多、更公平地享受到全省改革发展成果,携手共建美好新生活,各级团组织要积极全面构建大公益工作体系,改变以往团属公益慈善活动碎片化、片段式、力量分散的局面,集中统一打造陕西共青团公益品牌;整合政府、社会、团内资源,探索建立常态化、可持续公益链条,实现青少年公益参与最大化、受益最大化和效应最大化。

参考文献

[1]李立国.发展青少年社会工作促进青少年健康成长[J].中国民政,2015:020.

[2]李莉.青少年公益活动问题研究[D].东北师范大学,2012.

[3]乌钢,李省利.聚焦教育扶贫 绽放"希望之花"[J].陕西日报,2019.

[4]贺雪娇.大学生公益活动参与现状研究[D].云南大学,2017.

[5]央广网.习近平寄语希望工程强调:把希望工程这项事业办得更好[N].http://news.cnr.cn/native/gd/20191120/t20191120_524866012.shtml.

[6]陕西希望工程"七助一度":解决青少年成长"烦心事".西部网-陕西新闻网[N].http://news.cnwest.com/dishi/a/2022/03/30/20470694.html.